SEJA LIVRE

COMO TRABALHAR COM AUTONOMIA, PRAZER E AINDA PAGAR SUAS CONTAS

MARIANNE CANTWELL

SEJA LIVRE

COMO TRABALHAR COM AUTONOMIA, PRAZER E AINDA PAGAR SUAS CONTAS

TRADUÇÃO
UBK Publishing House

ubook UBK Publishing House

Publicado mediante acordo com Kogan Page Limited. Edição original do livro *Be a Free Range Human: Escape the 9–5, create a life you love and still pay the bills*, publicada por Kogan Page Limited.

COPIDESQUE Pérola Paloma
REVISÃO Nicole Cristo | Lohaine Vimercate
CAPA E PROJETO GRÁFICO Bruno Santos
IMAGEM DA CAPA Kite_rin/Shutterstock

Dados Internacionais de Catalogação na Publicação (CIP)
(Câmara Brasileira do Livro, SP, Brasil)

Cantwell, Marianne
Seja livre : como trabalhar com autonomia, prazer e ainda pagar suas contas / Marianne Cantwell ; tradução UBK Publishing House. -- Rio de Janeiro : Ubook Editora, 2020.

Título original: Be a free hange human : escape the 9–5, create a life you love and still pay the bills
ISBN 978-65-86032-43-7

1. Carreira - Desenvolvimento 2. Horário de trabalho flexível 3. Satisfação no trabalho
I. Título.

20-35205 CDD-650.13

Ubook Editora S.A
Av. das Américas, 500, Bloco 12, Salas 303/304,
Barra da Tijuca, Rio de Janeiro/RJ.
Cep.: 22.640-100
Tel.: (21) 3570-8150

ÍNDICE

PARTE TRÊS

PENSANDO COMO UM SER HUMANO LIVRE - **97**

PARTE QUATRO

CONSTRUINDO O SEU PLANO DE FUGA LIVRE - **183**

PREFÁCIO

No passado, o problema era que não tínhamos informações suficientes. Hoje, somos bombardeados por elas. No entanto, a clareza parece mais difícil de se obter do que nunca, não? Então, a questão é:

> *Num mundo de barulho, como ouvir com clareza suficiente para saber qual é verdadeiramente o próximo passo certo para você?*

É exatamente aí que este livro desliza para a sua vida.

Quando a primeira edição deste livro saiu, em 2013, o mundo era um lugar diferente: *fake news* não eram relevantes (mas o Twitter, definitivamente, era); o crash financeiro de 2008 estava fresco na mente das pessoas; e o "faça algo que você ama e ganhe a vida sem um chefe" soava muito estranho.

Não havia um feed de notícias cheio de comparações perfeitas e brilhantes a um clique de distância.

Não havia "esquemas de cinco passos para a liberdade" em cada tela de site.

Em vez disso, era um espaço criativo e lúdico que se preocupava com *quem* você era. Mas, não muito tempo depois de o livro ter saído, algo mudou.

Vi uma leva de "fórmulas" e "sistemas para o sucesso" varrerem a internet, fazendo com que as pessoas fossem de se espremer numa caixa para serem pagas... apenas para se encontrarem noutra caixa feita por outra pessoa.

"Criar vida e renda nos seus próprios termos", de repente pareceu significar "Siga estes passos para se tornar uma cópia desta pessoa".

Isso não era liberdade.

Sendo mais direto, isso levou pessoas demais a baterem numa parede. Porque essa abordagem de imitador *raramente funciona na prática para pessoas como nós* (você vai descobrir por que neste livro, e o que funciona melhor).

Eu me senti como se estivesse no centro de uma cena, que eu nunca teria escolhido para fazer dessa forma, e fosse um dos fundadores acidentais.

Então, eu fiz algo que nunca esperei — afastei-me.

Adorava o que fazia, mas o ambiente não era mais a minha casa, então fiz isso para ver tudo de uma nova perspectiva.

Levei algum tempo offline e até desliguei alguns produtos on-line que as pessoas adoravam, pois eram parecidos demais com um movimento em que eu já não queria estar (sim, isso foi difícil, mas me pareceu correto).

Em vez disso, passei tempo, bem... pintando, escrevendo, explorando, elaborando projetos, desenvolvendo novas ideias e testando-as com pessoas reais — algumas das quais levaram a atualizações-chave neste livro! —, assim como coisas pessoais, como comprar minha primeira casa (*sim*, felizmente, o negócio que eu havia criado me deixou fazer isso).

Naquele tempo, surgiram algumas coisas que eu não esperava: em primeiro lugar, um TEDx Talks, *The Hidden Power Of Not (Always) Fitting In*, que viralizou e gerou novas oportunidades, como uma mudança para um novo país e o mais surpreendente de tudo: *um fogo dentro de mim.*

Para voltar e trazer à tona o que é "criar vida de acordo com seus termos", entenda:

A ideia de mudar sua vida e fazer uma coisa com que você se identificasse nunca foi sobre criar algo que fosse impressionante para estranhos na internet ou para o comitê de críticos em sua cabeça — era sobre tornar-se livre para criar algo que lhe coubesse bem. Algo que realmente funcionasse para você. Na realidade, não apenas no papel.
Esta edição está trazendo isso de volta ainda mais.

O que você está prestes a ler não é um livro sobre ser uma rebelde, nem sobre saltar para a última moda porque é isso que os garotos legais estão fazendo (ou porque é isso que um guru fala alto nos vídeos).

É sim, um livro sobre o pensamento inteligente e fundamentado no que importa neste momento: *criar vida e renda nos seus termos, adaptadas à pessoa que você é em todos os sentidos.*

Porque isso é, e sempre foi, mais do que suficiente.

Vamos começar.

Marianne

PRÓLOGO

Alarme tocou. Levante-se. Alimente o gato. Atrasada para o trabalho. Suba a colina e desça até a estação do metrô. Isso é tudo o que eu vou ver do mundo exterior o dia todo.

Todas as manhãs, o mesmo trajeto, embalada em um trem tão apertado que tudo o que posso perceber é a pessoa ao lado.

Ali parada, olho para todos à minha volta. Somos, supostamente, alguns dos humanos mais bem-sucedidos da nossa geração e, mesmo assim, somos privados de sono, estressados e embalados em uma caixa de metal a caminho de uma caixa em forma de escritório. Alguém não está usando desodorante. O cara ao meu lado, no terno Hugo Boss, ouve música em seu telefone, fingindo estar vivo por apenas um momento.

As portas se abrem, e mais passageiros se encolhem para que cada parte do meu corpo toque a de outra pessoa. Eu não consigo respirar.

Alguém pisa no meu pé e eu não posso sair do caminho. Se fôssemos bichos, isso não seria legal. Os humanos vão da jaula de deslocamento para a jaula da carreira, quando tudo o que eu quero fazer é sair de lá, passar pelos edifícios e passear livre ao sol. O pensamento me surpreende: “Eu quero ser um humano livre”.

Depois o cotovelo de alguém me cutuca e eu esqueço tudo sobre esse sonho louco.

Por enquanto.

INTRODUÇÃO

DA PRAIA PARA A SALA DE EMBARQUE

"Aproveite suas aventuras agora", disse o meu pai, "você não vai poder fazer esse tipo de coisas quando..."

E só então a fila andou. Eu estava numa cabine telefônica (lembra delas?) em Koh Samui, com 22 anos. Pés na areia e chinelos de dedo na mão, e uma fila de mochileiros lá fora esperando para fazer suas chamadas. Essa era a primeira vez que eu falava com meu pai em um mês, e acabara de lhe dizer que ia fazer uma caminhada na selva.

"Não consigo ouvi-lo, pai."

"Eu disse...", gritou, devido à conexão ruim, "você não vai conseguir fazer esse tipo de coisa quando crescer e arranjar um emprego decente".

Alguém já lhe falou a mesma coisa? Afinal, é assim que a vida deve ser, não? Divirta-se, e depois pare, pegue trânsito, trabalhe, pegue trânsito, morra (com alguns anos no final, se tiver sorte).

Os sonhos não foram feitos para durar. São coisas de jovens e idiotas. São aquilo de que se abdica quando se arranja um emprego sério. *Todos sabem disso.*

Todos, exceto, ao que parecia, eu aos 22 anos. De pé ao sol, com o telefone na mão, eu só ria. E por que eu não faria isso? Aquilo era maravilhoso. Não conseguia ver nada que me fizesse desistir daquela vida de liberdade!

Alguns anos mais tarde, fui contratada para um trabalho corporativo. Sentada na minha escrivaninha, ajustei os óculos Prada, empurrei meu sanduíche para o lado e suspirei para mais uma folha de cálculo. Não se tratava de ir parar em uma ilha tropical naquela tarde.

Na verdade, do meu cubículo na sede de uma empresa multinacional, localizado numa rua movimentada de Londres, havia poucas chances de acabar em qualquer lugar que não estivesse rodeado de concreto, carros e prédios o dia todo.

A pior parte não era a folha de cálculo. Não era a forma como eu parecia estar pegando todo o frio que andava por aí. Nem sequer era o fato de as pessoas me dizerem que eu tinha sorte de ter um *grande trabalho*, enquanto eu sentia secretamente que estava morrendo por dentro. A pior parte não era nada disso.

A pior parte era a atitude. Todos à minha volta pareciam pensar que isso era normal, pareciam resignados com o destino nessa jaula da carreira. "Tive tais aventuras quando era mais novo", lembrou-se um colega mais velho. "Quem me dera poder fazer esse tipo de coisas agora. Satisfaça seus desejos antes que a realidade bata à sua porta."

O quê? *Realidade?* Esse homem pensava que essa vida — num edifício artificialmente construído, com ar-condicionado, no meio do centro urbano, mal vendo a luz do dia três meses do ano, com a única esperança de escapar sendo ganhar na loteria — era *realidade*?

Em algum lugar, de alguma forma, as coisas tinham terminado terrivelmente mal.

Ao mesmo tempo, o que eu sabia? Talvez esse indivíduo estivesse certo. Talvez eu devesse crescer e aceitar que isso era a vida real. Foi o que eu fiz. A partir desse momento, concentrei-me apenas na minha carreira. Ascendi. Terminei como diretora numa empresa municipal de consultoria, numa idade relativamente jovem.

Mesmo assim, ainda faltava alguma coisa. Todo ano, no último dia das férias, alimentada por semanas de liberdade e sol, eu prometia que *esse* seria o momento em que eu finalmente descobriria o que queria fazer da minha vida, e largaria o meu trabalho. Mas, poucos dias depois de voltar ao escritório, essa promessa era esquecida.

Um dia, uma amiga contou a história de alguém que tinha saído da sua empresa para uma vida de sonho, e todos nós achamos que era uma ideia fabulosa. Dissemos, inclusive, que também o faríamos, sabe, um dia. Devo dizer que "um dia" não estava exatamente marcado no diário.

Ora. Essas fugas são para alguém mais jovem e livre, alguém sem muitas responsabilidades, mais velho e mais rico, alguém com um currículo diferente. Sonho lindo, mas eu já não tinha 22 anos. Precisava pagar minhas contas e considerar uma carreira. *Alguém como eu não faz uma coisa dessas.*

Fomos educados a acreditar que um emprego é a única opção sensata. Será mesmo?

O QUE EU FAÇO AGORA (TRABALHO OU PRAZER?)

Há alguns anos, embarquei num trem de Milão para Florença, com a mala numa mão e o computador na outra. Tomei o lugar ao lado de uma mulher estadunidense simpática, que sorriu, olhou para o meu laptop e perguntou o inevitável: "Você está viajando por negócios ou por prazer?"

Essa pergunta sempre me chateia. Trabalhar ou brincar? Não tenho certeza. Eu pensei: estou aqui há um mês, todo o meu negócio está no objeto ao meu lado, e, sim, vou trabalhar, mas é algo que eu poderia fazer em qualquer lugar do mundo. Além disso, vou explorar e apreciar o país (o que significa comer quantidades absurdas de massa e dizer "*ciao*" aos rapazes bonitos que servem expressos). De qualquer forma, já não sei onde acaba a linha entre "trabalho" e "diversão", porque adoro o que faço para viver.

Tudo isso me parecia informação demais para uma estranha sorridente no comboio das 9h35 para Florença. Então, dei a resposta fácil: "Vou à Toscana escrever um livro."

Era verdade. No entanto, aqui entre nós, havia uma resposta melhor.

Essa resposta é a razão pela qual escrevi este livro para você. A melhor maneira de dizer era: *Eu sou um ser humano livre.*

EMPREGOS SÃO MUITO DO SÉCULO PASSADO (BEM-VINDO À LIBERDADE)

Aquele conselho de carreira que você recebeu na faculdade há tantos anos está desatualizado. Cada vez mais pessoas estão dizendo "não, obrigado" ao trabalho convencional e saindo de seus escritórios beges para criar vidas notáveis em suas próprias condições.

A missão? Liberdade e realização: não na reforma, não nas suas férias anuais, mas em todos os dias a partir deste momento. As pessoas que vivem desta maneira são os humanos livres.

Os humanos livres trabalham quando, onde e como eles querem e são pagos para fazer o que gostam. Você pode encontrá-los trabalhando felizes com seus laptops em parques, cafés, praias e suas mesas de cozinha, sem um escritório ou um chefe:

- Alguns adeptos da liberdade usam sua recém-criada independência para viajar pelo mundo em tempo integral, como Hannah e Chris, que deixaram a vida de escritório para ajudar empresas a contratar melhores talentos, direto de seus laptops no outro lado do mundo.
- Outros ficam em casa e passam o tempo com suas famílias, como Emma, que deixou seu emprego como gerente de campanha de marketing para viver em tempo integral dos vídeos do YouTube, além de ver de perto seus filhos crescerem.
- Outros aproveitam a oportunidade para colocar várias carreiras numa caixa para que não tenham que se contentar em escolher apenas uma coisa, como Carla, que deixou seu emprego na cidade e se tornou fotógrafa, além de dirigir um serviço de assinatura de materiais de papelaria.
- Outros usam a abordagem da vida livre para entrar no campo dos sonhos sem ter de convencer um empregador a

contratá-los, como Charlie, que passou do corpo de escritório normal para dirigir retiros de escritores urbanos.
- E, claro, outros criam uma vida que lhes permite ter uma renda enquanto estão offline, desligados e deitados numa rede com um *mojito* (que seria eu — em alguns dias!).

Os livres não estão unidos por viagens ou por uma indústria em particular: esse grupo em crescimento está unido na adoção de uma abordagem única para a resolução de problemas e na criação de rendimentos que lhe deem a liberdade de ser pago para fazer as coisas de uma forma que se adapte à pessoa que é, criando um estilo de vida surpreendente no processo.

Isso é o que torna a liberdade de escolha diferente de um negócio antigo (e muito diferente de um emprego!): enquanto a maioria das ocupações tradicionais exigem que você se encaixe nelas para que as coisas funcionem, a abordagem ao livre tem tudo a ver com criar algo que se ajuste à *sua* personalidade e às suas prioridades. Assim você não precisa mais deixar um pedaço de você na porta para ser pago.

Parece completamente louco? Concordo: há alguns anos, ganhar a vida sem um emprego adequado era um sonho surreal e longínquo que só uns poucos sortudos conseguiram, mas, hoje, as coisas são diferentes. Muitas pessoas não conhecem essa nova opção, mas aqueles que a descobrem estão espreitando para fora da jaula da carreira, piscando à luz do sol e batendo as asas para uma vida melhor e livre. Você também pode (e este livro ensina como).

Por que isso se tornou possível?

Estamos vivendo em um momento único da história, que você pode ganhar a vida com praticamente tudo o que possa imaginar. Só na última década, a tecnologia avançou mais do que o seu conselheiro de carreira universitária pensava ser possível, e muito além de tudo o que você leu nos anúncios de emprego:

- Você pode realizar um seminário global sem sequer sair da cama.

- Você pode empacotar todo o seu negócio na mochila e sair ao redor do mundo (enquanto vê o dinheiro cair na sua conta bancária).
- Você pode alcançar milhares de pessoas e criar uma renda consistente de formas inimagináveis há 20 anos.
- Você pode agir rápido sem ter de ir a uma única reunião de networking de manhã cedo (a menos que isso seja o seu estilo!).
- Pode ter uma ideia, desenhá-la e lançá-la em menos de duas semanas.

De qualquer forma, é crucial que você faça tudo isso, mesmo sem deixar o seu emprego atual. A partir desta noite — direto do conforto da mesa da sua cozinha — você pode experimentar, fazer um projeto de teste e começar com as ideias deste livro antes de decidir dizer adeus ao seu chefe. Foi assim que deixei o meu último emprego e como centenas de outros humanos livres também o fazem. (Claro, se você tiver que mudar as coisas mais cedo, nós temos opções para ajudar com isso também!)

Nunca foi possível passar da ideia à prática tão facilmente, mas a maioria das pessoas ainda não sabe como fazer isso funcionar (eu certamente não sabia quando estava na minha jaula da carreira). Entenda o motivo:

O fosso entre as suposições e a realidade

Há alguns anos, eu estava numa viagem de barco a algumas ilhas no sul da Tailândia. Água azul clara, encontro com macacos e horas mergulhando. No barco, conheci pessoas adoráveis, a maioria das quais tinha empregos no "mundo real". Elas falavam de como gostariam de ficar ali para sempre em vez de voltarem ao escritório no fim das férias. Ao longo de um determinado dia, uma pessoa fez três comentários que ficaram na minha cabeça. Eles contêm suposições comuns, e veja se você pode identificá-las:

1. *Sobre ela mesma*: "Acho que o bom de trabalhar no mundo corporativo é que você pode se dar ao luxo de visitar lugares bonitos como este."

2. *Sobre o capitão do barco*: "Ele deve estar indo bem. Essa é a vida. Mudar-se para a Tailândia e enriquecer com uma empresa de barcos. Talvez ele possa me contratar!"
3. *Sobre mim*: "Ser capaz de escrever e viajar deve ser legal. Você trabalha em algum bar ou algo parecido para se bancar?"

Você identificou as suposições?

Suposição 1. Você tem que estar empregado em um trabalho para conseguir visitar lugares bonitos e ter um estilo de vida satisfatório. Eu ainda não revelara que andava por aí havia quatro meses, sem colocar os pés num escritório por anos.

Suposição 2. Posses vistosas — especialmente coisas caras como barcos — significam automaticamente um grande rendimento. Verdade? Eu falei com o capitão, e ele confidenciou que, embora suas viagens se vendam quase todos os dias, ele mal consegue fechar as contas. Os custos são enormes — o barco o faz parecer "rico", mas o combustível e a tripulação não vêm de graça (então, não, ele não vai contratá-la).

Suposição 3. Se você não tem um emprego fixo ou um negócio que gire em torno de algo que você possa tocar (como barcos), você é apenas um pouco melhor do que um desempregado. Você deve estar quase falido. Essa é a suposição mais grave, e é parte do que vamos desafiar neste livro.

O que eu vou mostrar para você é como descobrir o que você almeja, criar uma vida que lhe sirva e construir uma renda fazendo isso. As estratégias que você vai aprender não dependem de ser dono de barcos, mas dão a você a liberdade de velejar o quanto quiser.

Bem-vindo ao Terceiro Caminho

A vida livre é a terceira via entre empregos e empreendedorismo de alto risco. Esse é um jogo novo, com regras novas. Sem fundos, sem grandes investimentos arriscados, sem instalações ou pessoal, mas com personalidade e liberdade: isso é um negócio livre. Vou lhe mostrar formas simples de começar com o que tem e criar um rendimento livre que mais do que dobre seu salário mensal, sem que perca a liberdade e a sensação de realização.

Seja livre mostra que você tem outras opções além de ficar com as coisas como estão para o resto de seus dias. O que levanta a questão:

O que você realmente quer fazer com a sua vida?

Aposto que pelo menos uma vez no último ano você tentou descobrir o seu emprego dos sonhos. Aposto também que ainda não achou a resposta.

É assim que normalmente funciona: você luta por muito tempo para identificar um trabalho perfeito. E depois de muita procura, talvez você o ache. Fantástico! Você descobriu a carreira dos seus sonhos! É melhor você estar qualificado para ele, que ele pague o suficiente e que o empregador concorde em aceitá-lo. Se você superar esses obstáculos (que a maioria não ultrapassa), o próximo passo é espremer toda a sua rica e complexa personalidade e sonhos nessa minúscula descrição de trabalho e desistir dos pedaços que não cabem. Então, é melhor esperar que ainda o ame cinco anos depois — porque você não quer passar por tudo *isso* outra vez.

Eu pergunto: isso não parece menos do que o ideal?

A verdade é que você é muito mais interessante e complexo do que uma única descrição de trabalho. Como um ser humano livre, você decide onde passa os seus dias, o que faz e como o faz. Você combina vários interesses feitos sob medida para se adequar à sua personalidade.

Além disso, a vida profissional livre é mais fácil do que mudar de campo no mundo do trabalho. Você não precisa convencer um empregador a aceitá-lo e não precisa de um currículo compatível com alguma coisa. Você pode construir reputação em um novo campo rapidamente, fazer a mudança para qualquer coisa que lhe agrade e evoluir de forma constante.

Neste livro, você não vai procurar no escuro a solução dos seus sonhos; mas vai aprender a agarrar as rédeas da situação e criá-la. O pagamento? A sua vida, vivida na plenitude todos os dias.

Você pode se juntar a nós

A quantidade de trabalhadores livres está crescendo e adoraríamos que você se juntasse a nós. Isso não é um sonho reservado para os sortudos. Mais e mais pessoas estão descobrindo que a vida não tem que ser uma escolha entre enclausurada e rica versus livre e sem grana. Vou levantar a tampa e mostrar-lhe como as fugas reais da jaula da carreira acontecem e como você também pode fazer isso.

Com o *Seja livre* você vai descobrir como:

- Descobrir o que você realmente quer fazer com a sua vida (e criar a sua carreira dos sonhos sob medida).
- Ajustar qualquer ideia à sua personalidade para que não tenha de se espremer numa caixa.
- Ser mais bem pago apenas sendo você.
- Ser realizado sem uma ideia para uma ferramenta que mude o mundo.
- Testar uma ideia e ir embora sem sequer desistir do seu emprego.
- Passar de zero a ser A pessoa na sua indústria em meses.
- Começar com pouco capital — e sem empréstimos — e conseguir o seu primeiro projeto em duas semanas.
- Destacar-se na multidão (e receber o que você merece).
- Encontrar maneiras de fazer as coisas funcionarem de acordo com a sua personalidade e seus pontos fortes.
- Acelerar a sua jornada para obter melhores resultados em seis meses do que a maioria dos negócios consegue em seis anos.
- Aprender, mais especificamente, a criar um estilo de vida que você realmente ame, enquanto ganha uma recompensa que vai além do pagamento das contas.

Nas partes 1 e 2, você vai descobrir o que você quer. Já nas 3 e 4, você começará a elaborar o seu plano de fuga.

O QUE ESTE LIVRO NÃO É

Antes que você pense que vou pintar uma visão maluca de deixar o seu emprego, encontrar um esquema de fazer dinheiro e passar o ano todo sem fazer nada a não ser trabalhar no bronzeado, quero ser bem clara.

1. **Este não é um livro de "fique rico rápido".** Não encontrei um botão fácil de carregar — e nem os bem-sucedidos humanos livres que conheço. Na verdade, se alguém lhe oferece um esquema rápido para o sucesso, corra para o outro lado. Na minha pesquisa, descobri que o êxito do dia para a noite acontece depois de muito tempo levantando da cadeira e fazendo as coisas acontecerem.

   O truque é realizar as tarefas certas para que você possa aproveitar a sua vida. Quando você sabe o que funciona (e o que não funciona), você pode abandonar noventa por cento das atividades em que as pessoas inconscientemente perdem tempo e se concentrar apenas nos dez por cento que realmente importam para você. Essas estratégias rápidas você vai aprender com o *Seja livre*.

2. **Este não é um livro convencional de negócios ou de carreiras**. Que se lixe o risco de arriscar tudo pela pequena hipótese de um pagamento. Isto é sobre você: fazer o que ama e viver a vida que quer viver mais cedo, e não, mais tarde.

   Nesta obra, você colocará seus pontos fortes, sua personalidade e seus sonhos no centro de cada decisão que você tomar, para que possa criar um estilo de vida realmente correto para si mesmo. Para acertar, esclareceremos o que você realmente quer fazer, e criaremos a solução que se adapte perfeitamente a você.

   Este livro está escrito como se eu estivesse sentada ao seu lado, olhando-o nos olhos e dizendo-lhe, como amiga, o que fazer para se libertar. Não me interessa se os críticos dizem que o *Seja livre* é muito informal. Não o escrevi para eles;

eu o escrevi para você. Sem mentira. Uma linguagem forte ocasionalmente. Por quê? Para que você alcance seus objetivos tanto em nível emocional como intelectual. O linguajar de negócios, às vezes, higieniza ideias importantes, então você vai embora pensando: "Oh, sim, acho que eu deveria fazer isso... um dia." Que se dane. Trata-se da sua vida, o tema mais importante de todos, na minha humilde opinião, e se é preciso o entusiasmo ocasional para marcar uma posição, que assim seja.

3. **Este não é um livro sobre viagens**. Sim, algumas obras usam a sua liberdade recém-fundada para viajar, mas não é obrigatório! Na verdade, pelo menos metade das pessoas citadas aqui tem pouco interesse em viajar. Este livro não lhe diz para viver nenhum estilo de vida em particular, ele lhe dá poder de criar a vida que você quer, seja qual for. (No entanto, se você estiver interessado em viajar, o capítulo 16 da Parte 4 o acompanha através desse estilo de vida.)

4. **Esta não é uma abordagem de tamanho único** que lhe diz para se tornar uma versão de outra pessoa a fim de ser pago. Trata-se de aproveitar ao máximo quem você é (e descobrir maneiras que se encaixem nisso de verdade).

5. **Isto não é para outra pessoa (é para você).** Não se trata de ter sorte ou de uma ideia inteligente. Não é algo tipo "está bem para ela, mas não para alguém como eu". Isso não é para alguém com um passado diferente e sem contas a pagar.

Isto é para você, querido(a). Eu sei que pegou neste livro por uma razão. Você quer algo mais do que tem, e isso não virá de algum anúncio de emprego.

A vida livre é a nova mudança de carreira. E é muito mais inteligente do que esperar pela aposentadoria, desperdiçando a sua primeira e única vida a contentar-se com a segunda melhor.

Neste momento, milhares de pessoas como você estão percebendo que as respostas para "O que eu realmente quero fazer da minha vida?" e "Como eu sou pago para me divertir?" estão muito mais próximas do que pensa. É provável que você esteja pensando nisso há algum tempo, andando em círculos e tentando encontrar a solução. É aqui que termina esse ciclo. Hoje começamos a sua viagem da jaula da carreira para a vida livre.

QUEM SOU EU PARA ESCREVER ESTE LIVRO?

1. Eu sou alguém que passou por este processo

Há alguns anos, eu estava onde você está neste momento. Livro em mãos, tentando descobrir o que fazer (e como ser paga por isso). Logo depois daquele telefonema com o meu pai, trabalhei em empresas como a Disney, até que acordei um dia, anos mais velha, sabendo que queria desesperadamente sair. Mas sem saber para onde me virar.

Tudo mudou quando parei de navegar pelos anúncios de emprego à procura daquele dos meus sonhos e investi tempo em descobrir como criar a minha própria carreira. Construí o meu negócio separadamente, e depois pedi demissão para me lançar como novata num campo cheio de gente, no meio de uma recessão.

No entanto, no fim do meu primeiro ano livre, eu estava ganhando mais por mês do que em qualquer outro momento anterior — e, dessa vez, enquanto vivia e trabalhava de uma maneira que realmente me encaixava. Você vai aprender as técnicas que eu usei para fazer isso acontecer (e mais algumas outras que podem lhe agradar ainda mais!).

Levo a vida livre a sério. Como as viagens são importantes para mim, às vezes escolho fazer minha carreira pelo mundo (este livro foi escrito em cinco países diferentes). E isso é divertido.

Mas aqui está a principal razão pela qual estou escrevendo *Seja livre*:

2. Já ajudei milhares de outros a fazê-lo também

Quando deixei o meu emprego, não tinha intenção de mostrar aos outros como ter essa liberdade profissional. Mas, depois de eu me libertar, as pessoas levavam-me para um lado e sussurravam: "Como você saiu? Pode me ajudar a fazer isso também?" Então, numa tarde chuvosa, comecei um pequeno blog chamado *Free Range Humans* (Seres humanos ao ar livre, em tradução não oficial). Ele cresceu rapidamente, até se tornar a minha principal vocação na próxima década, gerando negócios, cursos e eventos globais on-line, com dezenas de milhares de pessoas nesta jornada.

Hoje ajudo as pessoas a descobrirem o que *realmente* querem, depois mostro como dar esse passo para criar vidas incríveis nas quais são pagas para serem elas mesmas. Para isso, realizo cursos on-line para humanos livres, palestro ao redor do mundo e faço uma dança feliz cada vez que recebemos um e-mail de um cliente que se libertou (você verá algumas de suas histórias nas próximas páginas).

Seja livre é embasado em anos de ajuda às pessoas, com o objetivo de que descubram e vivam suas próprias aventuras, sejam elas quais forem. Embora eu tenha começado com a minha história, este não é um livro sobre mim. É sim, sobre o que realmente funciona para encontrar seus sonhos e transformá-los em uma realidade provedora.

Este é o livro que eu desejava ter tido quando voltei ao meu trabalho. Use-o bem.

COMO LER ESTE LIVRO

Faça os malditos exercícios

Se você é tão impaciente quanto eu, é tentador procurar por uma resposta. No entanto, não se pode obtê-las apenas por meio da leitura. Os verdadeiros *insights* surgem enquanto realizamos algo, não enquanto pensamos sobre algo. Você vale os cinco minutos extras que leva para fazer um exercício, então prepare essa caneta.

Dica: cuidado com aqueles momentos de "eu já sei tudo sobre *isso*". Na minha experiência, os exercícios mais desconfortáveis são provavelmente os que você mais precisa fazer.

Tome as rédeas

Seja livre destina-se a ser lido do princípio ao fim, e é assim que eu sugiro que você o aborde para obter os melhores resultados. No entanto, sinta-se à vontade para ignorar esse conselho. Quer pular para o final? Faça isso. A viagem é sua, portanto, conduza-a da forma que melhor lhe convier. Essa é a abordagem da vida livre e aplica-se a tudo o que fizer a partir de agora.

Pense como um ser humano livre

Não procure o exemplo perfeito de alguém que realizou o mesmo movimento que você está pensando em fazer. Você não vai encontrá-lo: sempre haverá uma razão pela qual a situação de alguém foi diferente, e sempre um motivo pelo qual isso pode não ser possível. A questão é: isso vai impedir você?

Lembre-se: ninguém que tenha escapado é melhor que você. Os livres não são mais inteligentes, mais ricos, mais jovens, mais velhos ou mais atraentes; eles não têm uma história de carreira específica que os levaram ao sucesso. O destino é o que acontece quando você se levanta e faz coisas que outras pessoas achavam que só podiam alcançar quando a sorte batesse à porta.

A minha jornada estressada na jaula da carreira para a de humana livre não tem a ver com sorte, mas sim, com começar a pensar como uma pessoa livre e aprender sobre as possibilidades deste mundo novo. Possibilidades que, naquela altura, eu nem sabia que existiam. Fique tranquilo(a), você também vai descobri-las. Vamos explorar, nos divertir e tirar você de lá.

PARTE UM

PREPARE-SE PARA A VIAGEM

01

O QUE O CONSELHEIRO DE CARREIRA DA ESCOLA NUNCA DISSE PARA VOCÊ

O mito do "emprego seguro"

Eu preciso pagar as contas, por isso preciso manter o meu emprego. É bom sonhar, mas é preciso *voltar à realidade.*

Como disse uma pessoa que estagnou na carreira: "Quando começo a pensar em fazer a mudança, o que me passa pela cabeça é um monte de razões para não saltar. Precisamos de um rendimento estável; o que acontece se der errado e eu não puder pagar as contas?"

Se você quer sustentar sua família (ou seu gato) e não acabar desabrigado em uma caixa de papelão, então a realidade diz para ficar quieto.

Destruindo o mito

Até recentemente, a maioria das pessoas fazia um acordo: "Vou trabalhar (num emprego que não necessariamente amo) em troca de um salário em que posso confiar." O objetivo era uma ocupação para a vida: sofrer o dia todo e, no fim de semana e na aposentaria, aproveitar.

Mas, depois, as horas em serviço começaram a aumentar e os empregos deixaram de ser seguros. Analise o seu contrato: qual é o seu prazo de aviso prévio? Um mês? Três meses? É exatamente essa a segurança que você tem. Não fique com a ilusão da permanência eterna.

É claro que a geração do trabalho pela vida também nos disse que se trabalhássemos duro receberíamos uma grande aposentadoria. Se nos mantivéssemos dedicados, aos sessenta anos viveríamos com tranquilidade, viajaríamos e teríamos muito tempo (supondo que chegaríamos tão longe).

Mas espere um minuto: esses mesmos planos não foram por água abaixo na última crise econômica? O que aconteceu com o sonho de milhares de pessoas?

Já hoje, os analistas preveem que uma grande porcentagem da população não poderá se aposentar antes dos setenta ou oitenta anos.[1] É muito tempo para esperar. (Aquele negócio da jaula da carreira não parece tão bom agora, não é?) Diante dessa nova realidade do local de trabalho, você ainda está jogando de acordo com as regras antigas?

AS REGRAS ANTIGAS

Os empregos nem sempre têm sido a forma padrão de ganhar a vida. Antes da Revolução Industrial, no fim do século XIX, trabalhar para si mesmo era visto como uma busca normal e louvável. No entanto, quando as fábricas surgiram, as prioridades mudaram, pois precisava-se de trabalhadores cumprindo regras. Logo depois, a inovação, a individualidade e o pensamento criativo deixaram de ser vistos como competências valiosas para a maioria da população.

Foi assim que criamos as engrenagens numa fábrica, os nossos funcionários da jaula, que depois se transformou em um escritório. "Faça seu trabalho, não faça perguntas. Ele não é algo de que se deva desfrutar". Fomos orientados a acreditar que, sendo competentes e cumpridores, o sucesso seria inevitável.

Então, de repente, essas regras deixaram de funcionar e os empregos começaram a se automatizar.

Hoje, um computador pode fazer o mesmo que uma dúzia de pessoas em funções variadas, como nas áreas de tecnologia e de engenharia e até no direito. À medida que essa mudança abalou o mundo, a internet apareceu e a globalização decolou. Empregos em indústrias antes intocáveis estavam sendo criados na Índia, na China e onde quer que a mão de obra fosse mais barata. Aposto que você conhece pelo menos uma pessoa que une funções que no passado eram realizadas por duas pessoas. (E isso ainda antes de falarmos sobre o que vem pela frente com a inteligência artificial, IA.)[2] O jogo mudou. E o mito do trabalho seguro se transformou com ele.

OS EMPREGOS NEM SEMPRE SÃO A IDEIA MAIS INTELIGENTE NESTA ECONOMIA

Aqui está o porquê:

1. **Os empregos são arriscados**. Com a segurança fora de questão para a maioria das pessoas, o emprego equivale a ser independente com apenas um cliente. E, como qualquer especialista na área lhe dirá, estar cem por cento dependente de apenas um é um negócio muito arriscado. Se eles tiverem problemas, lá se vai seu rendimento.

2. **Outra pessoa está controlando a sua vida**. Como empregado, a verdade é que você tem pouco controle sobre a sua fonte de renda. Pode me chamar de louca, mas não quero que outra pessoa determine se recebo o meu próximo salário ou se vou parar na rua.

Reparei que muitos dos meus amigos em empregos fixos têm medo da economia e estão nervosos sobre o que a diretoria vai decidir para o futuro. Por outro lado, aqueles que são livres percebem qualquer mudança como uma oportunidade (na verdade, muitas das grandes empresas do mundo foram criadas por empreendedores que aproveitaram um momento de recessão).[3]

Sabe, isso não se trata de fugir de um trabalho. É sobre a liberdade que vem quando você aprende como ganhar dinheiro nas suas próprias condições. A verdadeira liberdade é poder dançar com as mudanças em vez de ser uma vítima das suas circunstâncias.

3. **Empregos podem ser uma lástima**. Quando você está no mercado, é provável que outra pessoa tenha controle do que você faz, quando você trabalha, quanto você ganha, no que você atua e quando você tem permissão para tirar um dia de folga. Você abdica da escolha sobre o que faz todos os dias durante a maior parte da sua vida em troca de um cheque. Esse é o "compromisso de emprego".

   Com posições menos seguras do que nunca e rendimentos livres mais fáceis de criar do que em qualquer outro momento da história, será que esse compromisso tradicional faz sentido?

Enquanto todos à sua volta reclamam do próprio emprego e têm medo de perdê-lo, eis como se libertar e ser feliz.

EM UM NEGÓCIO LIVRE:

- não é necessário financiamento ou dívida;
- você pode começar a qualquer momento pelo preço de alguns jantares fora;
- tudo é baseado em sua personalidade, no que você ama e na vida que deseja;
- a realidade é divertida, flexível e capaz de mudar conforme você muda.

O negócio livre é acessível e superlucrativo, e você pode moldá-lo ao seu redor. A verdade é que não há razão para você trabalhar para outra pessoa se não quiser. Aventuras fabulosas e uma vida inteira de descobertas esperam do lado de fora da porta.

ESPERE, A MAIORIA DAS PEQUENAS EMPRESAS NÃO FALHA?

Este é o banho de água fria. Você fica todo animado com as possibilidades e depois ouve isso. *Pow*. Com essa única frase, qualquer sonho torna-se frustração. O problema é que esse "fato" simplesmente não é verdade. Duncan Bannatyne, empresário e estrela do *Dragons' Den*, do Reino Unido, aponta:

> *Muitas pessoas não querem ter de enfrentar familiares e amigos que sempre foram céticos quanto às suas versões de sucesso. Eles provavelmente ouviram a estatística de que cinquenta por cento das empresas vão à falência nos primeiros dois anos, mas essa estatística é, normalmente, baseada no encerramento de contas bancárias de empresas,* NÃO *no encerramento de empresas.*
>
> *Se você remover o número de negócios que mudam de conta bancária quando as etapas introdutórias se esgotam, ou o número daqueles que são encerrados porque o fundador aceitou uma oferta de emprego lucrativa ou iniciou outra frente, a chamada taxa de fracasso cai drasticamente.*
>
> *A divisão de novos negócios do Barclays estima que o número de empresas que fecham devido ao "estresse financeiro externo", ou seja, que devem dinheiro, é de apenas doze por cento no primeiro ano.*[4]

Dizer que um negócio falhou porque alguém seguiu em frente é como dizer que alguém que mudou de emprego falhou no anterior (mesmo que tenha saído para aceitar uma promoção). Ridículo, certo?

Sim, claro que algumas empresas falem, mas, cá entre nós, um olhar no site deles e nas abordagens, geralmente, deixa bem claro o porquê. Isso não é uma questão de sorte. Há coisas específicas a fazer para garantir que tudo funcione. Vamos explorá-las na segunda metade deste livro. Lembre-se: com um negócio livre, você não vai se afundar em dívidas e colocar a sua casa em risco! Você começará pequeno — pode até iniciar enquanto ainda está no seu emprego (ou negócio existente) — e jogando para criar uma carreira feita sob medida para você, que seja mais do que apenas pagar as contas. Por enquanto, considere:

TERCEIRA VIA DE VIDA LIVRE

Você quer se sentir seguro ou estar seguro?

A realidade é que nenhuma das duas opções, emprego ou livre-arbítrio, é cem por cento segura. O que importa é: quando a transformação acontecer (e vai acontecer), você estará posicionado como uma vítima em potencial ou um potencial vencedor?

Há aqui uma ironia. Um trabalho parece seguro enquanto um negócio não. Parece tranquilizador receber um salário — e aqueles grandes edifícios de vidro parecem ser muito reais e sólidos. Mas a realidade é que ser livre lhe dá esse tipo de segurança vitalícia que um funcionário imagina ter — até o momento em que descobre que, realmente, realmente não tem.

Colocando dessa forma, pergunte-se novamente: "Posso me dar ao luxo de fugir da rotina?" Dessa vez, porém, adicione mais uma questão: "Posso me dar o luxo de não segui-la?"

02
POR QUE ISSO IMPORTA AGORA

Três semanas depois que eu saí da adolescência, minha mãe morreu em decorrência de um câncer.

Sim, ainda sinto falta dela, e não, não fica mais fácil.

A sua morte me deixou com uma forte consciência da nossa brevidade. No topo do meu laptop, estão as palavras "Uma vida, querida. Uma vida". Todas as manhãs, olho para elas e lembro das verdadeiras apostas que estão em jogo.

O QUE VOCÊ FARIA SE TIVESSE APENAS UMA VIDA?

(Você tem, sabe?)

Se você tiver que escolher uma informação desse livro para levar, que seja essa: pare de se enganar que você tem trezentos anos para viver. "Um dia" significa nunca; "um dia" é o caminho para levar os seus sonhos para a sepultura.

Nunca haverá um momento certo para fazer a mudança. Todos pensam que são velhos ou jovens demais, pobres ou bem pagos demais, casados ou solteiros demais — e certamente ocupados demais. A verdade é que nunca existirá a época ideal, a idade ou situação perfeita.

Também não há segundas oportunidades.

Exceto aquela que você se dará a partir de hoje.

Reflexões da Parte Um – onde estou agora

Peguei este livro porque: ______________________________

____

____

Do que li até agora, o que mais me tocou foi: ______________________________

____

____

As coisas que não gosto sobre minha vida no momento são: ______________________________

____

____

Tenho sonhado com a mudança há ______________________________

______________________________ meses/anos

É importante para mim fazer uma mudança porque: ______________________________

____

____

A maior questão que tenho agora é: ______________________________

____

____

NOTAS

1. Canada Life Group (Reino Unido) Record number of employees to work beyond 65, 10 maio 2017, https://www.canadalife.co.uk/news/employees-to-work-beyond-65-press-release;

Shaw, V. Workers may need to retire as late as 81 to get a pension like their parents, report warns, *Independent*, 2 mar. 2016, https://www.independent.co.uk/news/business/news/pension-age-retire--royal-london-westminster-81-a6906676.html;

Career Builder. Half of mature US Workers will wait until atleast age 70 to retire or won't retire at all, 31 mar. 2017, http://press. careerbuilder.com/2017-03-31-Half-of-Mature-U-S-Workers-Will-Wait--Until-At-Lest-At-Least-Age-70-to-Retire-or-Wont-Retire-at-All

2. Harari, N. In the long run no job will remain absolutely safe from automation, in *21 Lessons for the 21st Century*. Nova York: Spiegel & Grau, 2018.

3. Burn-Callander, R. Recession start-ups are more profitable, *Telegraph*, 2 set. 2014. https://www.telegraph.co.uk/finance/businessclub/sales/11068457/Recession-start-ups-are-more-profitable.html

4. Bannatyne, D. *Wake Up And Change Your Life*. Londres: Orion, 2008.

PARTE DOIS

CRIANDO A SUA VIDA LIVRE: COMO DECIDIR O QUE VOCÊ REALMENTE QUER

01

POR QUE FAZER O QUE SE AMA NÃO É NEGOCIÁVEL

"Quanto mais quero fazer alguma coisa, menos a chamo de trabalho."
RICHARD BACH

Fazer o que se ama. Apesar de ser o ponto de partida de qualquer vida livre, é um sonho que nos foi dito ser luxo. Abra quase todos os livros de negócios e a pergunta "O que você realmente quer fazer com sua vida?" parece nunca precisar ser feita. Você poderia facilmente ter a impressão de que fazer o que você ama está separado de ser bem-sucedido ou ganhar dinheiro.

Isso não reflete a realidade.

Estude os caminhos dos empreendedores e dos criadores de mudança ao redor do mundo, e um padrão emerge: aqueles que fazem bem o que fazem simplesmente o adoram. Como Steve Jobs disse: "Você tem que encontrar o que você ama. A única maneira de estar verdadeiramente satisfeito é fazer o que você acredita ser um grande trabalho. E a única maneira de fazer um grande trabalho é amar o que se faz."

Ou, nas palavras de Paul Graham: "É difícil fazer um bom trabalho em qualquer coisa em que não se pense no chuveiro".[1] Mesmo as pessoas que dizem publicamente que o objetivo do jogo é ganhar dinheiro para financiar um certo tipo de vida seguem esse padrão. Timothy Ferriss, no (aliás, excelente) *Trabalhe 4 Horas por Semana*,[2] sugere que a questão não é amar o trabalho, mas encontrar uma musa (negócio com tempo reduzido de compromisso) que lhe permita trabalhar o menor número de horas para o máximo retorno do seu tempo. Eu sou totalmente a favor dessa última parte! Mas a suposição de que você não precisa amar o que faz é questionável.

A própria musa de Ferris foi um empreendimento de suplementos esportivos, e, como ele explica em seu segundo livro, melhorar como o corpo funciona sempre fora seu maior interesse. Ele ficou conhecido pela abordagem para encontrar a maneira mais eficiente de obter resultados: algo que ele é apaixonado por fazer todos os dias em sua própria vida. Seu sucesso e de outras pessoas não foram ideias arrancadas do ar sem relação alguma com sua personalidade ou interesses.

Fazer o que você ama não é apenas, você sabe, mais ou menos o objetivo de fazer isso, mas é o caminho para torná-lo um sucesso. Se você não gosta de atuar em algo, então, a menos que você tenha uma força de vontade sobre-humana, eu garanto que você vai acabar abandonando, não importa o quão inteligente seja o conceito. Já vi centenas de ideias excelentes caírem por que quem as escolheu eram interesseiros, não porque estavam genuinamente apaixonados por elas.

Poupe tempo e seja honesto sobre o que você quer de antemão. O próximo exercício o coloca a refletir nesses termos. Tire tempo para rabiscar suas respostas.

Exercício: As nove perguntas

Responda a primeira coisa que lhe vier à cabeça. Sem pensar duas vezes nem editar, apenas pegue uma caneta e escreva:

1. Quando você tinha cerca de oito anos, as três coisas que você podia geralmente ser encontrado fazendo ou brincando eram:________________

____

____

2. Quando foi a última vez em que você se sentiu vivo e completamente envolvido no momento? Onde?________________________

____

____

3. Imagine que um gênio apareceu lhe oferecendo doze meses de férias – com pagamento e a segurança de saber que seu emprego estaria esperando por você na volta. Você tem um ano inteiro para fazer apenas coisas que lhe satisfaçam. O que você faria?
Escreva sua resposta do primeiro ao último mês (use outro papel caso fique sem espaço aqui):____________________________

____

____

4. Tome nota: qual parte dos seus doze meses de folga é realmente animadora para você? Se você escreveu que iria criar arte, você está entusiasmado em fazer arte de fato ou apenas sobre o lugar onde você imaginou fazendo? Ou, quem sabe, sobre as pessoas com quem você imaginou estar neste momento?____________________________________

____

____

Não se preocupe se não tiver a certeza das suas respostas. Essas perguntas destinam-se apenas a colocar o seu cérebro em direção à liberdade. Dentro de alguns capítulos você pode voltar a elas com muito mais clareza.

As próximas cinco perguntas são um lugar seguro para capturar aqueles pensamentos de "um dia" que podem estar passando pela sua cabeça. Considere o que você acha que seria fantástico fazer se tivesse toda a permissão/experiência que precisava e soubesse que não falharia.

5. Três coisas que eu adoraria fazer como uma carreira livre são:______

____

____

6. O que me anima em cada ideia:______________________

____

____

7. O que me segura em cada ideia é:______________________

____

____

8. Quando tento implementar uma transformação, eu geralmente:____

____

____

9. Se eu tivesse coragem, eu iria (sério. O que você faria?):__________

____

____

Lembre-se: você não tem obrigação com nada do que escrever, então não se segure.

Perceba o que normalmente acontece quando você tenta implementar uma transformação (pergunta 8). As suas respostas habituais para mudar o seu trabalho estão levantando mais barreiras ou criando soluções? Para ajudá-lo a fazer as coisas de forma diferente, eis como contornar uma barreira comum no caminho para descobrir o que fazer com a sua vida: o Ciclo Ideia-Morte.

A minha cliente Sam passou meses neste ciclo: ela teve uma ideia, em segundos, a voz daquele crítico interior acabou com ela com um grito de "impraticável"! Então, ela começava de novo: encontrava uma ideia da qual gostava, pensava em uma razão para não fazê-la e continuava andando em círculos.

É a maneira de acabar presa no escritório para sempre. Como você vai aprender com o *Seja livre*, a maioria das ideias não começa bem; mas cresce quando se dá espaço para respirar. Ninguém vai de "Não sei o que quero fazer" a "Aqui está a resposta juntamente com um plano de negócios infalível" de uma só vez!

Para dar a si mesmo a melhor chance de ter uma grande ideia que a) você vai amar e b) vai funcionar, use esta técnica simples:

A ESTRATÉGIA EM DUAS ETAPAS

O erro que Sam estava cometendo era tentar executar uma ideia que era ao mesmo tempo atraente e viável de uma só vez. Se não fossem ambos, ela desistiria. No entanto, tentar focar nos detalhes práticos no exato momento em que surgem ideias criativas é a forma mais rápida de matar as melhores delas.

Como o professor Richard Wiseman explica ao resumir uma investigação líder em criatividade, a mente metódica e crítica (o cérebro consciente) é como o homem barulhento na sala. A parte criativa (inconsciente) é o homem quieto, o que é superinteligente e que apresenta as melhores ideias. O problema é que o calado recua assim que o barulhento começa a gritar razões para não seguir em frente.[3]

Se você quer descobrir o que realmente ama, tem que dar à mente tranquila e inovadora algum espaço. Aqui está como fazer isso.

Use a estratégia de dois passos para separar os seus sonhos do que, nesta fase, você acha que é possível. Passo 1: decida o que você quer. Passo 2: descubra o que funciona, e torne-o possível.

Para ajudá-lo(a), separei este livro em várias seções. Esta parte é exclusivamente o primeiro passo. Este é o seu lugar seguro para sonhar, e sonhar grande. Ideia alguma é selvagem demais neste espaço. Não se preocupe; vamos chegar aos aspectos práticos e verificações mais tarde (não estou aqui para deixá-lo sair com uma má ideia!), mas agora você tem permissão total para baixar a guarda e refletir.

Ao começarmos com o foco em *você* — dando-lhe vida, fazendo o seu cérebro zumbir com potencial enorme e preenchendo-o com possibilidades —, desbravamos caminhos que o pensamento linear nunca alcançaria.

Prepare-se para a viagem

As páginas seguintes estão repletas de conceitos e técnicas que tiveram o sucesso comprovado no mundo real. Apesar de algumas páginas parecerem um pouco delicadas, acredite em mim, não tenho paciência com informações inúteis. Se algo foi incluído neste livro, foi por uma razão simples: funciona. Mas você precisa se abrir.

É o seguinte: nos próximos capítulos, confie no processo, ok? Guarde quaisquer objeções que, no fim, você poderá recuperá-las. Por enquanto, tudo o que peço é que mergulhe de cabeça e dê tudo de si. Em troca, mostrarei a você uma nova forma de ver a vida. Combinado?

Brilhante. Vamos começar.

02

SONHE GRANDE — DEPOIS SE LEVANTE E FAÇA

"Você não pode esperar pela inspiração.
Tem de ir atrás dela com um bastão."
JACK LONDON

Dan era um homem inteligente que apareceu em um dos meus cursos. Um dia, perguntei a ele: "O que faria se pudesse fazer alguma coisa, qualquer coisa?" Ele respondeu: "Bem, acho que trabalharia um pouco menos, teria um pouco mais de tempo e não precisaria fazer tantas folhas de cálculo."

Um *pouco* menos? Um *pouco* mais de tempo? Não fazer *tanto* de algo que afunda seu coração? Quando esse é o melhor sonho que alguém pode ter, você sabe que algo não está certo. Sabe aquele ditado: "Aponta para o céu e chegarás ao teto; aponta para o teto e ficarás no chão"?[4] Isso é exatamente o que está acontecendo aqui.

Você quer uma vida de sonho? É hora de lembrar como sonhar GRANDE, que é exatamente o oposto de como o mundo do trabalho o ensinou a se comportar. Por isso, gostaria de lhe mostrar um exemplo do que pode acontecer quando nos atrevemos a sonhar com base no estilo livre.

Como deixar seu emprego, escrever um livro e aparecer na TV (enquanto assa bolos)

Anos atrás, Melissa Morgan ganhava um bom salário em um trabalho respeitado na área de educação em Londres, mas sonhava com algo diferente. Ela desejava:

1. fazer e vender cupcakes veganos lindos e deliciosos.
2. abrir uma loja de bolos de sucesso (e sem dívidas) e espalhar seus produtos veganos pelo país.
3. escrever um livro de receitas e ter um programa de culinária na TV.

Sonho bonito, certo?
Há muitas razões pelas quais aspirações como estas são consideradas devaneios. Para começar, Melissa não era uma confeiteira treinada. Além disso, não tinha experiência comercial: "Eu não conhecia os certificados ou padrões alimentares que precisava obter para vender o que eu fazia." Também não tinha financiamento ou poupança para criar uma marca nacional.

Mesmo assim, Melissa seguiu em frente. Ela vestiu seu avental de babado e seu chapéu de tamanho exagerado, e assumiu a personalidade da Ms Cupcake: "Uma dona de casa dos anos 1950 que chama todo mundo de linda." Sem pedir demissão, ela se oferecia para fazer cupcakes sempre que podia:

> *No escritório, se alguém estivesse fazendo uma despedida, eu oferecia meus cupcakes. Todo aniversário ou jantar ao qual eu ia, levava os bolinhos do Ms Cupcake.*
>
> *Mesmo quando estava trabalhando nos fins de semana, ia a casas noturnas vestida de Ms Cupcake e oferecia cupcakes. O meu objetivo era fazer os melhores veganos, para que até um não adepto desta dieta os escolhesse em vez de qualquer outra coisa. Enquanto estava no meu*

emprego, trabalhei neles. Recebia feedback e continuava a experimentar e a melhorar a receita até ficar perfeita.

Quando Melissa pediu demissão, superou a falta de experiência empresarial "lendo tudo o que eu precisava saber sobre negócios e aprendendo no caminho". Em poucos meses, ela teve sua primeira banca, uma grande marca e centenas de clientes fiéis. Incluindo eu.

A primeira vez que vi a Ms Cupcake, que naquela altura vendia no mercado local da região, soube que ela seria grande. Os bolinhos eram de outro mundo — enormes, generosos... criações maravilhosas. Melissa arranjava uma maneira de criar qualquer sabor. A sensação em torno de sua banca era fabulosa, com personalidade real.

Mal sabia eu que a personalidade forte tinha vindo por cortesia do grande sonho da Ms Cupcake. Ela nunca se deixou pensar mediano, e suas aspirações lhe permitiram definir o que queria compartilhar com o mundo: uma experiência tanto quanto um cupcake.

Em um ano, Melissa tinha acumulado milhares de fãs fiéis (incluindo uma lista próspera de seguidores), e a receita das vendas significava que ela poderia abrir uma loja. Todos os gastos na sua banca naquele ano foram financiados pela venda dos cupcakes. Em momento algum, ela precisou de um financiamento externo, sendo rentável desde o início.

Para a maioria das pessoas, só isso já seria um feito suficiente! No entanto, perceba: o resto do sonho dela também estava acontecendo. "Três editoras me fizeram uma oferta, e eu só tive de escolher entre elas", afirmou Melissa. E o agente de TV dela diz que Melissa é uma cliente fácil de se trabalhar, porque todos estão perguntando por ela. Enquanto falávamos, havia uma equipe de documentários filmando sua loja.[5]

O conselho da Ms Cupcake para você

Eu não tenho um parceiro rico ou um fundo fiduciário, e tinha contas para pagar como qualquer outra pessoa. Eu sabia que ninguém ia me entregar um negócio de cupcakes veganos ou oferecer-me um acordo para escrever um livro de receitas só porque eu disse que queria. Foi tudo uma questão de acreditar no meu sonho e adotar medidas para garantir que eu chegasse lá. Muitas pessoas dizem que querem essas coisas, mas você precisa se levantar e provar a si mesmo.

O bom de estar livre é que você pode fazer isso. Não precisa se vender a um empregador e explicar por que está fazendo uma mudança de carreira. Não precisa dar satisfação ao RH. Você precisa ter coragem de almejar grande e dar esse primeiro passo.

ATREVA-SE A SONHAR

Sonhador tornou-se uma palavra negativa. Mas e se não fosse? Outra palavra para ele é visionário. Seria muito difícil encontrar um criador de mudanças visionário que lhe dissesse para parar de pensar grande.

Tentar descobrir o que você realmente quer sem ousar sonhar é como tentar criar a viagem de uma vida, mas se recusando a imaginar qualquer destino a mais de um quilômetro de sua casa. Simplesmente não vale a pena.

A forma como uma pessoa livre opera é exatamente o oposto de esmagar os seus sonhos. É para sonhar grande. MUITO GRANDE. E, então, ultrapassar a fase de sonho e descobrir como fazê-lo acontecer de verdade.

Exercício: Cabeça nas nuvens

Pegue um pedaço de papel e um lápis, e defina um temporizador para doze minutos. Considere isto:
Imagine que lhe foi dada uma vida livre. Nessa fantasia, não há restrições em termos de dinheiro, responsabilidades, habilidades ou experiência. Você pode fazer qualquer coisa. A única regra é que tudo o que você incluir tem que preenchê-lo de felicidade e fazer você pensar "sim!". (Talvez até o faça rir em voz alta.)

Nesta fabulosa vida livre, como seria o seu dia ideal?__________

Onde você estaria?__________

O que você estaria fazendo?__________

Quem você teria ao seu lado?__________

O que aconteceria de manhã até noite?__________

No seu novo pedaço de papel, esboce um dia típico de Cabeça nas Nuvens começando... agora.__________

Feito? O próximo passo é quebrar esse sonho para compreender o que realmente está acontecendo por trás das suas respostas:
Que cinco temas lhe chamam mais a atenção no esboço? (Por exemplo, quando fiz isto há muitos anos, o meu tinha muita natureza e ambiente exterior, muita variedade e um grande desenho de mim falando em frente dos grupos.)__________

O que é realmente excitante para você sobre o seu sonho? (Por exemplo, se você se imaginou em turnê pelo mundo, como uma estrela de rock, pergunte- se: estou mais animado com a ideia de estar na frente do público, ou com o estilo de vida de um rockstar?) Escreva cada elemento animador como um ponto separado:

____

____

De agora em diante, adquira o hábito de perguntar "por que me sinto realmente atraído por esta ideia?" e anote os temas que vierem à cabeça. Isto irá gerar um conjunto consistente de pistas, que usaremos para construir a sua solução personalizada para ser livre.

Lembre-se: o seu sonho ainda não tem de mostrar um nome de carreira. Muitas vezes, ficamos tão preocupados em fazer uma coisa com o resto das nossas vidas que esquecemos a importância do estilo que vem com ele — e de quem queremos ser dentro dele. No entanto, é aí que estão algumas das pistas mais importantes.

Miniestudo de caso

Um ponto decisivo para mim foram os exercícios de visualização, nos quais pude imaginar a minha vida de sonho. Passados vários anos, ainda consigo lembrar vividamente das minhas respostas. Como resultado, mudei de um papel permanente no meu trabalho para ser uma empreiteira (onde tinha menos responsabilidades, mas ganhava mais dinheiro!), treinada como psicoterapeuta, construída sobre as minhas ideias — e depois lançada como meu próprio patrão! Sinto-me muito entusiasmada com as possibilidades que tenho diante de mim.

Suzie Chick

03

DESCONGELAMENTO — A SUA ARMA SECRETA PARA DESCOBRIR O QUE VOCÊ QUER

"A mente intuitiva é um dom sagrado, e a mente racional, uma serva fiel. Nós criamos uma sociedade que honra o servo e esqueceu o dom."

ALBERT EINSTEIN

Clara veio conversar comigo ao fim de uma oficina. No momento em que a vi, senti o estresse. Ela estava rígida e tensa, e durante todo o workshop tinha tomado notas febrilmente. Ela ajeitou os óculos e falou: "Eu gostei de tudo o que você disse, mas não obtive a resposta dos exercícios. Há algum tipo de teste que eu possa realizar que me diga o que devo fazer com a minha vida?"

Perguntei a Clara como o exercício "cabeça nas nuvens" tinha batido nela. No mesmo instante, ela abriu seu caderno (com o nome de uma grande firma de advocacia na frente), folheou suas anotações, antes de olhar para cima, afirmando: "Eu não conseguia pensar em nada que eu quisesse fazer a não ser me sentar na praia e ficar à toa!"

"Tudo bem", disse eu. "Que tal a pergunta sobre a última vez em que se sentiu realmente viva?"

Clara sacudiu a cabeça tristemente e me contou: "Não me lembro. Isso não é estúpido? Lembro de todo o resto na minha vida: datas de reuniões, nomes de clientes, mas não consigo me recordar da última vez em que me senti viva. Há algo de errado comigo?"

Óbvio que não. Só que não era a Clara completando esses exercícios. A verdadeira estava congelada, dentro da eficiente advogada. Clara apareceu nos momentos em que ela irrompeu inesperadamente em lágrimas, mas desapareceu quando a advogada a repreendeu por ser tão tola. A doutora Clara pode ser um pouquinho grosseira.

Ela era ótima em seu trabalho, e sabia como conseguir uma promoção e lidar com um caso complexo. Mas era absolutamente terrível em descobrir o que faria a Clara verdadeira feliz. Quando ela se acalmou, lembrou-se de ter cuidado para não bagunçar o currículo, tentou racionalizar o caminho para cada decisão e, no processo, se manteve longe da ferramenta mais útil para notar o que ela realmente queria: seu GPS interno.

GPS interno é um termo usado pela autora e coach Martha Beck para descrever aquela sensação que você tem quando, digamos, está prestes a entrar em uma relação com alguém que se revela muito errado para você, ou a de "não!", que você tem no primeiro dia de trabalho em um ambiente que se mostra tóxico.[6] Você sabe que algo está errado, mas não consegue explicar por quê. Em teoria, parece bom. Se você é como eu (ou Clara), provavelmente, disse: "Não seja tão bobo(a), é só um sentimento, eu não posso recusar o trabalho ou terminar com meu possível amor." Então, você vai em frente com o "sim" quando seu corpo gritava "não". E ambos sabemos o desenrolar dessa história.

O SEU GPS ESTÁ FORA DE SERVIÇO?

Eu estava falando com minha amiga e coach de lifestyle maravilhosa Selina Barker sobre este tópico, e ela apontou:

No início da vida, as crianças falam sobre o que querem — são muito firmes nos seus sins, nos seus nãos e nos seus eu quero. Depois, à medida que crescem, as pessoas lhes dizem: "Você não pode ter isto." Então, aprendemos a dizer não onde queríamos dizer sim.

Para agradar às pessoas, pertencer ou encaixar, temos o hábito de dizer não quando queremos dizer sim, e sim quando queremos dizer não.

Portanto, quando perguntadas "O que você sente por dentro? O que seu instinto está mostrando a você?", as pessoas entram em pânico e dizem: "*Eu não sei!*"[7]

Claro que não sabe. Você falou sim quando quis dizer não (e vice-versa) por tanto tempo que o seu GPS interno está completamente confuso.

Ignorar esses sentimentos é normal na jaula da carreira. Se você não dissesse não quando sentisse sim, poderia acabar marchando até o idiota do escritório — aquele que coloca suas músicas de dança de gosto duvidoso no volume máximo todas as tardes — para arremessar seus alto-falantes para longe. Se você deixasse tudo transbordar, iria sentir exatamente como as coisas estão erradas.

Para sobreviver a uma carreira que não é aquela que você quer, você teve de erguer barreiras. Teve de colocar uma fachada. Você escondeu seus sentimentos bem no fundo. Contudo, é hora de reencontrá-los. Bem-vindo ao *descongelamento*.

Isto pode soar estranho, mas até se deparar com a sensação de dizer sim, você não terá certeza do que realmente quer. Sem descobri-la, você poderia tropeçar na solução perfeita na rua e ainda estar inseguro demais para ir em busca dela.

O primeiro passo para se conectar com o seu GPS é recalibrar os sins e nãos.

Exercício: Recalibragem

Responda a estas perguntas com a primeira coisa que vier à cabeça:

A última vez que eu fiz algo e o tempo voou (e eu me senti vivo) foi:

____

____

A última vez que fiz algo que eu gostaria de poder fazer todos os dias foi:

____

____

Os meus dias favoritos são:_____________________________

____

____

Como essas respostas o fazem sentir? Por exemplo, quando eu acerto as respostas certas, sinto-me eufórico, com essa alegria subindo até o topo da minha cabeça. Outros sentem um calor confortável no peito, e o corpo deles relaxa. Escreva a sua resposta com o máximo de detalhes possível:

____

____

Agora responda a estas perguntas:

Eu me sinto pra baixo e inadequado quando passo um tempo com:

____

____

A última vez em que fiz algo e o tempo se arrastou (e eu senti asco) foi:

____

____

A última vez em que fiz algo no trabalho que desejei nunca ter de fazer de novo foi:

____

____

Os meus dias menos favoritos são:

____

____

Este é o seu estado de não. Como ele o faz se sentir? Onde você está sentindo isso?

____

____

A partir de hoje, comece a prestar atenção em seus momentos de sim e não, onde e como eles acontecem.

Ao folhear este livro e deparar-se com ideias, volte ao GPS interno. Como você está respondendo? Quais sinais você está recebendo? Lembre-se de que não vale a pena perder tempo com uma opção se tiver um "não!" grande lá dentro. Isso nunca dá certo. Ao aprender a se ouvir, você encurtará o processo para descobrir o que realmente quer e seguirá por esse caminho muito mais rápido.

04

COMO CRIAR A SUA CARREIRA PERFEITA QUANDO VOCÊ QUER FAZER TUDO

"As ideias são como os coelhos. Arranje um casal e aprenda a lidar com eles, e muito em breve você terá uma dúzia."

JOHN STEINBECK

No capítulo anterior, exploramos algumas formas de entrar em contato com seus sonhos. Mas o que se faz quando se tem muitos sonhos pequenos e ainda não há uma coisa específica que nos prenda o suficiente para escolhê-la acima das outras?

Quando eu estava começando, tive dificuldade em decidir o que queria. Havia tantas ideias de coisas que eu adoraria realizar, vidas que eu gostaria de viver, mas eu não conseguia escolher. Ideia alguma era perfeita, e eu não queria tomar a decisão errada (novamente) ou fechar a porta para outra opção.

Desde então, tenho ouvido o mesmo problema de muitos clientes:

Se eu lançar este negócio de consultoria na minha cidade natal, então vou perder o meu sonho de viver em Bali ensinando meditação. Também sempre quis fazer documentários. E criar gatos. Talvez. Eu não tenho ideia de como escolher!

Toda vez que você está perto de escolher, fica preocupado com a possibilidade de ficar entediado no fim de um mês. Então, você desiste até a próxima vez em que o seu trabalho se tornar insuportável. Depois o ciclo recomeça: fantasias sobre outra vida, leitura de um livro para se inspirar, sonhos por apenas um minuto... e permanece preso. Você não sabe como responder à pergunta: "Como posso conseguir que alguém me pague para fazer tudo o que amo?"

Familiar?

Bem-vindo ao mito da "uma coisa".

O mito da "uma coisa"

"Preciso escolher uma coisa para fazer para o resto da minha vida e não posso começar até encontrar aquele emprego perfeito."

Destruindo o mito

Preciso esclarecer uma coisa aqui: eu acho que todo o conceito de escolher um caminho na prateleira e ficar com ele para o resto da sua vida é uma loucura. Totalmente maluco.

Você não escolheria uma roupa para vestir todos os dias, em toda ocasião, para o resto de sua vida, e seria feliz com ela. Então, por que achar pode fazer o mesmo com uma carreira? É por isso que muita gente fica presa na fase de decidir. Você está olhando para todas as opções e colocando muita pressão para que uma delas seja perfeita.

Os humanos livres fazem as coisas de forma diferente. Eles não esperam encontrar o traje perfeito para sempre. Em vez disso, criam a sua própria carreira sob medida, a partir do zero, pensando fora da caixa. Perceba:

Você não precisa ser pago diretamente por algo para torná-lo parte central do seu negócio. Ser um consultor não significa passar cada hora de cada dia dando consultoria. Se você ensina jardinagem orgânica, não ministrará aulas de jardinagem orgânica o dia todo.

Por exemplo:

- **Eu não ganho a vida sendo pago(a) para ficar nos cafés.** Sentar em confeitarias com meu laptop, ver as idas e vindas, respirar o aroma e conversar com pessoas adoráveis é uma das minhas coisas favoritas, e parte central do meu cotidiano profissional. No entanto, não sou dono de cafeteria.
- **Eu *não ganho a vida sendo pago*(a) para ensinar psicologia, antropologia social e linguística.** Quase tudo o que faço está focado nestes elementos, que constituem parte considerável da abordagem dos humanos livres. No entanto, ninguém me pagou para ser linguista ou antropóloga social.
- **Eu não ganho a vida sendo pago(a) para escrever.** Sim, estou produzindo um livro, mas não é uma tarefa que me proporcione receita que justifique um dia inteiro de trabalho (e também foi a primeira vez que concordei em ser paga diretamente para escrever!). No entanto, eu tenho escrito, todas as semanas, como parte do meu negócio há anos. No início, foram artigos e posts de convidados (que trouxeram tráfego), bem como cursos e histórias que ilustram os meus e-mails de vida livre — em algumas oportunidades, consigo escrever e contar histórias de uma forma que adoro, e este projeto divertido fez crescer massivamente o meu negócio.
- **Eu não ganho a vida sendo pago(a) para viajar pelo mundo.** Nos últimos anos, fui a lugares como Bali, Costa Rica, França, Itália, Maurício, Filipinas e Austrália, e toquei meus negócios de lá. *Seja livre* foi escrito em cinco países diferentes. No entanto, ninguém me paga para viajar.
- **Eu não ganho a vida sendo pago(a) para conhecer pessoas incríveis, ser entusiasmada e fazer projetos criativos de fotos e vídeos.** Mas eu os integro em meus dias e eles

melhoram o que eu ganho (uma carreira que inclui libertar humanos presos em jaulas).

Há um mito de que a única maneira de fazer o que você ama como carreira é ser pago diretamente por essa atividade. Como em um emprego, que é o único modelo de renda da maioria das pessoas. Portanto, se você gosta de viajar e escrever, a resposta da jaula da carreira é ser um escritor de viagens, assim como milhares de outros por aí. Se não consegue isso, então desista.

Trabalhar para si mesmo não é como ter um emprego — quando você é livre, a tarefa pela qual você é pago, muitas vezes, não é a que ocupa a maior parte do seu tempo. Pergunte a qualquer um que se saia bem como um humano solitário, e ele dirá que o crescimento do seu negócio é parte essencial de como eles passam os próprios dias. Algumas pessoas (as de negócios mais convencionais) acham essa parte entediante. Os humanos livres veem isso como uma desculpa para se divertirem.

Para fazer crescer o seu negócio, você pode escrever, filmar, dar palestras, fazer bolos (eu conheço alguém que fez isso como uma ideia promocional!), conhecer pessoas fascinantes (as que estão atualmente na sua lista de jantares dos sonhos) ou uma gama infinita de outras opções. Sem chefe para definir a agenda, você pode escolher o que quiser.

Sabendo disso, aqui estão três abordagens fora da caixa que você pode usar para criar sua solução para a vida livre:

1. Criar uma carreira sob medida.
2. Criar uma carreira de portfólio.
3. Criar uma carreira em evolução.

1. Criar uma carreira sob medida

Você já entrou em uma loja de roupas, viu um manequim vestido de forma incrível e experimentou o mesmo *outfit*? Eu já. Não ficou bom. Você pode usá-lo como inspiração, mas é preciso acrescentar aquele lenço, tirar aquelas botas, encontrar um top diferente. Dessa forma, ficará perfeito.

A verdade é que você é único. Carreiras perfeitas não são encontradas; elas são criadas do zero, ajustadas e feitas sob medida para se adequar a você em toda a sua singularidade.

Quando me tornei coach, percebi que não gostava muito desta ocupação. Não sou de me sentar, ouvir e assentir com a cabeça enquanto alguém acaba com a própria vida ou contém o entusiasmo ao encontrar algo fabuloso. Durante meses, eu estava tão estressada: a cada sessão, eu sentia que tinha de fingir ser outra pessoa (alguém mais passivo), a fim de caber na caixa do mundo convencional dos coaches. Sentia-me como se não fosse suficientemente boa apenas porque eu era diferente.

Então, depois de muito tempo embalando minha personalidade nesta caixa, decidi transformar meu estilo natural em uma vantagem — sem escondê-lo por medo de que pudesse ser uma responsabilidade.

Agora, é menos "o que você acha?" e mais estratégias, ideias, brainstorming e uma dose de conversa direta, sempre com amor. Eu brinco, rio, faço as perguntas essenciais e converso com franqueza. Ocasionalmente, solto um palavrão. Tente encontrar isso numa descrição de trabalho.

O resultado? Felicidade enorme. Para minha surpresa, a honestidade e a nova forma de me conectar com as pessoas me deixaram com mais clientes. Essa é uma ocorrência comum quando os humanos livres quebram as regras e saem como eles próprios em vez de seguirem a multidão bege.

Outras mudanças que eu fiz (que outros disseram ser impossíveis) incluem a libertação da localização, um trabalho convencional de um local só, e a integração da criatividade para promover o meu negócio, como o desenho do pequeno logotipo da galinha que ainda está no site *Free Range Humans*. Isto aumenta os meus ganhos e, ao mesmo tempo, é tão divertido que eu faria de graça.

Está percebendo? O que as outras pessoas fazem não é a descrição do seu trabalho. Você pode e deve adaptar ideias à sua medida.

Exercício: Fazendo ajustes

Passos para ajustar carreiras livres à sua medida:

1. Liste as suas ideias favoritas para uma carreira livre. Elas não precisam ser perfeitas, apenas liste as que você achou, de alguma forma, atraentes:

____

____

2. Identifique os elementos de cada ideia que o impediram de escolhê-la com certeza. (Ou seja, o que você acha que não será tão divertido? Que partes não se adequam à sua personalidade?)

____

____

3. Inspirando-se no exemplo acima, como você poderia mudar cada ideia para que personalidade e preferências sejam um benefício, e não uma responsabilidade?

____

____

4. Olhe para a sua lista de ideias agora. Existe alguma forma de integrar várias delas numa única solução?
Por exemplo, se você se sente atraído tanto por X como por Y, você poderia potencialmente combiná-las para criar Z. Faça um brainstorming de possíveis misturas a seguir.

____

____

5. Reanalisando o que você encontrou nos passos 3 e 4, há alguma opção que agora parece particularmente atraente? Circule aquelas com as quais você consegue se ver potencialmente avançando e se animando!

____

____

Se nada encaixa perfeitamente, não se preocupe. Volte a este exercício à medida que avançar pelo livro, e obtenha mais inspiração. Continue a incrementar a sua lista e a personalize usando estas técnicas até que você crie uma solução que realmente marque suas caixas.

Miniestudo de caso

Eu tinha sido uma sonhadora toda a minha vida, mas nunca encontrara um emprego que correspondesse aos meus sonhos. Eu queria escrever sobre sexo, mas nunca tinha encontrado um trabalho que me pedisse isso, especialmente nos círculos acadêmicos em que eu trabalhara nos últimos dez anos. Finalmente, percebi que não tinha de esperar por um emprego para aparecer — eu podia criar o meu próprio papel como escritora sexual. Elaborei um negócio de apoio às mulheres para desfrutar da sua sexualidade, e isso resultou em workshops em locais bonitos, um espaço para escrever regularmente na revista líder em minha área e até o meu primeiro romance. O meu conselho: comece pequeno, mas sonhe grande!

Anna Sansom

2. Criar uma carreira de portfólio

Não consegue encaixar todas as suas ideias em uma única solução? Você vai adorar isto.

Há um grupo crescente de humanos que são pagos para fazer mais do que uma coisa. Há até um nome para isto: carreiras de portfólio. Uma carreira de portfólio é aquela na qual você faz mais de um tipo de coisa, e recebe por isso. Você pode ser um escritor, consultor de imagem e ensinar yoga. Como Barrie Hopson e Katie Ledger apontam em seu livro And What Do You Do? 10 Steps to Creating a Portfolio Career (Em tradução livre: "E o que você faz? Dez passos para criar uma carreira de portfólio"), uma carreira de portfólio não é a mesma coisa que ter algumas ideias e não ser capaz de fazer sucesso em qualquer uma delas — é uma escolha consciente que lhe permite alcançar uma mistura de trabalhos.

Um grande exemplo disso é Carla Watkins:

Eu tinha trabalhado para uma grande empresa financeira durante anos. Eu sabia, no fundo, que aquela vida não era para mim, mas, enquanto eu tentava algumas coisas no meu tempo livre, não via uma saída. Havia um sentimento calmo e pesado de: "Bem, é assim que é a vida adulta, basta aceitar e seguir em frente." Não conseguia imaginar passar toda a minha vida dessa maneira, mas, sempre que eu mencionava esses sentimentos a outra pessoa, recebia um olhar como se eu estivesse falando grego.

Então, quando me deparei com o Free Range Humans (e este livro), fiquei destroçada — não fui a única a me sentir assim. Eu não estava quebrada, só estava no lugar errado.

O conceito de uma carreira de portfólio logo me chamou atenção. Sempre procurei variedade na minha vida, então o trabalho que tem uma diversidade de tópicos fez todo o sentido. Como é que eu não tinha considerado isso antes?

A minha nova realidade incluía um negócio de web design e uma assinatura de uma caixa com objetos de papelaria para pessoas tão obcecadas com isso quanto eu. Também passei a dar aulas burlescas, oferecer experiências de "seja uma sereia de verdade" para eventos e festas (sim, isso é um verdadeiro nicho!), bem como disponibilizar serviços de fotografia para empresários. No início, optei por manter um emprego novo (mais feliz!) para o qual tinha mudado como parte do meu "portfólio", e aproveitar para evoluir as outras partes. Mas hoje estou em horário integral como meu próprio patrão, com a minha própria mistura.

Como diz Carla, se ela tentasse encontrar a *única* coisa perfeita para fazer, ela nunca teria começado:

Especialmente com algo como o meu negócio de caixas por assinatura, pois não tinha a certeza se seria suficiente sozinho. Mas, ao incluí-lo como parte da minha carreira de portfólio, esse projeto lateral teve espaço para crescer e estou nele até hoje.[8]

A coisa maravilhosa deste tipo de carreira é que, assim como Carla, você tem a possibilidade de editá-la quando se aborrecer — você pode, por exemplo, acrescentar uma vertente ou substituir uma já existente, sem passar por uma mudança grande profissional.

Miniestudo de caso

Eu costumava me definir pelo meu cargo e pela empresa para a qual trabalhava — mas agora, quando me perguntam "O que você faz?", eu amo o fato de contar: "Faço algumas coisas, na verdade. Eu sou consultor de RH, fotógrafo, coach executivo e também diretor de escola." É bom ser abertamente multidimensional. Sinto-me muito mais realizado, e, desde que passei da jaula da carreira para a vida livre, estou ganhando muito, se não mais do que antes, mas trabalhando metade do tempo. O que significa que posso passar mais horas com a minha família.

Frank Mason

3. *Criar uma carreira em evolução*

Tornar-se um ser humano livre não é como uma mudança de carreira para outro setor de trabalho. Você não tem de escolher um negócio e se ater a isso, e *apenas* a isso, durante dez anos.

A verdade é que, se você é alguém que ama variedade e transformação, é provável que nunca seja feliz fazendo apenas uma coisa. Por isso, pare de fingir que esta opção é real para você. Um vez eu estava conversando sobre isso com a maravilhosa Barbara Winter, autora de *Making a Living Without a Job.*[9] Bárbara é autônoma há mais de quarenta anos e tem tido mais vertentes em sua carreira do que a maioria das pessoas tem ideias.

"Quem disse que você tinha de fazer uma coisa para o resto da sua vida?", perguntou ela. "Você está escolhendo para a sua versão deste ano, não a de dez anos no futuro. Quem sabe o que essa pessoa vai querer?"

Quando você aprende a ser um humano livre, está conhecendo as ferramentas para lançar o que quiser e editar o seu negócio para que ele continue a crescer com você. Você está construindo um recipiente flexível para sua vida, então escolher a direção correta do recipiente é tudo o que importa: os detalhes podem ser corrigidos ao longo do caminho.

Um único trabalho onde se faz apenas uma coisa? Tentar se adequar à descrição da carreira de outra pessoa? Ultrapassado. A partir deste momento, você tem o controle. Quando um trabalho não se encaixa, é hora de criar a sua própria carreira livre.

Exercício: Reflexão

O que você percebeu neste capítulo? Capture seus pensamentos sobre cada opção da tabela a seguir:

	Por que acho atrativo	**Como poderia usar**
1. Carreira sob medida		
2. Carreira de portfólio	por exemplo: por que tenho duas ideias que me atraem e não consegui decidir entre elas!	por ex.: começar com consultorias na minha área atual enquanto desenvolvo minha ideia para workshops sobre falar em público
3. Carreira em evolução		

Ação livre

Experimente a vida livre

Connie Solera, uma humana livre que você conhecerá mais tarde neste livro, diz:

> *Quando decidi que migraria para a vida livre, a coisa mais poderosa que fiz foi criar uma miniversão do que eu queria, enquanto ainda estava no meu trabalho. Eu ainda não me sentia pronta para pedir demissão, mas, enquanto me preparava, podia mudar com quem eu passava o tempo. Por isso, fiz questão de evitar as pessoas negativas no escritório. Quando eu tinha de vê-los, recusava-me educadamente a ser atraída para suas conversas tóxicas.*
>
> *Adotei certas atitudes, como tirar um dia de folga e ir a um café com meu laptop, e praticar exatamente o que eu imaginava fazer em um dia livre. À noite, tive tempo para criar arte: tudo isso fazia parte do meu quadro de sonho.*
>
> *Essas ações levaram-me a pensar em produzir as minhas próprias regras. Não se pode ter ideias e sonhar com elas; é preciso vivê-las.*

Muitos outros humanos livres têm histórias semelhantes. Nos meses antes de eu deixar meu último emprego, tive permissão para sair e trabalhar em um projeto sozinha no café Starbucks do andar de baixo. Claro que era uma cadeia em um shopping subterrâneo, mas esse gostinho da vida livre fez uma grande diferença. Pedi permissão "apenas esta vez", e depois tornou-se uma suposição regular de que eu aparecia lá uma vez a cada poucos dias.

Essas ações ajudam-no a tomar consciência do que funciona ou não para você, e muitas pessoas descobrem que agitar a sua rotina permite que surjam ideias inesperadas. Também lhe dá o gosto de criar a vida que você quer, como um verdadeiro ser humano livre.

Chegou a sua vez. Mude alguma coisa em sua vida esta semana para alinhá-la ao seu sonho. Por exemplo, se variedade é um dos seus temas, faça algo tão pequeno como tomar um caminho diferente para o trabalho. Se passar algum tempo com certos tipos de pessoas se mostrou importante, encontre-as (seja por meio de amigos, seja descobrindo um evento onde se reúnem), e saia dos seus círculos habituais durante uma hora esta semana.

Quais são as três ações livre que você pode realizar durante as próximas três semanas?

Qual delas você quer que aconteça primeiro?

____

____

Dica: Se você acha que uma ação é inacessível demais, simplesmente pergunte: "Como alguém com a vida livre faria isso acontecer?" Vá e siga o mesmo caminho.

Miniestudo de caso

Quando peguei este livro pela primeira vez, tinha o tipo de trabalho do qual não se desiste. Mas, secretamente era só isso que eu queria fazer. O problema era que, no início, eu não sabia mais com o que atuar ou como chegar lá. Eu sou uma pessoa responsável, uma verdadeira planejadora e não iria embora de imediato (apesar de querer), mas uma coisa eu podia controlar: as minhas pausas para almoço.

Então, foi isso que eu fiz. Todos os dias eu saía do escritório, mesmo que fosse apenas para andar pelo quarteirão ouvindo TED Talks ou explorando ideias potenciais. Por uma hora, eu era livre.

Foi um passo pequeno. Eu não imaginava que levaria a uma avalanche de mudanças e que terminaria comigo trabalhando no meu laptop a partir de destinos de surfe ao redor do mundo. Além de ser paga para ajudar outras pessoas de maneiras que eu não pensava na época.

Parece engraçado dizer que começou com uma pausa para o almoço, mas é a mais pura verdade. Se eu tivesse apenas refletido sobre isto e não tomado tais medidas, acho que não estaria aqui hoje.

Nicole Est

05

LOCALIZE OS SEUS SUPERPODERES

"Liberdade significa encontrar um lar para todos os seus talentos."
SCOTT GINSBERG

Há mais uma peça do quebra-cabeça para criar a sua solução perfeita para a vida livre: você. Como se pode ter uma vida acima da média — minto, uma vida fabulosa —, se você acredita que não é nada além da média? Resposta: não pode. Para criar uma carreira livre inspiradora, você precisa se sentir confortável com os seus superpoderes secretos.

Considere isto:

1. Você não é a soma das suas habilidades aprendidas.
2. Você tem algo especial para oferecer ao mundo.
3. Você não precisa ser o próximo Mozart para que isso seja verdade.

Tudo isso pode ser um pouco diferente da forma como você foi ensinado a pensar sobre si até hoje.

Sabe, desde muito cedo lhe venderam uma mentira, que você tem que ser bom em tudo para ser bom o suficiente. Quando você estava na escola e recebia o boletim escolar, onde estava o foco: nos assuntos em que você era ótimo ou naqueles que precisava melhorar de trabalho? Se você recebeu aulas particulares, foram para assuntos em que você foi incrível ou para aqueles em que você não foi tão bem? No local de trabalho e na sua avaliação anual, onde está o foco?

Você sabe a resposta. O foco está sempre nas fraquezas, em chegar à média. Os momentos em que você brilha, as partes que você acha naturais, essas são deixadas de lado. Você já é bom o suficiente nisso, a lógica diz. Chamo isso de o mito do "tudo em um".

Como um ser humano livre, você vai ter de virar isso ao contrário. Ao focar nos seus pontos fortes, você toca no seu atalho para amar o que você faz e se destacar no processo.

Estar na média não é uma opção

Mediocridade é o que acontece quando você esmaga suas maiores forças em nome de tentar ser alguém que você não é. Idem com a infelicidade, a insatisfação e a ausência de alegria. Todos esses sentimentos vêm de desconsiderar as suas forças (porque parecem fáceis demais).

Fácil não significa preguiçoso, mas que você está fazendo algo em sintonia com quem você é. No momento em que você achar que algo é fácil e divertido demais para ser de valor para os outros, tome nota. Esse é, muitas vezes, o momento em que as pessoas se atiram à sua melhor opção.

Imagine, só por um momento, se você tomasse todo o tempo que gastou lutando contra tudo que você acha difícil, tedioso e alucinante, e colocasse esse mesmo tempo e essa mesma energia para fazer algo que vem naturalmente para você, algo que você cria como segunda natureza e que o faz se sentir desperto e vivo. Imagine a vantagem que teria.

É por isso que os pontos fortes são tão importantes para fazer uma mudança: aproveite-os em vez de lutar por anos.

"Mas eu já conheço os meus pontos fortes e não os quero usar mais."

Se não gosta de usá-los, não são pontos fortes. Quando os abordamos, não estamos falando no sentido de como são usados no local de trabalho, onde são, muitas vezes, utilizados para significar "algo em que você é muito bom".

Há uma diferença entre forças e habilidades. Habilidades são algo em que você aprendeu (e ficou bom). Você não necessariamente as ama. As forças são inatas: você sempre as utilizou, de uma forma ou de outra (esses são os seus pontos naturais de excelência).

Por exemplo, Jill e Dave são ambos bons em apresentações corporativas. Eles adquiriram as habilidades envolvidas e podem realizá-las perfeitamente. Contudo, será que ambos têm força para falar em público?

Desde jovem, Jill sempre agarrou o microfone e adorou estar na frente de uma plateia. Já Dave não gosta de fazer isso. No entanto, ele investiu muito tempo e esforço ao ponto de se sentir bem com isso e receber um bom retorno. Eis a diferença: quando Jill sai do palco, sua energia está altíssima, ela não consegue imaginar estar em outro lugar e demonstra felicidade por dias! Dave, ao deixar o palco, sente-se exaurido. Ele está orgulhoso por ter feito um trabalho de qualidade, mas está feliz por ter acabado. Os melhores resultados de Jill vêm quando as pessoas a percebem no palco. Os de Dave, de análises feitas direto da sua mesa de trabalho. Os dois têm a habilidade de fazer apresentações corporativas, mas ela tem a força de ser uma oradora natural.

Dessa forma, se for apenas uma habilidade, vai parecer sempre um pouco de luta, mesmo quando se é bom na tarefa. Também não vai pensar: "Não acredito que as pessoas me pagam para fazer algo tão divertido!"

Isso é o que torna as suas verdadeiras forças tão difíceis de detectar; parece fácil demais para que você possa muito bem ignorá-las. Um dos meus clientes, Alex, por exemplo, era uma pessoa naturalmente social; e era óbvio para mim que a sua melhor característica era reunir uma equipe. Ele fazia isso sem pensar e, tanto dentro como fora do trabalho, amava mais do que tudo ter certeza de que todos estavam se entendendo.

No entanto, como Alex trabalhava em um campo altamente técnico, colocou toda a sua energia para ficar bom em suas habilidades técnicas. Ele não acreditava que houvesse algum sentido em falar sobre seus pontos fortes baseados em pessoas. Um dia, perguntei-lhe: "Como se sente em relação às pessoas que são pagas para gerir grupos?" Ele respondeu: "Para ser honesto, eu desprezo essas pessoas. O que eles fazem é divertido, não é trabalho de verdade." Depois o coloquei em contato com outro cliente que tinha forças opostas e que, apesar de anos de formação em gestão de pessoas, ainda se sentia desconfortável com a parte de indivíduos do trabalho. Foi quando Alex percebeu que o que era fácil e divertido para ele era um bem valioso para os outros.

Alex não está sozinho. Quando trabalho com clientes, quase posso garantir que o que eles dizem ser "não tão valioso" é a melhor coisa que eles têm para oferecer. Isso acontece porque a visão dominante do trabalho em nossa cultura é moldada pela ética protestante anglo-saxônica, que afirma que, para algo valer a pena, tem de ser difícil.[10] Isso significa que, normalmente, desconsideramos o nosso melhor por ser fácil demais ou presumimos que todos podem fazer isso. A verdade é que você não é como as outras pessoas. Para cada coisa que você arrancaria seu olho para evitar fazer, outros indivíduos estão lendo uma cópia deste livro para tentar descobrir como ser pago para realizar exatamente isso.

O indicador final de uma força é que você já a está utilizando, mesmo que não note isto. Embora Alex assumisse ter sido promovido na empresa por causa de suas habilidades técnicas, ele logo percebeu que todos os seus sucessos mais satisfatórios vieram à tona quando ele reuniu uma equipe e fez conexões duradouras. Ao descobrir seus superpoderes ocultos, muito do seu passado fará mais sentido (e o seu caminho futuro também se tornará mais claro).

Então, como você pode encontrar seus pontos fortes? Simples: identifique os fracos.

Fraquezas são apenas pontos fortes no ambiente errado

Este é um ponto importante: é bem possível que as próprias partes da sua personalidade que você tenta esconder no trabalho sejam aquelas que seguram a chave das suas superpotências escondidas.

Por exemplo, antes de mudar de carreira no mundo do trabalho, pensei que tinha uma enorme fraqueza em querer mudar constantemente a forma como as coisas eram feitas. Eu tinha sempre ideias novas para melhorar o status quo. Mas meu chefe não estava interessado: ele queria que eu me concentrasse na tarefa em questão, que nada tinha a ver com a criação de mudanças. A minha necessidade constante de tornar as coisas maiores e melhores — e nunca me conformar com a média — era uma fraqueza quando eu precisava manter as coisas funcionando calmamente.

Depois, mudei a minha carreira para consultoria. De repente, meu trabalho era ver como as coisas poderiam ser feitas de maneira diferente, pressionar o status quo, apresentar ideias inovadoras. Essa velha fraqueza, que eu havia passado anos tentando manter domada, tornou-se uma força pela qual as empresas estavam pagando muito dinheiro! Além disso, obtive melhores resultados no primeiro mês do que em anos de esforços para "ficar boa o suficiente" em algo que era contra a minha natureza. Isso foi divertido.

Você também tem vários pontos fortes mascarados na sua vida. Digamos que você tem se punido por não conseguir se concentrar em apenas uma coisa: você salta entre os projetos muito rápido, e sente dificuldade para focar em algo. No entanto, o seu trabalho lhe diz para sossegar e para realizar uma tarefa de cada vez. Por isso, alguém está sempre o repreendendo por ser assim.

Agora, imagine um ambiente onde esse mesmo traço seja um benefício. Vou lhe contar um lugar onde isso seria uma vantagem: uma reunião de brainstorming. Ser capaz de se mover entre opções rapidamente — e não ficar atolado em detalhes — é uma enorme vantagem no brainstorming. Acontece que a fraqueza estava mascarando o ponto forte de ser capaz de ser um pensador rápido e adaptável com muitas ideias.

Voilá. Acabamos de transformar sua fraqueza em uma força.

Exercício: Mude tudo

Para encontrar as suas forças escondidas, siga estes quatro passos para preencher a tabela:

1. Escreva cinco coisas que atualmente pensa que são fraquezas. Inclua aquelas que você não pode evitar, que diz para si mesmo(a) que deve parar de fazer ou que deseje mudar e fazer melhor.
2. A seguir, pergunte-se: *"O que está realmente por trás dessa fraqueza?" Como no exemplo acima, se a sua fraqueza é "Não consigo me concentrar em um projeto de cada vez", a ideia por trás disso pode ser: "Adoro estímulos constantes, e minha mente se move rápido". Chegar ao traço de personalidade por trás da "fraqueza" permite que você pense sobre isso de uma forma mais equilibrada.*
3. Agora, rabisque duas situações em que cada uma dessas características seria uma vantagem.
   No exemplo acima, essa foi a sessão de brainstorming. Lembre-se de que essas situações não têm que ser "opções de carreira viáveis"; a questão é saber que elas existem. Este passo faz com que a sua mente se mova para descobrir possibilidades onde você pode agregar valor ao ser você.
4. Finalmente, anote a(s) força(s) escondida(s) que acabou de desmascarar.
   Para o exemplo acima, os pontos fortes listados podem incluir "pensador de grandes imagens" e "adaptável".

Tabela 5.1 Pontos fracos dos pontos fortes

1 **"Fraquezas" (coisas que digo a mim mesmo que deveria melhorar / parar de fazer)**	**2** **Personalidade interior (o que realmente está por trás dessa "fraqueza"?)**	**3** **Ambientes vantajosos (duas situações em que esse traço seria uma vantagem)**	**4** **Força escondida (a/as força/forças que essa fraqueza estava escondendo)**

1 "Fraquezas" (coisas que digo a mim mesmo que deveria melhorar / parar de fazer)	2 Personalidade interior (o que realmente está por trás dessa "fraqueza"?)	3 Ambientes vantajosos (duas situações em que esse traço seria uma vantagem)	4 Força escondida (a/as força/forças que essa fraqueza estava escondendo)

Nota: Você não precisa mudar todas as suas fraquezas para isso funcionar. Se você apenas mudar uma ou duas, já é um bom começo.

Como usar os seus pontos fortes para encontrar a sua ideia

Quando você identifica seus pontos fortes, aqui estão duas maneiras de usá-los para criar uma carreira livre de sucesso:

1. Torne-os seus

Se cinco indivíduos diferentes lançassem uma empresa de cuidados de animais de estimação, todos o fariam de formas diferentes: um reuniria uma equipe e faria conexões com muitas pessoas; outro escreveria sobre isso e venderia a informação on-line; outro formaria relações próximas com proprietários de animais de estimação individuais; outro forneceria um serviço de creche a cachorrinhos de madame, num ambiente onde cada detalhe fosse cuidado; o último criaria encontros de cães em todo o mundo, com um ambiente de festival e coquetéis para todos.

Os seus pontos fortes não lhe dizem necessariamente o que fazer. Eles permitem que você faça o que quiser melhor do que qualquer outra pessoa, porque você fará do seu jeito. Nos seus próprios termos. Você pode acrescentar seus pontos fortes para melhorar sua ideia e se adequar mais a você, destacando-se dos outros? Se há algo na sua ideia que você sabe que não é "você", pode tirá-la e substituí-la por uma força?

2. Crie valor sendo você mesmo

O que quer que ache fácil e divertido, outra pessoa vai considerar uma tarefa árdua. Isso significa que você poderia construir um negócio em torno de alguns pontos fortes que são fraquezas para outros. No entanto, é mais do que provável que você esteja ignorando esses pontos simplesmente porque eles são muito fáceis para você.

Quando Rachel Papworth veio até mim, ela tinha, em suas palavras, "ficado envergonhada" com seu amor pela limpeza e organização. No entanto, enquanto ela trabalhava nos exercícios, percebeu que suas "habilidades e paixões são valiosas para muitas pessoas", e assim ela se lançou como uma organizadora profissional. "Passei a ser paga por algo que costumava esconder! Criar o Green and Tidy levou-me não só a abraçar esse lado da minha personalidade, mas a falar sobre ele para todos."

Como disse Einstein, "Todos são um gênio. Mas se você julgar um peixe pela sua capacidade de escalar uma árvore, ele passará toda a vida acreditando que é estúpido". As chances são, até este momento, de você estar focado em escalar aquela árvore com suas barbatanas e se perguntando por que não está se saindo bem. Chegou a sua oportunidade de mudar tudo isso.

Bônus

Perfis de personalidade

Lutando para encontrar os seus pontos fortes? Descobri-los sozinho é um exercício interessante, mas os resultados mais úteis vêm de uma avaliação consistente do perfil de personalidade. Faço com que os meus clientes descubram os seus perfis de personalidade, não importa em que fase se encontrem: é quase impossível criar uma carreira livre e próspera sem essa consciência.

Desde a etapa de descobrir o que fazer até começar, decolar e brilhar, você simplesmente tem que saber quem você é (e quem você não é). Seu perfil de personalidade é um atalho para achar o que você realmente tem a oferecer ao mundo, e onde você será mais feliz no processo. Uma avaliação também pode poupar-lhe meses ou anos de luta, mostrando-lhe quais as estratégias que melhor funcionam para a sua personalidade.

Nem todas as avaliações são criadas iguais, por isso escolhi a dedo os sistemas que gosto de usar para mim e para os nossos clientes.

Estratégias de criação de ideias

Se você já está com uma ou duas ideias, pule esta parte! Mas, se você quiser mais, aqui estão cinco maneiras de ter ideias livres de sucesso:

1. Resolva o seu próprio problema

Comece a notar as oportunidades de resolver seus próprios problemas. Foi assim que Corie Hardee, fundadora da Little Borrowed Dress (agora Union Station), teve a sua ideia:

> *A ideia veio onde eu mais penso: em frente ao meu armário. Em vez de decidir o que vestir, tive a tarefa menos glamourosa de escolher o que jogar fora. Os principais delinquentes: vestidos de dama de honra.*
>
> *Os quatro vestidos de dama de honra eram os itens mais caros do meu armário, mas cada um só tinha sido usado uma vez. Foi quando pensei: isto é coisa de louco, os homens podem alugar smokings, por que é que as mulheres não alugam vestidos de dama de honra? Eu comecei o Little Borrowed Dress para fazer disso uma possibilidade.*[11]

Tente isso por si mesmo. Identifique um a três tópicos que você aprendeu ou experimentou nos últimos anos. Seja uma experiência pessoal (como quitar uma dívida) ou qualquer outra coisa. Que ajuda você teria desejado com esses tópicos na época? Agora, crucialmente: você está entusiasmado em oferecer esse tipo de ajuda às pessoas que estavam na sua posição? Se assim for, resolva seu problema e crie essa solução.

2. Ampliar e decolar

Como diz o cofundador do Twitter Evan Williams: "O especialista quase sempre vai dar uma surra no generalista." Descubra algo oferecido a um mercado amplo e pense em maneiras de adaptá-lo perfeitamente para uma parte pequena desse mercado. No processo, consiga cem por cento do interesse desse grupo.

3. Verifique o seu bolso traseiro

Quando trabalho com as pessoas para encontrar a sua ideia, podemos passar uma sessão inteira falando de opções, mas quase posso garantir que o que elas acabarão por fazer é ter aquela ideia que mencionam nos últimos cinco minutos da sessão. É estranho. A pessoa dirá que tem uma "ideia pequena", mas que é óbvia ou clichê demais. Depois, pergunto-lhes sobre isso, e eles iluminam-se de excitação. É aí que eu sei que temos um vencedor.

Nos próximos capítulos, você descobrirá algumas técnicas que tornam o impossível possível, então verifique seu bolso de trás e anote qualquer coisa que você esteja segurando.

4. Pense como um humano livre

Você chegou a este livro, por isso, aos meus olhos, é oficialmente um calouro livre. Parabéns! Só por assumir essas ideias inovadoras, já está pensando de forma diferente de noventa por cento das pessoas que olham com luto para fora da janela do escritório. Assim, você não está mais limitado a pensar em títulos de emprego: você pode transformar uma ideia, um interesse ou uma característica para toda a vida — como "eu gosto de fazer as pessoas se sentirem bonitas" — em uma carreira. Para que isso aconteça, comece a pensar em como você gostaria de agregar valor ao mundo. A maioria das pessoas pensa apenas num "tópico" (como "aconselhamento" ou "treino de cães"), mas os humanos livres acrescentam o estilo de vida que querem e o que trazem para compor este estilo.

5. Saia da sua zona de conforto

Se você está constantemente se movendo nos mesmos círculos sociais, é provável que não esteja encontrando muitas ideias novas. Faça questão de ir a eventos criativos na sua área — ou participar de cursos on-line — e conhecer pessoas que produzem coisas diferentes das pessoas com quem você passa a maior parte do tempo neste momento. Que duas atitudes você pode adotar esta semana que o tiram dos seus hábitos costumeiros e o expõe a novas pessoas?

Miniestudo de caso

Passei anos à procura daquela carreira alternativa perfeita ao meu papel no *marketing* jurídico, esperando por inspiração, mas, francamente, não chegava a lugar algum.

Depois percebi que tinha de sair da minha zona de conforto para que algo mudasse. Por isso, fiz um curso curto sobre o ensino de inglês como segunda língua (ESOL). Isso me levou a conhecer pessoas diferentes, um ambiente diferente e, finalmente, algumas ideias diferentes. Até criei o meu próprio curso, que ministrava a adultos. Essas ações levaram-me a avançar numa nova direção, com uma mistura livre que é distinta de tudo o que eu teria pensado antes — é assustador, é desafiante, mas faz muito bem!

Michael Devine

PERFIL *HUMANO LIVRE*

A HISTÓRIA DE BENNY

"VIAJE PELO MUNDO, APRENDA IDIOMAS E GANHE A VIDA COM O SEU SITE."

Naquela época, eu estava trabalhando como tradutor, o que era bom, mas demorado. Tinha de batalhar durante muitas horas para chegar perto de ganhar dinheiro suficiente.

Um dia, eu estava na Tailândia e encontrei um monte de pessoas independentes do local, em horário integral. Eles viram que eu estava estressado porque eu tinha de trabalhar oito horas por dia enquanto eles estavam deitados na praia.

Eles sugeriram, então, que eu parasse com isso e começasse a faturar com o meu site e blog, que era apenas um projeto pessoal de acompanhamento da minha jornada de aprendizagem de línguas em três meses, mas que nos últimos noventa dias havia crescido muito o tráfego. Eu disse que não, não queria pôr anúncios por todo o lado. Em vez disso, eles me deram outra ideia: escrever um guia de como aprender uma língua rapidamente, da maneira que eu mesmo havia ensinado. Acabei fazendo exatamente isso.

Em um mês, eu tinha criado meu guia de idiomas, um produto multimídia. Desde então, foi traduzido para 24 línguas. No início, pensei que este orientador on-line de 97 dólares seria uma ajuda de custo, mas cada centavo que ganhei durante muitos anos foi com ele.

A questão é que eu não sou naturalmente talentoso com línguas — ia mal nessas matérias na escola e sou sincero sobre o fato de nem sequer gostar do processo de aprendizagem. O que eu adoro é aprender rápido, para que eu possa falar fluentemente, viajar e conviver com os moradores locais. É o que muita gente sente também. Você quer estar à vontade para falar socialmente, não ficar preso a aprender gramática durante anos. Eu lhes mostro que isso pode ser feito do zero a conversar confortavelmente, em três meses.

Para ajudá-los a alcançar o objetivo, escrevo sobre as minhas experiências e compartilho vídeos sobre o meu progresso. Por exemplo, quando eu fui aprender mandarim em três meses, as pessoas puderam assistir o caminho todo — mesmo as partes ruins! O apelo dessa mensagem, e a atração de ver o meu progresso e os meus vídeos, significa que recebo interações nas redes sociais e tráfego, e os meus produtos vendem a partir disso. Hoje, o número de horas que eu trabalho não tem mais relação com o número de zeros na minha conta bancária. Isso me dá muita liberdade.

Benny Lewis

06
ADOTANDO MEDIDAS LIVRES

"Não espere para bater até que o ferro esteja quente; mas torne-o quente por bater."

WB YEATS

Este capítulo é um pouco diferente: você pode respirar fundo, não há reflexão interna ou pensamento profundo.

Ninguém descobre o seu caminho perfeito só de pensar nisso. Para chegar ao que realmente deseja, o pensamento tem de ser apoiado por uma grande dose de ação. Foi por isso que compartilhei a história do Benny, um homem de ação. Quando ele imaginou seu blog, registrou logo o domínio e produziu o esboço em doze horas. Estava começando o seu primeiro desafio linguístico em 24 horas. Longe dos seis meses de investigação que as pessoas, muitas vezes, assumem como essenciais antes de darem o primeiro passo!

Isto levanta um ponto importante: o que exatamente você deve fazer quando tem uma ideia para uma carreira livre?

O mito da pesquisa sem fim

"Acho que preciso pesquisar um pouco mais. Se eu continuar a ler sobre as opções, vou tropeçar na resposta."

A minha cliente Liz andava e não saía do lugar. Ela teria uma ideia, acenderia o motor de busca e acabaria por passar horas em seu computador, noite após noite, presa na paralisia da análise. Havia tantos prós e contras, tantos "e se"; quanto mais ela pesquisava, mais confusa ficava.

Destruindo o mito

PARE. Não passe pela porta da biblioteca. Não analise duzentos sites. A pesquisa on-line é viciante. Dá a você a ilusão de seguir em frente, mas, na realidade, mantém você atolado e paralisado na análise. Há sempre algo mais a aprender. Sempre outro "e se". E, no fim, ainda não se sabe como é a área. É por isso que ninguém descobre o seu caminho por meio de muitas pesquisas.

Como alguém ligeiramente bibliófila, fiquei surpresa ao descobrir que em muitas situações os humanos tomam melhores decisões com menos informação. Há um estudo que mostra que os médicos adotam decisões mais acertadas sobre o tratamento das dores nas costas quando têm menos pontos de informação para continuar. Aqueles a quem foram dadas todas as referências, por meio de exames de ressonância magnética detalhados, ficaram enganados e acabaram tomando más decisões.[12]

Os nossos cérebros conscientes simplesmente não conseguem lidar com quantidades enormes de informação ao mesmo tempo. Conectar dados demais é como abrir todos os programas de um computador ao mesmo tempo, ou seja, congela a máquina e acaba mais confuso do que antes.

Se você não consegue ver as árvores da floresta, a resposta não é adicionar mais árvores.

Terceira via de vida livre

O que se pode fazer em vez de pesquisas intermináveis? Bem-vindo ao mundo dos projetos livres. Eles são essenciais para a sua liberdade — você pode usá-los para descobrir o que deseja, para começar e, mesmo depois do lançamento, executar pequenas ações para experimentar ideias novas sem medo de fracassar. O típico negócio livre é construído a partir de um sonho, seguido de uma série de atitudes que o levam daqui até lá.

Ms Cupcake, que conhecemos no capítulo 2 da Parte 2, começou com a ideia simples de assar cupcakes e distribuí-los no escritório. Depois, ela fez o mesmo em clubes. Em seguida, ela montou uma banca. E continuou, o próximo passo e o próximo. Começar em minipassos fez o seu sonho grande acontecer. Isso é muito mais inteligente (e, contraintuitivamente, mais rápido) do que tentar passar de "não fazer ideia" para "conceito de negócio perfeito à prova de bala" de uma só vez!

Existem dois tipos de projetos livres: projetos de jogo[13] e projetos de teste. O primeiro ajuda a descobrir se você realmente adoraria tocar essa ideia; enquanto o segundo descobre se vai funcionar na realidade (e como ajustá-lo para que funcione). No projeto de jogo, você olha para dentro de si mesmo e, no de teste, olha para fora. Portanto, a primeira vez que a Ms Cupcake cozinhou no escritório teria sido um projeto de jogo (para ver como se sentia). Quando ela continuou com sua nova atividade — para notar o interesse das pessoas nos diferentes tipos de bolinhos, e aperfeiçoar as receitas —, já estava no projeto de teste.

Este capítulo é a sua chance de começar um projeto de jogo.

O objetivo de um projeto de jogo

Este objetivo é descobrir se você gosta ou não de realizar a sua ideia na vida real.

O importante é que este sucesso não é julgado pelo fato de você continuar ou não com ele após a primeira rodada; às vezes, o resultado final é que você descobre que sua ideia não era exatamente o que você esperava e, assim, poupa meses pensando "e se?" (um resultado valioso em si mesmo). Como a Ms Cupcake, eu costumava sonhar em ser uma empresária de bolos: gostava de prepará-los e era sempre eu que aparecia com um prato de guloseimas assadas para a festa. Era algo natural! Então, criei um pequeno site (feito por mim durante a noite, como você vai descobrir, também), entrei em contato com as pessoas que organizavam eventos locais e me voluntariei para atendê-las.

Nas primeiras duas ou três vezes, foi muito divertido, mas, rapidamente se tornou uma tarefa. Descobri que, mesmo adorando preparar bolos, eu não gosto de ter de fazer tantos várias vezes (para tão pouco retorno) — a minha versão de diversão foi o processo de construir a marca e criar uma experiência positiva, não tanto ter de ficar preparando coberturas durante seis horas. Então, abandonei a ideia e construí, a partir dessa descoberta, um método para me concentrar no que funcionaria para mim. Realizar o projeto me ensinou mais do que eu aprendi em dezoito meses de sonho e pesquisa. Consegui também largar o pensamento de ser uma empresária de bolos, permitindo que as minhas outras ideias da lista restrita preenchessem esse espaço. Como resultado desse projeto, conheci algumas pessoas que acabaram tendo impacto no negócio com que acabei por avançar.

Projetos de jogo também podem se transformar em algo mais. O blog *Free Range Humans* começou como meu projeto pessoal de jogo, e resultou em algo muito maior do que eu esperava. O fato de você estar lendo este livro é uma prova de para onde um projeto pode ir!

Projetos de jogo aliviam a pressão da ideia de que você tem que decidir tudo antes de começar. O que é um erro, pois você ainda não sabe a direção certa — mas comece logo, perceba o que acontece, e eu garanto que você vai descobrir mais do que você descobriria em um mês de "pensando sobre isso".

Ação livre

Seu primeiro projeto

John Williams, autor de Screw Work, Let's Play, é (sem surpresas) um fã de projetos de jogo. Veja como ele sugere que você dê o seu primeiro passo:

1. Escolha algo que o anime

Identifique uma ideia de carreira livre com a qual você já tenha flertado. Então, escolha uma maneira de começar com isso em forma de projeto curto. John explica:

O objetivo é produzir algo baseado na parte dessa ideia que é mais legal para você, seja a sua primeira sessão de fotos ou os seus primeiros vídeos do YouTube. Se você acha que pode querer ser um cerimonialista de casamentos, seja voluntário no cerimônia de um amigo. Os resultados podem ser escritos como feedback ou como resumo do evento.

Lembre-se: este é um projeto de jogo, e não, um projeto de planejamento. Se você quer ensinar as pessoas a falarem em público, seu projeto de jogo não é criar cartões de visita ou falar com pessoas que já fazem isso para ver como é; mas encontrar três indivíduos a quem você pode ensinar a falar em público e realmente fazer isso. Todas as outras partes podem vir mais tarde, caso você decida continuar.

2. Reduza-o a um projeto que pode ser concluído em um período de tempo claro

John aconselha que "seu empreendimento deve durar, no máximo, trinta dias". Com mais tempo, a coisa ficará gigantesca e, provavelmente, significará que você está inseguro quanto a ela."

Vou um passo além e sugiro que, se você sabe que tende a adiar as coisas, então faça do seu primeiro projeto algo que você possa começar e terminar em uma semana.

Você pode prolongar seu próximo projeto se assim preferir, mas, escolhendo um prazo mais curto, você a) obtém resultados mais rápidos; b) pode decidir mais facilmente (afinal de contas, isso é apenas para a semana e não para a vida!). A sua iniciativa é grande demais para uma semana ou para trinta dias? Basta reduzi-lo a uma parte que você possa desenvolver neste período. O objetivo não é lançar um negócio; mas sim, começar a sentir como é realizar o que você está pensando.

3. Produza algo tangível no final

Identifique o que quer ter para mostrar no fim do processo. Como John sugere, se você estivesse escrevendo aquele blog, seu resultado poderia ser seus três primeiros posts publicados. Se você estivesse realizando um workshop para oradores, o resultado pode ser o feedback dos participantes ou as suas notas para as sessões.

4. Programe-se

Dê a si mesmo dois dias a partir de hoje para finalizar o que esse projeto será e o que você vai entregar no final. Então, marque a data final no seu diário.

Dica: todos os que fazem isso têm uma vida ocupada. Não espere pelo fim de semana livre perfeito. Em vez disso, separe trinta minutos em três noites da sua semana e comprometa-se a essa tarefa consigo mesmo, não importa o que aconteça.

5. Comece

Agora. Esteja sempre curioso: o que está funcionando para você? O que você está sempre adiando? Que parte é resistência e que parte é você gritando: "Não, isto está errado!" Qual parte parece tão certa que você não queria parar de fazer? Tome notas e construa uma imagem das suas respostas.

O objetivo é que você se sinta vivo. Nada dessa cegueira de "Oh, acho que talvez eu goste" — você quer uma sensação de "Uau, eu amo isso e quero seguir em frente".

Então, o que você vai adotar como seu primeiro miniprojeto?

Miniestudo de caso

Ter a ideia de criar projetos foi um ponto de virada. Comecei um projeto de cinema *pop-up* que vinha germinando no fundo da minha mente há algum tempo. Eu não sabia para onde iria quando corri aquela primeira noite de cinema, mas, quando olho para trás, vejo que isso mudou tudo.

Gradualmente, a minha pequena ideia "Ei, vamos fazer um espetáculo, aqui mesmo no celeiro!" cresceu; acabei fazendo-a com dois amigos e, apesar de ter começado como uma experiência, fizemos um filme todos os meses durante os últimos anos. Alguém nos deu uma tela e um leitor de DVD, conseguimos a maioria dos nossos primeiros lugares de graça e um grande número de seguidores. Fizemos tudo no nosso tempo livre. Isso me mostrou a possibilidade de onde as coisas podem ir... e até tive a coragem de me demitir de um trabalho que estava acabando comigo.

Melanie Pearson

Miniestudo de caso

Eu sou uma planejadora. Eu planejo até que as coisas estejam perfeitas, e, muitas vezes, acabo não fazendo nada como resultado. Então, ver essa ideia de miniprojetos foi um perigo.

Decidi experimentar a ideia de escrever currículos e fazer coaching — algo com que já tinha brincado antes, mas que me convenci a não fazer. Dessa vez, me joguei (dizendo às pessoas que conhecia e estabelecendo um perfil num site freelancer) e comecei a fazê-lo, juntamente com o meu trabalho diário. Depois da primeira corrida, refinei os meus serviços com base no que aprendi que gostava (o que só descobri ao pôr-me em movimento!), consegui mais tração, aumentei os meus preços e logo percebi que podia fazer uma tentativa.

Agora, uso esse método de projetos livres o tempo todo. Ao fazer isso, deixei meu trabalho e consegui construir um portfólio livre que adoro, incluindo escrever, editar e gerir um negócio de coaching! A imagem do "dia ideal" desde o início do livro *é* basicamente a minha vida hoje: estou no controle dos meus dias, das minhas finanças (e posso passar mais tempo com a minha família). Hoje digo a todos que estão empacados ou tendo dificuldades em seus projetos para usar essa abordagem. Não há o risco ou a pressão — apenas experiências.

Nikki Vivian

Uma palavra do seu crítico interior

"Fazer um projeto de jogo? Você está se escutando? Você não tem tempo para isso! Pare de ser tão egoísta."

"Ha ha ha, você ainda não tem um sonho concreto! É patético: não se sabe o que quer na idade que tem. Cresça."

"Esses são os seus pontos fortes? Todos querem fazer isso! Quem é você *para pensar que pode ser pago por isso?"*

Familiar? Conheça o seu crítico interior.

Seu crítico interior é a voz em sua cabeça que afirma que você não é bom o suficiente — ela critica sua aparência, seu valor, seu potencial. É a voz que lhe diz que você não pode realmente ter o que quer e que ninguém gosta de você (e que sim, está muito gordo). Ela fala com você de uma maneira que você não falaria com um amigo.

O autor e terapeuta Frederick Perls descreve o seu crítico interior (que ele chama de *Top Dog*) como "justo e autoritário: ele é quem sabe mais". Como o próprio Perls explica, "o *Top Dog* é um valentão... ele manipula com exigências e ameaças de catástrofe, tais como, 'se não fizer isso, então — não será amado, não vai para o céu, vai morrer', e assim por diante".[14]

Por que estamos falando sobre isso?

Qualquer desafio ao status quo ou tentativa de se levantar e fazer algo que você ama, vai causar esse rosnado crítico do *Top Dog*. E isso provavelmente vai acontecer... agora.

Se você finge que a descoberta do que fazer é apenas um processo racional, você está pronto para uma queda. Se as palavras fatalistas do seu crítico interior ganharem espaço na sua cabeça, você desistirá. E ele vai aparecer nessa aventura, por isso vamos lidar com isso.

Todos temos um *Top Dog*. À medida que você se aproxima da sua vida real, ele vai ficando mais vocal e mais cortante. A questão é: quem está no comando? Você ou essa voz dentro da sua cabeça?

O seu crítico interior pode parecer sábio e verdadeiro, mas é apenas um cachorro assustado (uma parte que sobrou do seu cérebro antigo de lagarto). Então, trate-o com cuidado. Aqui estão três pistas de que é o seu crítico falando:

- Cuidado com pensamentos no estilo apocalíptico, como: "Se fizer essa estupidez, você vai falhar e todos vão rir. Você vai acabar vivendo em uma caixa de papelão."
- Tome nota quando falar consigo da forma como não falaria com um amigo. Você diria que ele "não tem ponto forte algum, e que não pode ser burro"? Ou que "está condenado a ficar preso para sempre"? Claro que não. Então, por que fala assim consigo mesmo?"
- Cuidado com as palavras "deve" e "não deve", são as favoritas do seu crítico interior.

O que fazer quando detectar seu *Top Dog* trabalhando? Simples: perceba que ele ou ela não é você. Quando reconhecer a voz, basta acenar e dizer: "Ah sim, é o meu crítico interior." Separe essa voz dos seus pensamentos conscientes e, em breve, deixará de ver esses pensamentos apocalípticos como um fato imutável, mas sim, como a boca de uma parte antiga e assustada do seu cérebro. Algumas pessoas gostam de dar um nome especial a ele para lembrar que não devem ser escutados.

O que quer que faça, não lute contra isso; esse cachorro morde de volta com as palavras mais cortantes que possa imaginar. O seu trabalho não é matá-lo, mas acalmá-lo e trabalhar em torno dele. Lembre-se de que funciona a partir de um lugar de medo, então diga que está tudo bem, que você não vai morrer, que tem apenas um projeto pequeno. Faça carinho na cabeça do *Top Dog* e mande-o de volta para a cama enquanto segue em frente com a sua vida real.

Não se esqueça: há uma diferença grande entre a voz assustadora que diz "Você nunca vai conseguir!" e a realidade. Parte do seu processo é aprender a diferenciar as duas.

Reflexões da Parte Dois — definindo o sonho
Agora, é hora de juntar os seus pensamentos a partir desta seção:

Quais são as coisas favoritas que você inventou nos exercícios de "sonhar grande", nos capítulos 1 e 2?

____

____

O que você notou ao fazer o processo de GPS interno/descongelamento no capítulo 3?

____

____

Como é que você adaptou as suas ideias de carreira livre (capítulo 4)? Você escolheu uma carreira de portfólio ou editou suas ideias para criar uma solução sob medida etc.?

____

____

Que pontos fortes você identificou a partir do exercício Mude tudo do capítulo 5?

____

____

O que você está fazendo para o seu primeiro projeto de jogo? (capítulo 6)

____

____

E, finalmente, me diga. Quais foram:

- As lições desse livro, até agora, que você gostaria de ter aprendido na escola?

____

____

- As suas ideias favoritas de liberdade até agora.

____

____

- Os seus pensamentos sobre onde, secretamente, gostaria de estar em doze meses.

____

____

- As perguntas para as quais você mais quer respostas no momento.

____

____

Parabéns! Você chegou ao fim da seção dos sonhos. Em seguida, vamos ao próximo passo: analisar como os humanos livres descobrem ideias positivas e como começam sem financiamento ou um currículo compatível com os seus projetos.

Você está convidado(a) a voltar à Parte 2 sempre que quiser, e sonhar neste espaço privado. O processo é circular. À medida que você avança com seus projetos e aprende mais sobre o que é preciso para começar, sinta-se à vontade para retornar a estas páginas e desenvolver melhor as suas respostas.

Notas

1. Graham, Paul. The Top Idea In Your Mind. Disponível em: http://www.paulgraham.com/top.html. Acesso em: jan. 2019.
2. Ferriss, Timothy. *Trabalhe 4 horas por semana: Fuja da rotina, viva onde quiser e fique rico. São Paulo: Planeta, 2017.*
3. Wiseman usa a ideia do "Homem Barulhento" no seu livro *59 Seconds: Think a Little, Change a Lot* (2010). Para mais pesquisas sobre o processamento inconsciente e consciente, um bom ponto de partida é o Prêmio Nobel Daniel Kahneman's *Thinking, Fast and Slow* (2013).
4. Citação atribuída ao treinador de futebol Bill Shankly.
5. A Ms Cupcake é um ótimo exemplo de alguém que começou com a abordagem livre (sem instalações etc., durante o primeiro ano) e depois construiu a loja sem ficar atolada no financiamento. Vale a pena notar que ela estava em tempo integral no seu negócio antes mesmo de a loja abrir: em suma, não sinta que precisa de instalações físicas para começar!
6. Para Martha Beck's assumir o GPS interno, recomendo vivamente o seu livro *Finding Your Own North Star* (2003).
7. Mais palavras sábias de Selina Barker podem ser encontradas em www.selinabarker.com.
8. Veja a carreira da Carla no portfólio "*free range*" em www.carlawatkins.com/multipod.
9. Winter, Barbara J. *Making a Living Without a Job: winning ways for creating work that you love (revisado)*. Nova York: Bantam, 2009.
10. Weber, M. *The Protestant Ethic and the Spirit of Capitalism*. Londres: Routledge, 2001.
11. Hardee, C. Startup lessons learned from a four-time bridesmaid, *Forbes*, 8 mar. 2012. Disponível em: http://onforb.es/x8jJMB
12. Parker-Pope, T. Scans for back pain ineffective, *New York Times*, 6 fev. 2009. Disponível em: https://well.blogs.nytimes.com/2009/02/06/scans-for-back-pain-ineffective
13. O termo Projeto de Jogo foi usado pela primeira vez por John

Williams em *Screw Work Let's Play* na mesma época em que eu estava começando a usar projetos em meus cursos — e nossa colega Selina Barker foi a chave para desenvolver essa abordagem aos projetos e trazê-la à vida com grupos reais de pessoas. Hoje, Selina (minha autoridade em projetos) usa "projeto de agência livre" e "projeto de jogo" intercambiavelmente, então use o termo que achar melhor para você no momento!

14. Perls, F. Gestalt Therapy Verbatim (revisado), *The Gestalt Journal Press*, fev. 1992.

PARTE TRÊS
PENSANDO COMO UM SER HUMANO LIVRE

"Pronto, já tenho algumas ideias, mas não sei se vão funcionar ou como escolher a correta!"

Depois de passar por "sonhar grande" na Parte 2, algumas perguntas incômodas devem estar pipocando. Você pode se entusiasmar com essas novas possibilidades, mas também pensar:

1. Eu tenho uma imagem da vida que quero, mas as minhas ideias para ser pago são um pouco vagas.
2. Tudo o que eu almejo precisa de muito investimento para começar.
3. Eu não tenho tempo para fazer outro curso de três anos para me qualificar, e minha formação não se encaixa em nada, exceto no que estou fazendo agora.
4. Como sei se esta ideia vai realmente funcionar?

Boas notícias: quase todos com quem trabalhei pensaram que um ou mais desses pontos era uma barreira, antes de aprenderem outra maneira, lançarem-se de cabeça e libertarem-se para sempre.

Nesta seção, apresento-lhe algumas abordagens inovadoras que os humanos livres usam para descobrir rapidamente se as ideias vão funcionar, assim como oriento a escolher a certa entre elas e a expandir as suas opções para além do seu currículo. Também mostrarei como começar com menos de cem dólares.

Se você já tem uma ideia clara (ou um portfólio) que quer explorar — ótimo! Use esta parte do livro para refiná-lo. Se você está sentado com alguns pensamentos menos claros, use a inspiração e as abordagens aqui para expandir suas opções. No fim desta seção, você terá a chance de definir a ideia que você quer levar adiante, então, por favor, não pressione a si mesmo para começar com "uma coisa perfeita" aqui e agora.

Para começar, vamos conhecer um humano livre verdadeiro e ver como ele começou de uma forma incomum.

PERFIL *HUMANO LIVRE*

A HISTÓRIA DE PETER

DE CAMISETAS A CEM MIL DÓLARES SEM ESCRITÓRIO

Descrito como "um exemplo espetacular do que acontece quando você funde o poder da criatividade com o transtorno do déficit de atenção com hiperatividade (TDAH) e uma dose de aventura", Peter Shankman é muito bem-sucedido.

É empresário, autor e fundador de empresas como a HARO (Help a Reporter Out). Em menos de um ano, ela passou de um grupo pequeno no Facebook (que Peter começou de graça) para se tornar o maior recurso gratuito do mundo para jornalistas à procura de fontes, obtendo receitas anuais de publicidade de cerca de 1 milhão de dólares (antes de vendê-lo por uma quantia não revelada).[1] Pode-se dizer que esse homem está indo bem. Mas não estou aqui para falar das suas aventuras recentes. O mais interessante é como ele começou a fazer algo muito diferente.

Quando Peter decidiu ser livre, em 1998, ele não tinha alguém que o assinasse, nem contatos. Falei com Peter, e ele compartilhou a história de como passou de zero para o seu primeiro pagamento considerável:

> *Era o verão em que Titanic saiu em vídeo. Pensei que tinha de haver outra pessoa que odiasse aquele filme. Então, por um capricho, mandei imprimir quinhentas camisetas que diziam: Ele afundou. Supere isso.*
>
> *Um dia, fui a Times Square com as roupas e acabei vendendo-as em seis horas. Tive um lucro de 3.200 dólares, e esse foi o meu dinheiro inicial.*
>
> *Depois disso, a história chegou ao* USA *Today, e acabei vendendo dez mil peças na internet a quinze dólares cada uma. Atingi a marca de cem mil dólares.*

Volte um momento. *A história chegou ao* USA Today *e ele ganhou cem mil* dólares? Aqui estávamos nós, pensando que 3.200 dólares seria um bom lugar para começar. Como é que isso aconteceu? Peter tinha contatos secretos? Uma qualificação em *design* de camisetas? Ele balançou negativamente a cabeça quando lhe perguntei, e disse:

> *Eu não tinha perfil na mídia, não conhecia ninguém, só fiz as camisetas porque achei engraçado. Fui a Times Square e as vendi. Depois, liguei para um repórter do* USA *Today e disse: "Acabei de fazer algo muito engraçado."*
>
> *O repórter falou: "Isso é hilário. Você está vendendo as camisas on-line agora?", e eu respondi, "Claro que sim!". Era mentira, claro, então tive que correr e construir o pior site do mundo. Quando dei por mim, a história viralizara e as encomendas começaram a chegar. Foi assim que fiz os meus primeiros cem mil dólares.*

Eu adoro a história do Peter por duas razões:

Primeiro, ele fez algo *rápido*. Ele tomou medidas antes de ser notado. A maioria das pessoas com essa ideia falaria sobre isso com os amigos:

"*Ei, seria muito engraçado se imprimíssemos isso em uma camiseta!*", mas, então, encontrariam um monte de razões para não seguirem adiante. Uma pessoa um pouco mais proativa poderia imprimir cinco e vendê-las à família.

Peter pegou algo que a maioria dos indivíduos mencionaria no bar como uma "ótima ideia", e fez acontecer sem pensar demais. Além disso, ele atirou para o topo (Times Square, não um shopping local!). Peter não ficou preso na questão de ter ou não experiência e qualificações suficientes para fazer isso acontecer. Isso é uma ação livre real.

A segunda razão pela qual adoro esta história é que, mesmo depois de vender as suas primeiras camisetas, Peter não se contentou com a média. Como ele teve um lucro considerável em tão pouco tempo na Times Square, logo percebeu que estava com algo grande nas mãos. Peter pegou o que tinha naquele momento e foi direto para o topo.

Não estou dizendo que se você for a Times Square vender camisetas e ligar para repórteres você tem garantia de sucesso! Estou mostrando esta história pela atitude: Peter não se deteve nas dúvidas que impediriam a maioria das pessoas. Ele foi da ideia à execução em poucos dias, sem pedir permissão.

Não se trata de esperar para ser notado ou de exigir saber exatamente onde a ideia vai acabar. Não se trata de esconder sua excelência sob a desculpa de "Se eu for bom o suficiente, eles vão reparar em mim".

Trata-se de fazer as coisas acontecerem, mesmo enquanto outros encontram razões para não colocarem o plano em prática.

01

POR QUE VOCÊ NÃO PRECISA DE UMA IDEIA ORIGINAL

"As ideias estão no ar. Há muita gente pensando — e provavelmente trabalhando — na mesma coisa que você. E um deles é o Google. Lide com isso."

EVAN WILLIAMS, COFUNDADOR, TWITTER

O mito da "originalidade"

"Tenho uma ideia, mas o problema é que outra pessoa já pôs em prática primeiro. A minha ideia é genérica demais, o mercado está saturado. Provavelmente cheguei tarde."

Alguém "roubou" sua ideia? Volte à mesa de desenho.

Destruindo o mito

Quando eu estava começando a ser livre, deparei-me com o *site* de alguém que estava oferecendo exatamente o que eu imaginava para mim. Até no design do seu site, ela tinha criado exatamente a minha visão! Ah não, eu pensei. Alguém chegou antes de mim. Pior: ela tinha uma grande reputação e uma base de clientes já estabelecida.

Quase desisti, porque a minha ideia não me pareceu original, mas, felizmente, não o fiz, porque um mês depois, percebi que não queria ser esse concorrente. Minhas prioridades, minha mensagem e com quem eu queria trabalhar eram diferentes das que eu assumi originalmente. Se tivesse deixado que a descoberta do negócio dela me impedisse de começar o meu, não estaria escrevendo isto para você hoje.

Originalidade não é uma ideia na qual você tropeça, ou que ninguém tenha pensado antes; é algo que você cria colocando seu próprio toque. Mas o senão é: a originalidade vem com o projeto em movimento.

Se perceber alguém já realizando o que você pensava em colocar em prática, pergunte-se:

- Se você, como num passe de mágica, recebesse o negócio dele agora mesmo, faria tudo completamente igual?
- Será que ele tem a capacidade para assumir cada um dos clientes nesse campo?
- Será que ele agradaria a todos com quem você quer trabalhar?

Reflita. É provável que haja mais espaço no mercado do que imagina.

Terceira via de vida livre

Seria seguro dizer que "ficar bêbado e depois se filmar cozinhando num vídeo caseiro" não é a estratégia mais genial de fuga do trabalho que já ouviu neste século. Também é seguro dizer que você não seria a primeira pessoa a fazer isso e depois compartilhar no YouTube. No entanto, aqui está a história de alguém que fez exatamente isso.

Uma noite, Hannah Hart se filmou com o celular na cozinha da sua irmã enquanto bebia vinho. Ela estava preparando queijo grelhado, mas se esqueceu do queijo, o que lhe diz tudo o que você precisa saber.

Hannah postou este vídeo no YouTube para compartilhá-lo com apenas um amigo. Ela chamou de "*My Drunk Kitchen*" (Minha cozinha bêbada). Em poucos meses, ela tinha mais de cem mil fãs. Hoje, tem mais de 2,5 milhões de assinantes.

A ideia de Hannah, na sua forma bruta, era algo questionável. Imagine dizer aos seus amigos: "Tenho uma grande ideia. Vou beber uma garrafa inteira de vinho tinto e cozinhar coisas para as quais não tenho ingredientes. Depois vou postar e ficar famoso! Além disso, não sei cozinhar."

Isso não era uma ideia brilhante. Certamente, não era novidade (há dezenas de outras tentativas de cozinhar bêbado no YouTube. Nenhum deles com muitas visualizações). No entanto, a julgar pelas suas críticas e aparições na revista *Time*, no CBS *News* e em muitos outros locais, a execução dessa ideia chamou a atenção das pessoas. Posso garantir que, se Hannah estivesse sentada em uma sala avaliando a viabilidade dessa ideia não tão original, ela não estaria onde está hoje.

Essa exposição (juntamente com as receitas publicitárias do YouTube) permitiu que ela deixasse o seu trabalho de escritório e prosseguisse no seu amor por fazer as pessoas rirem (desde então tem expandido para além do Drunk Kitchen!).

John D. Gartner, um professor de psiquiatria que escreve sobre a psicologia dos empreendedores, salienta que "os grandes muitas vezes não criam ideias originais, mas captam o significado de uma ideia, de onde quer que ela venha, e saltam sobre ela com tudo o que têm".[2] Em outras palavras, por vezes as melhores iniciativas soam menos do que promissoras no início, e só se tornam brilhantes na execução.

Hoje, você tem a sorte de poder ter uma ideia para o mundo, de graça, em um período de tempo muito curto. Use isso como plataforma para experimentar a sua e torná-la original e única.

Quatro maneiras de ser original (sendo mais você)

1. Ponha o seu selo

Para cada pessoa que inventa uma ferramenta única que se torna viral, há centenas praticando a vida livre, como consultores, coaches e decoradores. O que importa é colocar o seu selo pessoal no que faz.

O que você poderia fazer para ajustar uma ideia existente para ser mais a sua cara? Pode ser assim que a apresenta, como a entrega e a quem a oferece (ou seja, pode adaptá-la exclusivamente a um grupo específico de pessoas que você conhece um pouco?). Em vez de procurar a originalidade lá fora, crie-a você mesmo, colocando o seu selo em algo que já está funcionando.

2. Óbvio para você, incrível para os outros

Isto é para pessoas que dão conselhos ou oferecem orientação.

Já sentiu alguma vez que tudo em que pensa já foi dito antes? Esse é um medo comum. No entanto, aposto que nem todas as ideias do seu livro preferido foram originais, não sendo ditas em algum momento desde Platão. Imagine se todos os seus autores do coração tivessem se recusado a publicar porque o tema já fora abordado.

Como Derek Sivers, fundador do CD Baby, salienta, nem todos pensamos o mesmo. O que lhe parece óbvio é muito original para outra pessoa. Ele está certo. Tenho a sorte de estar com alguns escritores e pensadores maravilhosos, indivíduos que outros apresentam como exemplos de originalidade verdadeira. No entanto, quase todos veem as suas próprias palavras como nada de novo. Para uma ilustração divertida, veja o curta de animação de Sivers sobre originalidade.

Todos nós recebemos mensagens de maneiras diferentes em momentos diferentes, e a maioria precisa ouvir as interpretações de várias pessoas antes de chegar em casa. Por isso, não tenha vergonha de acrescentar alguma ideia a uma mensagem em que acredita. O que você diria se não achasse que era muito óbvio?

3. Ligações de aviso

Quando o Google apareceu, foi com uma nova abordagem de pesquisa.

Ao contrário de outros sites de busca da época, o seu molho secreto foi a ideia de Larry Page e Sergey Brin para classificar as páginas por ordem de importância com base em quem as mencionou (por isso, se uma página tivesse muitos links para ela a partir de outros sites, ela apareceria primeiro).

Essa ideia revolucionou a busca (que até então não era particularmente boa) e direcionou o mundo da informação em que vivemos... mas quão original ela era?

Acontece que essa não era uma iniciativa nova sonhada pelos tecnólogos. Era, aliás, bem antiga na academia, onde a importância de um artigo científico é avaliada pela quantidade de outros cientistas que a mencionam em seu próprio trabalho.

Mesmo a ideia que deu início a uma das maiores empresas do mundo não foi uma inovação isolada. Foi emprestada de um campo, adaptada e usada em outro.[3]

Se quiser ser mais original, seja curioso. Repare no que está à sua volta, leia livros que outros na sua área não leem, fale com pessoas que não trabalham no seu ambiente, encha-se de inspiração e tenha o hábito de fazer conexões entre ideias não relacionadas na sua vida cotidiana. Essa é uma maneira de criar aquela ideia que será exclusivamente sua.

4. Descubra a sua diferença

Quer ser original? Não se trata apenas de uma ideia nova, mas sim, de uma comunicação original. Então, não copie o estilo de outra pessoa: desenvolva o seu próprio. Descubra a sua singularidade ao se pôr em movimento. Um lugar simples para começar é abrir um blog gratuito e escrever sua mensagem como se ninguém o estivesse visitando (e, se for novo, provavelmente, não estão). Produza duas vezes por semana e publique, não importa o que aconteça. Se escrever não é o seu forte, faça-o como um simples podcast (ou se preferir, elabore um evento mensal sobre o tema que lhe interessa). Independentemente da forma como o faça, esse processo é uma das melhores maneiras de clarear os seus pensamentos. Você pode começar parecendo outra pessoa, mas, à medida que aparecer e publicar mais e mais, você começará a descobrir uma perspectiva que é exclusivamente sua.

Acima de tudo, lembre-se de que todo mercado já está lotado, e, se estiver vazio, não ficará assim por muito tempo. A competição existe não importa onde... *e isso é uma coisa boa.* É em seu benefício que outra pessoa foi a pioneira: é muito mais fácil vender algo quando as pessoas realmente entendem o que é, porque alguém fez o trabalho difícil de conscientização!

Se você está preocupado com a competição, fique descansado. Com as técnicas deste livro (em particular o capítulo 6 da Parte 4), você aprenderá como se destacar na multidão, não importa o que aconteça. Por enquanto, saiba que evitar a multidão não é uma solução a longo prazo e, definitivamente, não é motivo para se afastar de uma ideia pela qual se sinta atraído.

02

PENSE ALÉM DO SEU TÍTULO PROFISSIONAL

(O QUE VOCÊ TEM A OFERECER ALÉM DO SEU CURRÍCULO)

"Nunca é tarde demais para ser quem você poderia ter sido."

GEORGE ELIOT

O mito do "mas eu não tenho décadas de experiência"

"Tantas pessoas já estão fazendo isto e têm décadas de experiência. Por que alguém me pagaria? Talvez eu devesse fazer outro curso primeiro."

Destruindo o mito

Se você teve ideias, mas se sentiu preso pelo seu histórico de trabalho, vai adorar esta parte. Fora da jaula da carreira, ninguém lhe dá dinheiro por anos de experiência ou qualificações. Sem entrevistas de emprego para passar, o currículo não é mais rei, e experiência ampla não é necessariamente um bilhete de ouro para uma renda grande.

Estou falando sério: tenho pessoas que vêm até mim com dez anos de experiência e um mestrado que estão ganhando menos que pessoas com dois anos no mercado, (e uma carga de paixão). Na Parte 4, você aprenderá como evitar seus erros e se destacar de verdade, mas, por enquanto, aqui está uma visão diferente do que é possível com o que você tem.

Terceira via de vida livre

Pense além de um título profissional

> *A primeira coisa que você aprende é como se tornar valioso. Fui bem-sucedido como cartunista com um talento artístico insignificante, algumas habilidades básicas de escrita, um senso de humor comum e um pouco de experiência no mundo dos negócios. Dilbert é uma combinação de todas as quatro habilidades. O mundo tem muitos artistas melhores, escritores mais inteligentes, humoristas mais engraçados e empresários mais experientes. A parte rara é que cada uma dessas modestas habilidades é coletada em uma só pessoa. É assim que o valor é criado.*[4]
>
> Scott Adams, criador dos quadrinhos Dilbert

Experiência não é o mesmo que um título profissional. Se há algo em seu trabalho ou em sua vida que você a) gosta e b) é bom, então não importa o quão pequeno possa parecer agora, você é capaz de traduzi-lo em algo com mais valor. Combine alguns desses e será o início de uma carreira livre de sucesso. O primeiro passo é identificar o que você tem a oferecer.

A vida corporativa de Robert Watson começou em engenharia e terminou na área de RH. Como engenheiro, ele era um excelente pensador lógico: "Meu estilo natural é ver as coisas como um fluxograma", explica. Quando Robert se mudou para o RH, ele aprendeu sobre os estilos distintos de pensamento das pessoas e a dar feedback de uma forma que os mais criativos entendam. Então, quando adquiriu a liberdade, ele combinou essa experiência e se estabeleceu como treinador e editor de autores — um papel que inclui ser o editor freelancer da primeira edição deste livro! Ele usa a sua abordagem ao estilo de engenheiro — detalhado e específico — para ajudar os autores prolixos a destilarem a sua mensagem e garantirem a legibilidade.

A edição não é uma habilidade transferível que você encontraria no currículo de Robert — ele teve de olhar para o que ele era bom e gostava (além de um título de trabalho) para identificar esse valor oculto. Quando você analisa além de suas habilidades transferíveis tradicionais, você tem algo valioso a oferecer.

Se você está lutando para pensar em exemplos em sua própria vida, considere sobre o que as pessoas já vêm pedir ajuda e o que elas valorizam em você. Enquanto permanecia em seu trabalho, Robert estava confuso sobre a razão pela qual as pessoas vinham até ele — um engenheiro — pedir ajuda com conflitos no local de trabalho e conselhos de vida. Então, ele perguntou, e uma delas respondeu: "Eu gosto porque você vê as coisas de forma lógica, e não me deixa atolar nas emoções." Essa foi a primeira vez que Robert percebeu que sua abordagem de engenheiro poderia ser uma vantagem valiosa em outras áreas.

Abrace a vantagem de ser um forasteiro

Em vez de pensar no que você não tem — ou no que você está jogando fora —, considere suas qualidades. Emma Reynolds passou de uma carreira em marketing para o lançamento de uma consultoria de RH, e disse que sua formação não tradicional era uma vantagem nesse campo competitivo:

> *Não soamos como todo mundo — isso porque não somos. Essa tem sido a nossa maior força. Nós olhamos para os RHs da perspectiva do marketing. As perguntas que fazemos são normais no meu campo*

anterior, mas novas no RH.

Nossa nova orientação é parte da razão pela qual ganhamos contratos longe das maiores consultorias do mundo (e fomos lucrativos desde o primeiro dia, mesmo tendo começado com quinhentos dólares e um site que eu mesmo construí). Essa clareza externa tem sido uma vantagem real.

Em outro exemplo, Dan Cobley formado em física e diretor de marketing do Google, traz insights únicos ao seu trabalho.[5]

Em suma, quando se está livre, tudo conta; nada é deixado de fora. As próprias características que o tornam diferente podem muito bem ser a sua vantagem.

Dica

Quando você vê histórias de pessoas que estão prosperando no que fazem, em vez de pensar: "Bem, elas se encaixam perfeitamente em seu campo, é claro que tudo funciona para elas!", vire o disco e se pergunte: "De que maneira eles eram diferentes dos outros no início de tudo? O que poderiam ter escondido facilmente, mas optaram por não fazê-lo?" Faça isso e talvez encontre a razão pela qual eles se levantaram em primeiro lugar.

Tenha em mente que a sua vantagem externa não tem de ser especificamente relacionada a trabalho, mas à sua personalidade ou aos seus interesses. Quando comecei, senti-me diferente do molde tradicional de empresário — e é provavelmente por isso que lhe dei o nome de *Free Range Humans*! Os meus interesses eram diferentes (a minha estante está cheia de psicologia, antropologia social e ficção em vez de livros de negócios!). Além disso, a minha personalidade era outra (sempre que ouvia algum guru dizer "Faça muito ou vá para casa!" eu pensava "Ir para casa parece uma ótima ideia! Acho que lá tem chá").

Eu poderia ter interpretado isso como "eu não me encaixo, então deveria desistir", e esconder essas questões de mim mesma. Mas é esse mesmo fascínio de como realmente trabalhamos como humanos, com a importância de nos mantermos num mundo barulhento, com o poder de contar grandes histórias (tudo na minha estante!), que acabou por formar a base de tudo o que existe hoje em terras livres.

Pare de comparar o seu interior com o exterior das outras pessoas

Você já teve um momento em que pesquisava uma ideia e entrou no ar um site de alguém que já a executava? Ao ler a página "Sobre", sentiu o seu coração palpitando? Essa pessoa tem muito mais experiência e reputação do que você, como poderia competir? Bem, aqui está um bom primeiro passo: pare de ler as páginas "Sobre" das outras pessoas. Ela não é uma biografia imparcial. É um texto escrito com a intenção explícita de convencer alguém de que a pessoa é perfeita para este trabalho. Então, é improvável que você acesse o site de um organizador de eventos e leia:

> Laura costumava trabalhar como contadora, e a única forma de se tornar organizadora de eventos era fingir para as três primeiras ocasiões, dizendo que organizava as solenidades internas da sua empresa — o que realmente significava que ela montara a festa de Natal do escritório no ano anterior, onde o vinho era servido em copos de plástico (o que não era nem um pouco embaraçoso).
>
> O seu diploma não tem nada a ver com o seu negócio. Na verdade, nem a maior parte da sua experiência profissional. Mas, sabe, contrate-a.

Não, não é provável que você leia isso, mesmo que seja verdade (o que possivelmente é). Poupe a sua dor e pare de comparar as suas características e toda a realidade com os destaques de outros indivíduos.

Debaixo da superfície (a história de Phil)

Um grande exemplo disso é o fotógrafo Phillip Van Nostrand. Hoje, a página

"Sobre" de Phil parece muito boa — suas fotos foram publicadas no *The New York Times*, ele voa para casamentos ao redor do mundo, e é convidado para fotografar eventos como as festas do Oscar em Los Angeles. Phillip vive num apartamento em Manhattan com uma rede no quintal, executando múltiplos empreendimentos e usufruindo de uma vida aventureira.

Que sorte, certo? Bem, vamos voltar ao início, ao dia em que conheci o Phil. Naquela época, eu era uma humana livre nova, com olhos brilhantes no meu primeiro trabalho *feito de qualquer lugar com um laptop*. A primeira pessoa que conheci, um professor de matemática de cabelo encaracolado que morava na sua cidade natal, na Califórnia, com uma câmera e uma ideia. Phil explica:

> *Quando comecei, não era qualificado para o papel. Havia uma escola de fotografia prestigiada na cidade, mas eu não tinha fundos para tirar um ano de folga e pagar sua mensalidade cara.*
>
> *Eu era apenas um autodidata, sem aqueles créditos no meu site e sem histórico de moda ou eventos. Então, comecei com o que eu tinha: aperfeiçoei minhas habilidades fazendo filmagens com amigos, lendo sobre tudo que podia e me concentrando em melhorar.*
>
> *Um dia, um amigo me ligou e disse: "Um conhecido meu vai casar e precisa de um fotógrafo, consegue me ajudar?"*
>
> *"Claro que posso!", respondi, apesar de nunca ter feito nada parecido antes.*
>
> *Passei o mês seguinte aprendendo tudo o que podia sobre filmagens de casamentos, planejei tudo em detalhes — até fazer uma sessão de treino no local. Eu usei o dinheiro que eles pagaram para dar entrada no meu equipamento de câmera, consegui que um amigo com experiência viesse me ajudar no dia — e eu tinha filmado meu primeiro casamento! Foi assim que consegui o meu primeiro cliente pago. O casal adorou, e os próximos clientes vieram de indicação de pessoas que eu conheci.*

Embora eu não tivesse os antecedentes habituais, rapidamente aprendi que todos compravam de pessoas que gostavam e em quem confiavam, e que entregavam no prazo. Então, eu me tornei bom nessas coisas, e dediquei tempo para aprimorar minha arte e aprender com o melhor a cada passo. Desde o início, fiz questão de entregar em excesso aos meus clientes.

Como resultado dessa abordagem, Phil construiu uma prática próspera na sua cidade natal e tornou-se um fotógrafo de casamentos em tempo integral.

Alguns anos depois, ele decidiu modificar as coisas e mudar-se para Nova York (onde não tinha contatos) para chegar lá como fotógrafo. E é exatamente o que ele tem feito. Hoje, Phil está fazendo um trabalho que adora, "com grandes clientes de todo o mundo", uma vida projetada para aproveitar ao máximo sua flexibilidade (por exemplo, visitar pelo menos um país novo por ano, apenas para explorar). "E não importa o quê, eu faço questão de fazer coisas que você só pode fazer como um humano livre, como ir ao cinema durante o dia. Isto é divertido."

Antes que você pense: "Hm, boa sorte para *ele*", lembre-se como Phil se sentiu naquele dia em que nos conhecemos, quando ele era um forasteiro, sem contatos, olhando para o que parecia ser um campo competitivo e movido por reputação?

O que ele diz agora é:

Acho que não ter o background habitual ajudou, porque significava que eu me aproximei de tudo de forma diferente desde o início. Como filósofo com formação em pedagogia, li muito sobre negócios e vida, bem como sobre fotografia, o que significou que o meu empreendimento era feito de forma diferente. Eu também andava com pessoas diferentes, o que significava que tinha acesso a clientes diferentes!

Acima de tudo, eu não podia me esconder atrás de um pedaço de papel — então, eu tinha que pensar sobre o que realmente importava para os clientes e o que eu trazia com a minha personalidade.

A loucura é que, hoje, pessoas que se formam em lugares como aquela escola de fotografia prestigiada pedem para estagiar comigo (o que é ótimo porque eu adoro ser mentor!). Eu sempre lhes digo para continuarem aprendendo, sim, mas também para aproveitarem ao máximo o que já têm.

Para ajudá-lo a identificar o que você tem a oferecer, vamos mergulhar na sua Mala de Vantagens.

Exercício: Desbloqueie a sua Mala de Vantagens

É hora de se dar crédito pelo que você aprendeu e reuniu na sua vida até hoje.

Neste exercício, você escreverá a "lista de conteúdo" da sua Mala de Vantagens — um estojo virtual com seus bens ocultos, que você pode levar consigo para onde quer que vá na sua viagem livre. Para lhe dar uma ideia do tipo de coisas que outros identificaram neste exercício, algumas respostas recentes incluem:

- a minha capacidade de aprender depressa;
- um escritório virtual pronto (aquele café local onde, muitas vezes, vejo pessoas trabalhando com laptops);
- ser capaz de pesquisar no Google a resposta de qualquer pergunta!
- habilidade de encontrar a causa raiz de qualquer problema (por exemplo, encontrar o que realmente precisa ser feito);
- um parceiro que me apoia e quer que eu seja feliz;
- habilidade de criar documentos lindamente apresentados;
- o meu amor, e anos de prática, por escrever histórias interessantes;
- organização e planejamento excelentes (de anos escrevendo e entregando planos de aula como professor);
- experiência de ser bem viajado.

Agora, é a sua vez. Para ajudar a desbloquear as suas vantagens ocultas, anote quatro dos seus próprios ativos em cada um dos espaços a seguir:

Histórico de carreira (pense fora da descrição oficial de funções e liste as partes nas quais você sente que brilha e as coisas que você adorou fazer):

____

____

Estudos, coisas que você fez:

____

____

Experiência de vida:

____

____

Vida pessoal (amigos solidários, liberdade, finanças etc.):

____

____

Traços pessoais e pontos fortes:

____

____

Parabéns! Você tem vinte vantagens, e isso é apenas o começo. Você pode ampliar a sua lista à medida que avança. Mais tarde, no capítulo 9 da Parte 4 (Reputação instantânea), vamos falar sobre eles para que você tenha aquela percepção positiva que pode levá-lo de zero a pessoa obrigatória em um curto espaço de tempo.

Por enquanto, lembre-se de que as pessoas prosperam em qualquer campo com diferentes origens, personalidades e muito mais.
Então, olhe de outro ângulo e comece a pensar no que você tem — porque o que as páginas "Sobre" deixam de fora é que, muitas vezes, é isso o que as pessoas de sucesso também fizeram.

Dica
Verifique se tem a Síndrome do Impostor
Você se vê facilmente dispensando elogios por suas vantagens ou seus sucessos? Você se concentra nas razões pelas quais você não é suficientemente bom? Se assim for, pode estar experimentando a Síndrome do Impostor.
A dra. Valerie Young escreve sobre a Síndrome do Impostor, uma mentalidade que significa que muitas pessoas se preocupam secretamente em serem descobertas por não se sentirem tão inteligentes ou boas quanto os outros parecem acreditar que são. Valerie explica:

> *Se você se identificar com a Síndrome do Impostor, então será mais difícil para você ver suas próprias realizações através da mesma lente que você vê as dos outros. Isso porque, apesar das provas em contrário, você se tornou mestre em explicar, minimizar e descontar esses indicadores do seu sucesso com palavras como "Foi uma sorte estúpida", "As estrelas estavam alinhadas" ou "Oh, os juízes só gostavam de mim".*
>
> *O que você vê muito mais claramente são as lacunas de conhecimento ou experiência, as coisas que você ainda não conseguiu realizar. Mas é uma grande armadilha. É como se estivesse usando uma escala de truques em que só as provas negativas contam.*

Em seu livro *Os pensamentos secretos das mulheres de sucesso* (2012), Valerie salienta que as pessoas que experimentam a Síndrome do Impostor, às vezes, pressionam a si mesmas para serem perfeitas quase imediatamente – uma barra alta. Como ela diz: "Lembre-se de que o seu primeiro rascunho, a sua primeira apresentação e a primeira pintura nunca serão tão bons quanto o(a) segundo(a)."
Em outras palavras, não use o fato de que você não é da classe mundial em duas horas como desculpa para não continuar.

03

COMO É UM NEGÓCIO LIVRE

(OU: O QUE POSSO FAZER ALÉM DE ABRIR UM CAFÉ?)

"Ouvi alguém dizer que os nossos problemas não são o problema; são as nossas soluções que são o problema."

ANNE LAMOTT

Nos capítulos anteriores, aprendemos por que você não precisa de uma ideia original, porque você não precisa de dez anos de experiência ou um doutorado no assunto e como você pode começar agora. Tudo isso, esperemos, abriu mais algumas opções para você. O objetivo deste capítulo é mostrar ainda mais caminhos olhando para os principais tipos de coisas que os humanos livres de sucesso *realmente* fazem para viver... o que tende a ser um pouco diferente do que a maioria das pessoas espera.

As ideias mais comuns que ouço daqueles que querem deixar os seus empregos são "abrir café/livraria/pousada".

O problema com essas soluções é que elas podem ser um lixo. (Desculpa, eu deveria ser sutil sobre isso? Ops.)

Ok, estou exagerando. Não há nada de errado com esses sonhos. Na verdade, eu costumava fantasiar sobre abrir um café até que percebi que a vida seria um trabalho árduo de limpeza, checagem de estoque e tripla verificação de detalhes, o que está longe da minha visão de me sentar a ter conversas interessantes e passar tempo a redecorar um espaço. Eu mencionei que você também fica preso em um lugar todos os dias?

Quando falo com pessoas com esse tipo de sonho, acontece que em noventa por cento das vezes elas não querem realmente começar um café ou uma pousada, querem a vida que imaginam que vem junto. O problema é que a sua esfera de ideias para conseguir essa vida é atualmente limitada.

Se você passou sua vida no caminho da jaula da carreira, é natural que suas ideias sobre o que você pode fazer girem em torno dos serviços que você usa atualmente (ou lugares que você vê na sua rua local). Isso não faz dessas iniciativas as suas únicas opções.

O que é uma sorte, pois muitas das ideias usuais precisam de capital inicial ou são difíceis de experimentar. (Além disso, faça as contas: é muito difícil ganhar bom dinheiro com elas. Uma das razões para isso são os custos de saída).

No entanto, se tal ideia foi o seu sonho de vida, então vá em frente! Não quero impedir ninguém de fazer o seu sonho grande, mas, se isso é apenas um "talvez" numa lista de muitas ideias, então o que estou dizendo é que existem outras opções que podem ser mais adequadas para se alcançar a vida ideal.

Cinco tipos de negócios livres (mais uma opção extra)

1. Serviços

Os serviços incluem dar conselhos, dar apoio ou fazer uma tarefa real — essencialmente, qualquer coisa onde você é pago pelo seu tempo ou pelo que faz. Por exemplo, web designer, terapeuta, coach de relacionamento, palestrante, gerente de negócios virtuais, contador, fotógrafo, consultor etc.

Veredito para a liberdade em tempo integral

Fazer algo e ser pago por isso é o tipo de negócio mais simples de se começar. Quando você é pago pelo seu tempo, tudo que você precisa para começar é ter um serviço para oferecer e estar disposto a oferecê-lo: não há barreira alguma para se colocar lá fora. Isso significa que as ideias de serviço são um ótimo ponto de partida para o seu primeiro empreendimento livre.

A sabedoria comum diz que a desvantagem de vender o seu tempo é que, bem, você está limitado no tempo. Quantos clientes você pode contratar em um mês? Multiplique esse número pelas suas tarifas e esse é o seu limite de ganhos. No entanto, nem sempre é assim tão simples. Não só as tarifas podem ser aumentadas ao longo do tempo, mas, se você for criativo com a forma como você empacota e oferece seus serviços, você pode fazer com que eles valham muito mais, gerando um estilo de vida melhor e mais seguro. Aqui está uma maneira de ganhar mais pelo seu tempo:

> **Dica**
>
> **Aumente a sua tarifa horária**
>
> Supercarregue a sua capacidade de ganho não cobrando por hora. Em vez de dizer "cobro cem dólares por hora como stylist", apresente o seu estilo de trabalho para pessoas que odeiam fazer compras, mas querem ficar bonitas. Você pode incluir um número fixo de sessões, tabelas preparatórias e, talvez, até um bônus, como entrevistas gravadas com pessoas que passaram por esse processo, compartilhando como eles fizeram com que as mudanças de estilo durassem em suas vidas. Você terá mais facilidade em vender esse pacote por mais de quinhentos dólares do que em vender três horas de consultoria individual. Outra ideia é entregar o que você faz em um grupo para aproveitar ao máximo o seu tempo. Por exemplo: se, em vez de atender um indivíduo de cada vez, você trabalha com um grupo de dez pessoas ao mesmo tempo, você pode ganhar dez vezes mais pelo mesmo tempo (se você mantiver o mesmo preço) ou cinco vezes mais (se você reduzir pela metade). É claro, só faça isso se você gostar de um ambiente de grupo!

Seja como for, quando você empacota o que faz e se afasta de uma tarifa horária, você escapa do jogo de comparação de preços e seus ganhos sobem. Além disso, é uma grande oportunidade de ser criativo com o que se atua.

2. Produtos virtuais

Um produto virtual é aquele que não custa quase nada para você fazer e pode ser vendido e baixado *on-line* (por exemplo, um guia ou um curso). Normalmente, contém informação ou motivação, e pode incluir palavras escritas, áudio, vídeo — qualquer meio que você escolha para entregar o serviço sem a sua presença (embora você seja livre para adicionar um componente bônus ao vivo também!).

Eis como funciona um produto virtual: digamos que você tem uma ideia para ensinar iniciantes a falar em público. Você já fez isso muitas vezes e acha que está sempre repetindo os mesmos conselhos? Você gostaria de alcançar um número maior de clientes com o que você faz? Solução: transformar isso em um produto virtual.

Faça uma lista de passos que você daria às pessoas ao ajudá-las a se tornarem oradores confiantes. Depois, anote as partes nas quais a maioria diz: "Uau, isso fez tanta diferença!" Agora, crie o curso "Falando em público sem medo" e o ofereça como um produto para download que as pessoas podem fazer sozinhas (ou cobre mais e ofereça aulas de suporte junto). Você está ajudando as pessoas e ganhando dinheiro independentemente do seu tempo.

Claro que, se você estiver entusiasmado com isso, ainda pode fazer o treinamento ao vivo, mas sabendo que tem a segurança do produto virtual ajudando-o(a) a manter uma renda estável entre as sessões. O seu produto pode ser um ponto de entrada que leve a um trabalho mais próximo para pessoas que gostam do seu estilo, pode fazer parte de uma associação ou pode se tornar o seu principal rendimento (como Benny fez com o seu guia de aprendizagem de línguas durante anos).

Não há uma maneira de um produto ter uma aparência única, e ele não precisa ter muito conteúdo ou informação para ter valor. Se você gosta de ajudar as pessoas a agir, em vez de escrever um guia de dez mil palavras, você pode enfrentar um desafio de "fazer acontecer", em que as pessoas vão de pensar em algo e realizá-lo de *fato*. Faça isso on-line, acerte com algumas primeiras corridas, e faça com que corra suavemente ao longo do tempo. As possibilidades são infinitas!

Veredito para a liberdade em tempo integral

Os produtos virtuais podem dar esse equilíbrio mágico de bons ganhos, flexibilidade e liberdade de tempo. Tudo o que você precisa é do seu tempo, cérebro e de uma compreensão do que os seus clientes querem. Faça isso uma vez, e irá auxiliar as pessoas repetidamente (e ganhar dinheiro repetidamente), não importa o que você esteja fazendo.

Quanto é que isso pode render? Bem, a sabedoria comum diz que não se pode viver em tempo integral com um e-book de dez dólares. E, a menos que se tenha um tráfego elevado incomum, a sabedoria comum estaria certa. É por isso que os guias eletrônicos e os cursos on-line completos custam mais que isso. Os cursos on-line "faça você mesmo" custam, no mínimo, cinquenta dólares e, no máximo, dezenas de milhares de dólares. O que você pode cobrar depende do que você oferece e de quão bem ele é adaptado e apresentado a um público específico.

Faça as contas: se você vender a média de um por dia a cem dólares, terá cerca de três mil por mês. Além disso, se você for criativo e adicionar um elemento de interação, como uma sessão de perguntas, então pode facilmente aumentar o preço. Ou, se você participar ao vivo, pode criar várias ofertas. O céu é o limite.

Cuidado com aquela moça no café digitando em seu computador; você pode achar que ela está vivendo com um pequeno passatempo, mas ela pode fazer parte da geração livre e ganhar mais do que você imagina.

Eu estaria lhe fazendo um mau serviço se eu fingisse que manter um curso on-line vai sustentá-lo instantaneamente. Você tem de trabalhar muito e oferecer coisas boas com as quais se preocupa. Você também precisa dedicar tempo para construir confiança e atrair pessoas de uma maneira que funcione para a sua personalidade (isso é uma coisa que eu vou ajudá-lo a fazer na Parte 4, então continue lendo).

> **Dica**
> Para garantir a qualidade, certifique-se de ter ajudado pessoas com este tópico no mundo real antes de criar um produto virtual. Se você tem a ideia de treinamento para falar em público, seu primeiro passo não deve ser fazer um curso na internet. Sua primeira atitude é trabalhar com pessoas (como discutido no capítulo 6 da parte 2 sobre Projetos). Então, use o que você aprender com isso para criar um produto significativo.

3. *Publicidade*

Crie conteúdo (por exemplo, em um site ou em sua plataforma de mídia social favorita), traga tráfego ou seguidores, depois venda publicidade ou espaço promocional para as pessoas que querem alcançar aqueles que são atraídos pelo seus tópicos. Se você criar um canal no YouTube, você pode se tornar um parceiro dele e ganhar com os anúncios que a empresa coloca na sua página.

Exemplos

Emma e Ollie ganham a vida com seu canal no YouTube, *My Vox Songs*, que compartilha suas animações de rimas infantis. Longe dos seus empregos corporativos antigos, a sua vida nova foi possível, principalmente, por causa da receita dos espaços publicitários no canal.

Já Dom e Rob tiveram a ideia do site *Escape the City* enquanto estavam em seus empregos de cubículo. Eles começaram com apenas um blog gratuito e acabaram com uma comunidade internacional de 450 mil pessoas em busca de oportunidades fora do tradicional *mainstream* corporativo. Durante os primeiros quatro anos, os dois fizeram a sua renda com as receitas de empregadores escolhidos a dedo, que pagavam para colocar anúncios de trabalho na sua comunidade, mesmo quando o faturamento era uma fração do tamanho atual! (Desde então, expandiram o negócio para incluir programas on-line e offline, mas os anúncios ainda fazem parte da sua imagem.)

Veredito para a liberdade em tempo integral

A publicidade é tentadora, mas, muitas vezes, mal compreendida. Com exceção do YouTube, a inscrição em um programa de publicidade em um site e os anúncios, na esperança de serem pagos com base no tráfego, não farão com que você tenha uma vida livre em tempo integral (pense nisso mais como dinheiro para café). De fato, a maioria dos bloggers profissionais (e muitos podcasters proeminentes) não ganham a vida com esse tipo de publicidade. Eles tendem a fazer a maior parte da sua renda com produtos virtuais vendidos a partir do seu site, ou de consultoria/serviços/palestras desenvolvidos a partir de sua ideia.

As pessoas que se dão bem com o modelo publicitário, como Dom e Rob, tendem a vender o seu próprio espaço publicitário a) construindo um fiel seguidor; e b) fazendo negócios com clientes publicitários escolhidos a dedo. Pense mais na profundidade do que na largura.

Verificação da realidade livre

Um caminho bem visível neste momento é se tornar um influenciador nas redes sociais, onde você cresce em uma plataforma como o Instagram e é pago para fazer promoções ou patrocínios. Mas, se você já se perguntou como vai conseguir milhões de seguidores antes de poder fazer o seu próprio negócio, boa notícia: pessoas que se dedicam em tempo integral a este negócio formam uma porcentagem minúscula de humanos livres em tempo integral (em outras palavras, você tem opções que não exigem que você tenha milhões ou mesmo milhares de pessoas sabendo sobre você!). Se por acaso se sente atraído por esse caminho, mas quer se mover mais rápido, uma abordagem de liberdade é construí-la do lado de outro tipo de ideia que pode obter tração mais rápida. Você pode ver muitos desses aqui!

4. Produtos físicos

Essencialmente, vender coisas reais, desde camas para cães tecidas à mão até arte ou comida. Você mesmo pode fazer isso, encomendar algo para ser criado por outra pessoa, ou mesmo revender produtos que já existem.

Exemplos

Um grande exemplo é Rachel Winard, que você conhecerá no capítulo 8 da Parte 4. Ex-advogada, ela ganha a vida vendendo sabonete feito à mão na sua loja on-line. Há também alguns exemplos inspiradores de livres que integram seu amor por viagens com sua ideia de negócios, como Petra Barran, que criou o ChocStar van[6] e viajou por todo o país vendendo doces de chocolate em festivais e mercados.

Fazer produtos "de lado"

Os humanos livres também podem fazer produtos físicos do lado de outro negócio. Phil, o fotógrafo, construiu nos últimos anos uma marca de produtos físicos, La Rousse, que gera quinze mil dólares por mês como renda complementar. E mais: é um produto que nem sequer foi ele mesmo que desenhou:

> *A minha amiga Katie me mostrou a linda caixa de vidro em que ela estava trabalhando, uma caixa de joias que os fotógrafos podem colocar fotos quando entregam aos clientes. Ela tinha desenhado e arranjou alguém no exterior para fazer amostras. Fiquei imediatamente obcecado e implorei-lhe que me deixasse desenvolvê-la com ela.*
>
> *Começamos com uma página simples da Shopify que nós mesmos construímos e enviamos para fora da garagem dela. Criar algo para um grupo de pessoas que compreendemos (fotógrafos) ajudou*

realmente a fazer funcionar. Eu enviei exemplares aos meus amigos da indústria e eles começaram a compartilhar no Instagram deles. Postei em comunidades fotográficas on-line — sem publicidade. Fizemos setenta mil dólares em vendas no nosso primeiro ano e 180 mil no ano seguinte.

Quando conseguimos vendas regulares e começamos a precisar de mais estoque do que a garagem podia caber, contratamos uma empresa para fazer o envio. Hoje, nem sequer tocamos nas caixas, mas foi muito útil ter sido nós próprios a realizar os primeiros envios, pois pudemos dizer-lhes exatamente o que é importante para a marca (até o plástico-bolha cor-de-rosa!).

O conselho do Phil? Não tente pré-desenhar uma gama enorme antes de fazer a sua primeira venda: comece com algo simples.

Começamos com uma caixa em um tamanho, e agora temos uma gama delas e muito mais! O engraçado é que a nossa caixa original é o nosso produto mais vendido — você realmente só aprende após colocar a mão na massa.

Veredito para a liberdade em tempo integral

Produtos físicos podem ser uma ótima opção, mas tenha em mente que, se você tem de produzir e vender as próprias mercadorias (ou simplesmente comprá-los), então você pode ter de colocar um pouco mais de tempo para obter o retorno que você deseja. Por essa razão, eu normalmente recomendo que você só escolha produtos físicos se souber o que quer fazer e estiver determinado a colocar muito tempo para fazer isto acontecer.

5. Eventos e experiências

Este tópico abrange de conferências a retiros, de grupos de trabalho em rede a aventuras na aprendizagem e na realização. Eles podem ser de alto nível (gerando dinheiro, principalmente, com o preço dos bilhetes) ou de patamar inferior (nesse caso, a renda é feita por meio do patrocínio ou da oferta de algo mais emblemático).

Isso é particularmente bom para os conectores naturais, pessoas que não podem evitar a reunião de grupos.

Veredito para a liberdade em tempo integral

Se lhe servir, esta pode ser uma boa opção para a totalidade ou parte da sua imagem de liberdade. No entanto, faça de forma inteligente.

Muitas pessoas que seguem por esse caminho dizem que, no início, o misturaram com algo mais, como serviços — especialmente se são novos no seu campo.

> **Dica**
> Se você tem uma ideia, mas já existem eventos semelhantes, pense no que você traz de novo para o quadro. Você está fascinado com ideias? Você gosta de ajudar as pessoas a relaxar ou prefere ajudá-las a fazer as coisas acontecerem? Você quer fazer isso para um tipo específico de pessoa? Seja o que for, faça deste sentimento ou desta experiência o centro do que você oferece.

6. *Misture*

É provável que algumas dessas abordagens o atraiam. Solução simples: misturar tudo! É assim que muitos humanos livres criam renda e estilo de vida cheio de variedade.

Connie Solera deixou seu trabalho para dirigir o Dirty Footprints Studios, um inspirador espaço on-line e blog, onde ela ajuda as pessoas a criarem a arte *Fearless* (intuitiva). Como parte do negócio, Connie oferece produtos virtuais (como uma oficina de vídeo pré-gravada), serviços e experiências (cursos de arte ao vivo realizados como aventuras ou como retiros no deserto) e, em última etapa, produtos físicos (sua própria arte). Cada uma dessas opções, sozinha, poderia ter sido suficiente para fazer de Connie uma humana livre em tempo integral. Mas, misturando-as, ela criou mais variedade e vibração em seu dia, permitindo ser paga por ensinar, escrever e criar arte.

Miniestudo de caso

Eu já fui diretora de uma escola. Depois, na casa dos trinta anos, deixei o meu emprego e criei uma vida e uma carreira de portifólio onde podia estar onde quisesse, quando quisesse. Hoje, dou aulas on-line em uma faculdade, sou coach via Skype e, recentemente, tornei-me instrutora de zumba. Estive na América do Sul, América Central e Austrália, no Sudeste Asiático e nas Ilhas do Pacífico. Volto ao centro-oeste nos verões e dirijo sem destino específico, visitando amigos e familiares.

No próximo outono, vou participar de um festival de redação em Bali, entrevistar empreendedores sociais para um livro, ser voluntária em uma escola feminina no Camboja, encontrar os amigos, perseguir o sol e conhecer Myanmar.

Kristi Hemmer

Ação livre
O que funciona para você?

Junte os seus pensamentos sobre o que foi dito acima, e preencha a tabela a seguir (há espaço para mais do que um favorito, no caso de você querer misturar). Escreva as suas respostas a seguir:

Tabela 3.1 O que funciona para você

Modelo que acho atraente (ex.: produtos virtuais)	O que eu poderia oferecer (ex.: curso virtual de adestramento de cães)	Como isso preenche a vida que eu quero (ex.: permite-me conhecer mais pessoas e viajar)	Eu gostaria de saber mais sobre (ex.: onde encontrar o público-alvo para esse produto)

04

COMO CRIAR UMA IDEIA LIVRE

Agora que você sabe que os humanos livres têm sucesso, como suas ideias se encaixam? Se a sua iniciativa geradora de rendimentos na forma atual não for suficientemente livre para experimentar e avançar com o que tem agora, a ajuda está à mão. Está na hora de ter a sua ideia livre.

O segredo para ter este tipo de pensamento é descobrir qual é a parte que realmente o(a) deixa mais entusiasmado(a), e encontrar outra forma de fazê-la. Aqui está um exemplo de alguém que fez exatamente isso.

Charlie Haynes começou o Urban Writers' Retreat em Londres. Atualmente, os seus retiros de um dia ocorrem presencialmente e on-line, e eles estão na grande imprensa, como o jornal *The Guardian*. Parece um sonho, certo?

No entanto, esse não era o negócio que Charlie tinha em mente. Ela queria criar um espaço de trabalho para escritores, um lugar onde os associados pudessem ir e trabalhar a qualquer hora, além de organizar eventos. Mas não podia pagar o aluguel e todo o equipamento, fora que teria que lidar com todas as despesas gerais. Soou assustador enquanto ela não tinha certeza se funcionaria.

Charlie explica o que aconteceu a seguir:

Numa manhã, estava a caminho do trabalho e refletia sobre os meus problemas de procrastinação de exercícios. Eu queria criar um acampamento fitness, e me ocorreu que todas as coisas que eu queria obter dele — companheirismo e ser forçada a continuar a me exercitar e fazer progressos visíveis — eram as mesmas coisas que eu queria para mim de um espaço de trabalho de escritores.

Eu pensei: se um acampamento fitness fosse melhor do que tentar correr sozinha todos os dias (e não o fazer), um de escrita não funcionaria da mesma maneira?

Então, criei um site, encontrei o local mais barato que eu poderia contratar e que tinha os requisitos mínimos e pedi cobaias, cobrando o suficiente para cobrir os custos. Fiz o evento, depois pedi às pessoas que preenchessem um formulário de feedback e fizessem sugestões antes de saírem.

Quando ficou claro que eu poderia ganhar dinheiro com isso, decidi que valia a pena investir na internet e contratar um local melhor. Aprendi como construir meu site e como gerenciar as redes sociais, boletins informativos etc. Isso custou apenas algumas centenas de dólares para seguir com o negócio, o que poupei ao não sair à noite durante um mês.

Hoje, eu dirijo os dias de acampamento em várias cidades, e, com a rede que construí, podemos fazer outras coisas como retiros residenciais no campo e cursos on-line, que são simples de serem realizados de qualquer lugar do mundo.

Se Charlie tivesse se sentado em sua ideia original de um espaço de trabalho permanente de escritores, ela possivelmente nunca teria começado. A propósito, se está pensando "Ela deve ser tão corajosa para simplesmente mergulhar e começar", Charlie gostaria de contar:

> *Mesmo sem a questão do dinheiro, começar era assustador! Só fazer telefonemas para potenciais locais era difícil, mas, depois de dar alguns passos, era mais fácil manter o ritmo. Você consegue.*

05

COMO COMEÇAR COM O QUE VOCÊ TEM

Neste guia, vou compartilhar os recursos necessários para começar com o que você já tem — pense abaixo de cem dólares. Isso não se trata de ser apertado ou parecer barato. Trata-se de obter resultados de Champagne com um orçamento Chardonnay, sabendo o que procurar e onde obtê-los.

A verdade é que, quando se olha para aquilo em que as pessoas gastam o seu dinheiro no primeiro ano, cerca de vinte por cento dos seus gastos lhes dá oitenta por cento dos seus resultados. E os outros oitenta por cento dos gastos? Quando você sabe o que funciona e o que não funciona, pode aperfeiçoar e obter resultados ainda melhores sem gastar uma fortuna. Eis como descobri isso por mim mesma.

A pergunta de cem mil

Poucas semanas depois de ter começado a minha aventura livre, estava sentada num café, pensando: "Quem me dera alguém me doar 100 mil dólares para que eu pudesse falar sobre o que eu faço!" Eu tinha pensado muito nisso e, naquele dia, percebi que nunca tinha articulado o que faria com aquele hipotético dinheiro.

Então, abri um novo documento no computador e escrevi a minha lista de desejos. Nela, estavam coisas como grandes anúncios em revistas, um site ótimo e associação a clubes exclusivos onde poderia conhecer pessoas que fazem coisas "semelhantes". Escrevi porque queria, de verdade, cada uma dessas coisas.

Foi quando eu percebi: eu podia ficar com tudo. Como? Focando no *resultado*, e não, no embrulho.

Tabela 5.1 Resultado, não embrulho

O que eu queria	**Por que eu queria**	**Que resultado eu queria**
publicidade	as pessoas ouviriam falar de mim	ganhar clientes fácil e consistentemente
site	respeito e interesse	conseguir o tipo certo de clientes fácil e consistentemente
associação a clubes	parcerias	divertir-me trabalhando com outros (e conseguir clientes fácil e consistentemente)

Em seguida, vi que era provável que tais desejos me levassem a este resultado.

Será que a publicidade neste começo iria me trazer clientes suficientes fácil e consistentemente? Baseado no meu trabalho anterior em consultoria e análise de marketing, a resposta foi "provavelmente não". Pensei que teria um impulso com alguns anúncios, mas que não iria durar para sempre.

Será que um site melhor me traria respeito de potenciais clientes e suscitaria interesse? Talvez... desde que eu tivesse tráfego suficiente (o que não tinha). Será que uma boa página na internet converteria visitantes em clientes? Isso não era certo. Então, eu comecei a perceber que os sites que eu acompanhava devido ao design de qualidade não eram aqueles nos quais eu estava gastando dinheiro de verdade.

OK, talvez as ideias que eu tinha para o que eu precisava estivessem um pouco fora do limite. Então, a questão que me fiz foi: é gastar esse dinheiro a única forma de obter esses resultados? De jeito nenhum! De repente, algo se ligou na minha cabeça, e eis o que eu fiz.

Obtenha os resultados Champagne com um orçamento Chardonnay

Para descobrir o que importa, volte aos primeiros princípios. Pergunte-se sempre por que você precisa do que acha que precisa.

Foi o que eu fiz. Primeiro, site. Em vez de desanimar por não ter um top de linha, investi em aprender exatamente o que funciona e não funciona na internet, significa trazer o tipo certo de clientes fácil e consistentemente.

Para minha surpresa, as páginas que funcionavam não eram o tipo que eu imaginava. Como resultado, criei uma por mim mesma sem conhecimentos técnicos (utilizando os recursos que compartilho no pacote de iniciação a seguir). Isso acabou por me fazer ganhar uma boa parte do meu rendimento em tempo integral durante alguns anos — na verdade, teve um retorno melhor do que qualquer um dos sites que eu desejava ter nos meus primeiros dias. Essa foi a minha primeira descoberta, que o investimento no meu próprio conhecimento poderia valer muito a pena.

Outra coisa que me faltava eram as ligações. Senti que estava fora dos círculos de conversas interessantes, e não conhecia nenhum outro empresário criativo. Então, ao invés de gastar milhares por ano em uma associação ao clube, comecei a enviar meu material por e-mail ao tipo de pessoas que eu queria conhecer e convidá-las para um café. Sem agenda, sem empurrões, apenas um interesse em conhecê-las e o que eu poderia fazer por elas. Nem todas disseram sim, mas algumas aceitaram, e essa foi a minha oportunidade de começar.

Como não fui capaz de simplesmente atirar dinheiro para o problema, fui forçada a considerar realmente o que funcionava e o que não funcionava. Esse processo simples me deu melhores resultados do que colocar cem mil dólares aleatoriamente no problema!

Essa história termina com uma reviravolta: não muito depois de fazer esse exercício, recebi uma herança pequena inesperada. Nada perto de seis dígitos, mas o suficiente para significar algo. Alguns meses antes, eu teria jogado o dinheiro no meu negócio, mas, ao contrário, eu me sentei, olhei para as opções e percebi que não precisava gastá-lo.

Não havia nada que pudesse gerar que eu mesma não pudesse fazer.

Até hoje, eu nunca gastei esse dinheiro nos meus negócios. Em vez disso, aprendi uma lição valiosa: há grandes benefícios em começar pequeno.

O que fazer e o que não fazer ao começar com pouco

Faça: certificar-se de ter o básico: um laptop e um smartphone. Juntos, ambos cobrirão noventa por cento das suas necessidades. Eu uso o meu celular para fotos e vídeos até hoje.

Não faça: presumir que você precisa de um kit top de linha para começar. Eu dirigi todo o meu negócio a partir de um laptop pequeno e de baixo custo, durante mais de um ano. Eu me propus uma meta do que eu queria alcançar antes de comprar meu Macbook tão amado, o que fez dele uma aquisição muito mais significativa.

Faça: ser criativo com as opções livres. Você sabia que pode usar o Skype como telefone comum? Em vez de instalar uma linha extra, você pode comprar um número de telefone no Skype.com, que será criado com base na sua área (ou onde você escolher!). Além disso, você pode utilizá-lo em qualquer lugar do planeta, desde que você tenha uma conexão de internet.

Faça: ter bom gosto. Começar pequeno nunca deve significar parecer barato.

Então:

Não faça: utilizar um serviço gratuito de cartões de visita onde eles são impressos em papel frágil e trazem o nome da empresa gráfica no verso. Isso diz: "Não acredito o bastante no que faço para gastar vinte dólares nisso." Não é legal.

Não faça: perder cem dólares para poupar cinco. Uma poupança está ocupando o seu tempo, espaço mental e o impedindo de avançar? Se assim for, isso não é uma poupança, é um custo.

Faça: investir em si mesmo. Os melhores humanos livres estão constantemente aprendendo. Um site pode ser refeito, mas investir em sua própria educação é sempre recompensado.

Miniestudo de caso

Ao perder a minha avó, o meu emprego e o meu apartamento durante um período de tempo muito curto, vim para a Indonésia para escapar às perguntas sobre o que ia fazer com a minha vida. Quando é que eu ia arranjar um emprego? Onde eu iria morar? Eu não tinha as respostas, e tudo o que eu queria fazer era me deitar na praia e processar as mudanças que tinham acontecido.

Sentei-me na areia branca, olhei para o oceano e comecei a trabalhar pela segunda vez em meu livro. Eu sabia que queria que o meu negócio me permitisse atuar de qualquer lugar e que fosse baseado em produtos. Mas o que eu poderia vender?

Tive a ideia do meu primeiro produto lá, vendo as pessoas tirarem fotos umas das outras no mar, com seus celulares. Eu pensei: "Não seria legal se o nosso telefone fosse à prova de água?". Foi a minha primeira ideia. Capas para celular à prova de água!

Pensei em tentar, especialmente, porque pude ver a necessidade disso na ilhota onde eu tinha montado o acampamento por um tempo.

Encontrei fabricantes on-line, consegui amostras, pensei em formas de melhorar os designs e trabalhei com a fábrica para criar a minha própria marca: SwimCell. Tomar um produto que uma fábrica já faz e colocar a sua identidade nele é chamado de marca privada, que foi o que eu fiz (focando em ter uma ótima qualidade e certeza de que ele pareceria bom).

Calculei quantos eu precisaria vender diariamente para cobrir meus custos nessa pequena ilha, como um miniprojeto. Parecia possível. Gastei cem dólares em amostras e depois recebi pré-encomendas de quinhentas unidades das lojas, isso antes de me comprometer a fazer o meu primeiro grande pedido.

Desde a primeira semana, atingi a meta. Hoje eu me pago um salário, tenho mais liberdade e flexibilidade do que eu sonhava, e meu negócio está num ponto em que ele funciona sozinho, mesmo que eu não tenha acesso à internet!

Eu estava lendo este livro e pensei: se outra pessoa pode fazê-lo, eu também posso.

Amy Day

06

COMO SABER SE A SUA IDEIA VAI FUNCIONAR

(TESTE A SUA IDEIA DURANTE SETE DIAS)

"Você não tem de ser ótimo para começar,
mas tem de começar para ser ótimo."
JOE SABAH

Vamos recapitular o que descobrimos nos capítulos anteriores: você não precisa de uma ideia muito original, não precisa de vinte anos de experiência e pode começar sem gastar uma fortuna. Que bom. No entanto, uma grande questão tende a surgir agora: *a sua ideia vai mesmo gerar resultado?*

Entender se uma ideia é viável não é propriamente ciência espacial. Você precisa saber duas coisas: 1) as pessoas que querem pagar por isso; 2) o potencial para pagar o suficiente para alcançar o rendimento que você quer.

Vamos lidar com esses separadamente, começando pelo último.

Como saber se a sua ideia pode pagar o suficiente

Uma vez recebi um e-mail de alguém que estava tentando ganhar a vida com envelopes feitos à mão. Ela tinha feito e vendido o seu lindo material durante anos, mas nunca conseguiu o suficiente para cobrir o seu salário de advogada e duas hipotecas. Quando lhe perguntei o que a havia atrasado, ela respondeu imediatamente: "Tempo. Estou tão ocupada, mas sei que, se arranjar tempo para fazer mais envelopes, as coisas vão funcionar."

Hmm. Essa conta não fechava — e digo isto, literalmente.

Uma calculadora e cinco minutos mais tarde, ficou bem claro que, para que ela atingisse o mínimo pretendido, teria que vender mais de oitenta envelopes por dia, cerca de 2.500 por mês.

Quando mostrei os números, ela ficou chocada. De alguma forma, essa pessoa altamente inteligente nunca tinha parado para fazer um cálculo de poucos minutos. Descobrir a verdade fez com que ela fosse capaz de pensar em uma ideia mais lucrativa como sua válvula de escape, e continuasse a produzir os envelopes de lado, como um fluxo de renda secundária.

Moral da história: as calculadoras podem ser legais, meninos e meninas. Aqui está como fazer isso por si mesmo.

Identifique o quanto você precisa ganhar por mês (muito grosso modo). Divida isso pelo quanto você espera fazer com o seu produto principal. Portanto, se você precisa receber cinco mil dólares (antes de impostos), e seu principal produto/serviço custa quinhentos, são dez vendas por mês.

Isso é pouco mais do que duas por semana. Agora, imagine que você já tem feito isso por um tempo, e as pessoas estão interessadas no que você tem a oferecer. Nesse cenário, dois por semana (ou qualquer que seja o seu número) soa como um número razoável a atingir? Se assim for, parabéns! Você tem uma ideia que vale a pena explorar mais.

Dica: não se deixe atolar em encontrar números exatos. Isso é uma verificação de sanidade, não um plano de negócios. Faça já o cálculo.

Dica
Se você perceber que a ideia, tal como está, não vai render o que você precisa não importa o sucesso que você tenha, adapte-a (aumentando o preço ou encontrando outro tipo de comprador que pode pagar/comprar mais, por exemplo) ou a adicione em fluxos de renda extra (como criar esses cartões de felicitações como parte de um portfólio mais amplo). Isto não significa que você não usará essa ideia em algum momento, mas, simplesmente que pode não ser a maneira mais rápida de sair do seu trabalho neste momento.

Como saber se as pessoas vão realmente pagar pelo que você tem para oferecer

Em teoria, você sabe que sua ideia pode ganhar o suficiente, e o próximo passo é descobrir se as pessoas estão dispostas a pagar por ela na prática.

A melhor maneira de ter certeza se as pessoas têm probabilidade de pagar é fazer os dois "testes de pagamento" abaixo. O primeiro, que você pode realizar em casa, é uma verificação de sanidade no papel, em que você volta aos primeiros princípios para descobrir se as pessoas vão se interessar. O segundo toma a forma de um projeto de teste no qual você vai lá fora e descobre de verdade.

Teste de pagamento 1: isso resolve um problema? (Também conhecido como: o que é que as pessoas realmente estão comprando?)

Tempo: 30 minutos
Por quê? As pessoas estão naturalmente interessadas em coisas que as beneficiam de alguma forma — mesmo que isso seja simplesmente um benefício emocional. Se elas pagam pelo que você faz, é porque isso se choca com algo importante para elas neste momento — importante o suficiente para que elas gastem dinheiro para resolver. Conhecer os problemas que você resolve permite-lhe avançar com confiança (e ajuda-o a empacotar e apresentar as coisas da forma correta também!).

Um problema significa qualquer situação pela qual os seus clientes estejam passando naquele momento. Por exemplo: "Eu não suporto mais este escritório. Eu quero mais do que sair no meu próximo fim de semana, mas não sei como fazer isso acontecer!" (*Hello*, a razão pela qual alguém comprou este livro!) Então, a pergunta certa nessa situação não é: "Existe mercado para mais um treinador ou consultor?", mas sim: "Existem pessoas que estão afundando sob o peso desse problema, e que o sentem tão fortemente que pagariam para resolvê-lo?" Nesse caso, a resposta é um retumbante *sim*.

Procure as emoções por trás das razões pelas quais as pessoas podem estar interessadas: aborrecido, frustrado, preso, culpado, entediado, preocupado etc. São palavras problemáticas. Quando você identifica a questão deles e comunica que você os entende e pode resolver tudo, você não precisa convencê-los, eles vão querer você porque sentem que sua solução foi criada só para eles. O que, na verdade, foi.

O seu público está consciente do problema e o sente fortemente. Se é apenas algo "bom de se ter", mas eles estão indo muito bem sem isso, então você terá uma luta difícil vendendo o que você faz. Não devia ter de convencer ninguém de que eles têm um problema!

Finalmente, um problema não tem de mudar o mundo para ser importante. Só tem de ser importante para os seus clientes, como verá no exercício a seguir.

Exercício: Qual é o problema?

Escreva as suas respostas a estas perguntas:

Qual é o produto ou serviço que você quer usar para este exercício?
Exemplo: a minha empresa de camisetas esquisitas

____

____

Quem você quer como seu público-alvo para esta oferta?

Exemplo: um certo tipo de homem urbano de meia-idade

Qual é a maior dor de cabeça, frustração ou preocupação para as pessoas no seu público-alvo? (o que eles gostariam de ter de diferente em suas vidas em relação a este tópico?)
Exemplo: este homem tem medo de parecer que se tornou uma figura aborrecida do pai e quer desesperadamente mostrar que ainda tem estilo – mas está igualmente preocupado em parecer que está preso na sua juventude.

Coloque isso em linguagem melodramática: o que é aquela coisa com que eles estão frustrados, presos, confusos, perturbados – qualquer que seja o problema ("Está me deixando tão louco que..."; "Não aguento mais um dia de...").
Exemplo: "Está me deixando tão louco que eu abro o guarda-roupa e todas as minhas roupas parecem iguais. Mas, quando vou às lojas, não vejo nada que eu queira, exceto versões diferentes do que eu já tenho" ou "Estou secretamente com medo de estar me tornando um homem de meia-idade e chato. Sinto-me indefeso por não saber como resolver isso e estúpido por sequer me preocupar com isso".

Qual é a solução que você oferece para resolver esse problema?
Exemplo: as minhas camisetas. Elas são engraçadas e inteligentes... de uma forma subestimada. Tem de se olhar duas vezes para entendê-las e, por fora, têm um belo estilo. Ele não ficaria envergonhado se seu chefe o visse vestido com uma no fim de semana, e é incentivado por saber que ele parece único e seus amigos vão perguntar onde ele a conseguiu.

Agora: considere a pessoa que estaria pagando pelo seu produto ou serviço. Qual é a probabilidade dela entregar dinheiro por essa oferta com base nos problemas identificados acima?
Avalie isso numa escala de 1-10. Vá com o seu instinto aqui.

____

____

Se você marcou abaixo de 8, o seu objetivo é aumentar essa pontuação. Continue com este livro e volte aqui enquanto aprende mais, depois volte a qualquer altura para melhorar a sua descrição até chegar a uma mistura que funcione!

Para além dos "problemas"

Se "problemas" não atraem você, outra abordagem é perguntar: "O que as pessoas realmente estão comprando?". Uma vela perfumada perfeitamente embalada (o tipo cuja etiqueta de preço faz a sua tia-avó esbravejar em descrença) provavelmente não é para resolver o problema de alguém sentado no escuro querendo mais luz!
Talvez se trate de querer ser alguém que tenha "esse tipo de casa". Ele não está comprando luz. O que ele está adquirindo é o sentimento. Saber isso lhe permite duplicar a comunicação, o visual e todas as outras mensagens. Quando você vê o que eles estão realmente comprando, você não está perguntando: "Existe um mercado para uma vela?", mas sim: "Há pessoas sentadas com esse sentimento nessa situação agora mesmo?" Essa questão mais humana dá-lhe respostas muito mais reais (e pode também dar-lhe algumas dicas sobre como apresentar a sua oferta).
Se você preferir essa abordagem, experimente usá-la por si mesmo e revise a pontuação acima.

Bem, você já sabe como pontua no papel. Seu próximo teste é ter certeza ao executar um projeto de teste.

Teste de pagamento 2: teste de realidade

Um pequeno teste do mundo real para provar que as pessoas estão aptas a pagar por isso (*também conhecido como: fazer o raio dos biscoitos*).

Tempo: Sete dias

Por quê? Um projeto de teste é a forma mais simples e eficaz de descobrir como as pessoas respondem à sua ideia. Como disse o antigo evangelista e empresário da Apple Guy Kawasaki:

> *Se você vai entrar no negócio dos biscoitos, o primeiro passo não é planejar cinco anos da quantidade de biscoitos com pedaços de chocolate que você vai vender. O passo um é fazer um lote de biscoitos e ver se pessoas, além da sua família, vão pagar por ele!*[7]

Em outras palavras, vá lá fora e faça o raio dos biscoitos.

Como: "Desistir" *não* significa "deixar o emprego e arriscar tudo por uma ideia maluca!". Em vez disso, a partir de hoje, você pode executar um simples projeto livre. Dessa vez, será de teste. É semelhante ao jogo que você executou anteriormente no livro, mas aqui o foco está em avaliar o interesse de outras pessoas pelo que tem a oferecer.

Exercício: Ação livre

O seu primeiro projeto de teste

No seu projeto de teste de pagamento, você consegue que as pessoas paguem por algo. A experimentação no mundo real é mais poderosa do que qualquer grupo de foco — é real, rápida e dá a você resultados nos quais você pode confiar. Uma coisa é dizer "estou interessado" e outra é colocar a mão na carteira; essa última é o que fazemos com que o seu pessoal faça aqui.

Os seus clientes nem sempre têm de pagar com dinheiro real (embora isso seja ideal), mas, se não o fizerem, têm de abdicar do seu tempo ou tomar medidas para provar o seu interesse. Aqui estão três ideias de maneiras de começar seus próprios projetos de teste com o que você tem neste momento:

- Obtenha dois clientes pagantes teste para o seu produto ou serviço (sim, as pessoas fazem isso em uma semana).
- Execute uma versão reduzida da sua ideia de evento/curso/workshop. Encontre pessoas para divulgar entre aqueles que você conhece, compartilhe em grupos de interesse (ou crie um evento no Facebook ou Eventbrite, pedindo a seus amigos que divulguem também). Ofereça o curso a baixo custo em um local gratuito. Faça uma cobrança para verificar se as pessoas estão dispostas a pagar, mesmo que seja uma quantia simbólica. Procure fazer isso dentro de três semanas após ter a ideia.
- Se é um serviço, faça o mesmo (ou pense criativamente!) para conseguir os seus três primeiros clientes, testemunhos e, acima de tudo, confiança, à medida que sai por aí de verdade, sem ter de construir um site ou fazer um grande marketing. Depois, reveja o que aprendeu e faça seu trabalho ao preço que realmente deseja.

O que você vai fazer pelo seu projeto de teste?

____
____
____
____

Quando você tiver realizado o seu primeiro projeto de teste, volte e reflita. O que funcionou? O que não funcionou? Lembre-se de que os seus primeiros cem dólares são mais difíceis de ganhar do que os primeiros mil dólares, por isso não desista imediatamente se obtiver uma resposta morna. Talvez seja por causa da apresentação: reveja seu posicionamento usando as técnicas da segunda metade deste livro, e tente novamente. Esteja aberto à evolução da sua iniciativa, também. É provável que a ideia com a qual você trabalha acabe sendo um pouco diferente daquela em sua cabeça neste momento. A única maneira de descobrir o que funciona é ir lá fora e executá-la de verdade.

Miniestudo de caso

Eu estava presa no modo de pesquisa, analisando meu mercado, o que apresentaria, o que funcionaria. A única coisa que eu esqueci foi de criar alguma arte que eu quisesse vender. Inspirado pela abordagem livre, eu peguei o pincel e comecei a pintar. Criei mais de sessenta peças em seis meses.

Vendi mais de cinquenta dos meus originais. Comecei a estar em festivais de arte locais e acabei com colecionadores de todo o mundo em apenas um ano. O que aprendi: ficar segura não a leva aonde você quer ir ou mais perto dos seus sonhos. Faça alguma coisa. Tome medidas! E eu fiz tudo como uma mãe solteira e suas tarefas de 24 horas.

Heather Dakota

Miniestudo de caso

Eu estava ficando atolado, e pensava: "Eu *deveria* construir este ou aquele tipo de negócio." Mas foi este livro que me mostrou tudo de um ângulo diferente, e me fez criar algo que se concentrava nos meus pontos fortes e no que funcionava para mim. Pensando em problemas que eu tinha resolvido para mim mesmo e que eu poderia resolver para os outros (e que eu gostaria de fazer!), tive a essência de uma ideia.

Eu costumava ser incrivelmente inseguro sexualmente, e sabia a dor que isso poderia trazer. Apavorado que o parceiro não fique feliz, que o rejeite, você não se sente confortável consigo mesmo. Consegui resolvê-lo depois de alguns anos, mas não encontrei nenhum recurso definitivo para ajudar nesta questão. Acabei percebendo que é algo contra o qual muitos homens lutam e que eu poderia auxiliá-los com isso também.

Então, testei um pouco as coisas, afinei a forma de como falar sobre isso — e em um projeto de teste tinha dezenas de pessoas se inscrevendo em 24 horas! Meses depois, ainda recebia mensagens de gente que vira o antigo post que escrevi sobre isso, em um fórum, dizendo que adoraria participar. A partir daí, coletei histórias de sucesso, vi em primeira mão como isso tem ajudado as pessoas e estou em uma ótima posição para construir um negócio completo.

Paul Richardson

Onde você está na sua ideia?

Não se trata apenas de uma boa ideia, trata-se de uma boa ideia para você. Quando você vê os investidores na televisão escolherem uma iniciativa, eles a selecionam dentre uma gama ampla de opções, porque o que eles trazem à mesa são seus anos de experiência em iniciar e ampliar negócios.

Ao começar o seu próprio negócio, você precisa trazer algo pessoal, e, geralmente, essa contribuição vai ser compreensiva. Entender significa realmente conseguir essa área ou as pessoas. Pode ter uma consciência intensa desse tema, movendo-se nesses círculos e sabendo como é estar no lugar do seu nicho de mercado. Pode, ainda, ter uma habilidade ou força-chave que você precise para fazer isso acontecer.

Às vezes, a compreensão vem da experiência direta na carreira. Quando a minha cliente Susan decidiu sair por conta própria, ela tirou da sua experiência de trabalho em relações públicas de bens de luxo para se estabelecer sozinha, ajudando as marcas do setor a construir o seu perfil e atingir mais pessoas. Começar num espaço semelhante à sua experiência é uma maneira simples e rápida de iniciar como seu próprio chefe (se você está com pressa de sair do seu trabalho, essa pode ser uma jogada inteligente!).

Muitos humanos livres trazem o entendimento baseado em sua experiência pessoal. Foi aí que Charlie, sobre quem você já leu antes, começou a desenvolver os acampamentos. A sua carreira até aquela data não tinha sido oficialmente "escrita" ou "motivadora" — mas essa compreensão em primeira mão do problema do seu nicho de mercado deu o start.

O que você traz?

Anote algumas ideias:

- Por que você teve essa ideia em primeiro lugar? (muitas vezes, uma grande pista está lá.)
- Qual é a sua experiência pessoal nessa área? Algum dos seus

antecedentes de trabalho lhe dá alguma perspectiva? Você já gastou dinheiro ou tempo para aprender sobre a área? Você já passou pelos problemas que seu público está enfrentando?

- Você já fez alguma parte disso em sua vida antes? Isso não tem de ser um trabalho pago; basta considerar se os amigos vêm agora mesmo pedir-lhe ajuda com esse tópico.
- Como é que a sua personalidade e os seus pontos fortes contribuem para essa ideia?
- Imagine o dia a dia dessa ideia. O que o anima nessa visão?

Você não precisa de uma resposta instantânea para cada uma dessas perguntas; elas são projetadas para fazer você pensar. Preste atenção extra aos dois últimos tópicos para verificar se você está nessa ideia e ela é realmente boa para você e não boa... para outra pessoa.

Pela probabilidade, quando você tem real interesse por uma ideia, você está lá em algum lugar. Se não, volte atrás e considere: o que você poderia mudar para tornar sua ideia mais você?

O que fazer e o que não fazer para descobrir se a sua ideia vai funcionar

Não faça: usar reality shows como *Dragons' Den* ou *Shark Tank* além dos lançamentos mais quentes como referência para o que funciona. Esses exemplos são citados porque são incomuns, não porque são a norma.

Faça: perceber que uma grande ideia nem sempre soa bem no papel (e uma ideia que é ótima no papel nem sempre é ótima na prática).

Faça: lembrar-se de que as pessoas não pagam por uma habilidade ou um traço de personalidade; elas pagam por resultados. Em vez de perguntar: "Como posso ser pago por essa característica?", pergunte: "Como essa característica pode ter valor para outra pessoa?"

Faça: perguntar-se: "Isto resolve um problema que está incomodando alguém o suficiente para que ele pague para resolvê-lo?"

Não faça: assumir que o que outra pessoa cobra por isso é o seu limite de cobrança pessoal.

Faça: realizar o teste dos cem:[8] crie uma regra que, se você gostar de uma ideia, você irá com ela até ganhar seus primeiros cem dólares. Então, pode revisá-la. Esta abordagem tira a pressão de pensar que tem de ser um compromisso para sempre, e permite que você descubra muito sobre a iniciativa. Além disso, você recebe o dinheiro.

Faça: pensar de forma inteligente. Se você sabe que as pessoas estão ganhando a vida com sua ideia, então não há necessidade de reinventar a roda; sua existência prova que os clientes estão pagando. Em vez disso, concentre-se em descobrir onde você está nesse processo e certifique-se de que a ideia está resolvendo um problema com o qual as pessoas se preocupam. Pense como um humano livre e adapte esses exercícios à sua situação. Há sempre uma lacuna no mercado para as pessoas que pensam de forma inteligente.

PERFIL *HUMANO LIVRE*

A HISTÓRIA DE SUSAN

DA IDEIA AO RENDIMENTO EM DEZ SEMANAS

Susan Sjölund teve uma carreira de grande sucesso fazendo relações públicas internas para uma designer de interiores. Mas, enquanto desfrutava do brilho e do glamour desse mundo, ela queria algo mais. Estava farta das viagens e de passar o verão presa no escritório:

> *Lembro-me daqueles dias no escritório... aqueles em que preferia espetar um garfo no olho do que fazer outro relatório ou ter que pensar em outra desculpa para estar dez minutos atrasada num dia em que não tinha nada urgente para fazer de qualquer maneira.*

Depois, Susan mudou-se de Nova York para Londres e aproveitou essa oportunidade para reestruturar também a sua vida profissional, bem como a sua localização. Susan sabia o estilo de vida que queria. Ela não queria mais trabalhar para outra pessoa; ela precisava estar no comando de onde, quando e como trabalhava.

Mas havia um problema: Susan não tinha ideia do que queria fazer. Tudo o que ela sabia era que, o que quer que escolhesse, tinha que gerar um rendimento para que pudesse comprar aquele casaco Burberry pelo qual se apaixonou na semana em que a conheci, em um café no Soho. "Ainda tenho que ser capaz de comprar coisas bonitas", disse ela. "Isso não é algo do qual eu posso desistir." (Essa pode ser a primeira mudança de vida inspirada num casaco.)

Para descobrir as coisas, Susan se inscreveu no meu programa de coaching, e, depois da primeira semana, fui atingida pela constatação de que tinha acabado de conhecer alguém que era um pacote maravilhoso de energia que faz as coisas acontecerem.

Em menos de dez semanas, Susan:

- descobriu o que ela queria fazer;
- lançou o seu novo negócio;
- conseguiu o seu primeiro grande cliente, o designer Nicky Haslam (a moça tinha um objetivo elevado!).

Para começar rapidamente a sua vida livre, tudo o que Susan precisava era de um *site*, que ela mesma criou no WordPress. Ela conseguiu uma amiga para desenhar um logotipo, escreveu ela mesma a cópia e pediu aos clientes imagens do seu trabalho. A partir daí, as coisas cresceram rapidamente: Susan enviou-me um *e-mail* para compartilhar que tinha faturado cerca de cinquenta mil dólares nos primeiros seis meses e as coisas só melhoraram depois.[9]

Perguntas e Respostas com Susan

Qual foi o momento em que descobriu o que queria fazer?
A melhor coisa que eu fiz foi o exercício em que você combina as coisas que ama com o que tem a oferecer — esse foi o momento do clique para mim! De repente as coisas começaram a encaixar.

Você acabou comprando aquele casaco?

Sim! Em outro dia, também comprei três bolsas do Jimmy Choo. A verde com alças em pele de cobra pagou toda a experiência quando Nicky disse logo na nossa primeira reunião: "Que bolsa linda." Uma moça tem que fazer o que uma moça tem que fazer!

Qual é o seu conselho para as pessoas que leem este livro?

Não subestime o medo. É assustador. Especialmente se vai fazê-lo sozinho. Mas se você acredita que existe um mercado para o seu produto ou serviço, a única maneira de saber se ele vai funcionar é ir em busca dele. Se não o fizer, essa vozinha irritante na sua cabeça irá dizer para sempre: "E se...?"

Susan não é mágica. Ela não tropeçou nas oportunidades por sorte. Ela era apenas inteligente, consciente de si mesma e determinada a dedicar tempo e energia para fazer uma mudança real.

Reflexões da Parte Três - seu ponto de partida

Chegou a hora de colocar todos os pensamentos juntos nesta seção. Este é o espaço para capturar as ideias que você tem mais vontade de levar adiante. Qual a carreira livre mais atraente para você neste momento?

____

____

Eu quero começar minha carreira livre oferecendo (faça um resumo da sua ideia):

____

____

Esta ideia me dará a liberdade de:
(por exemplo, ser pago para fazer o que amo, ter mais tempo, escolher onde trabalhar etc.)

____

Numa escala de 1-10 de quanto esta possibilidade vai mexer com a minha vida:

____

____

Que dica você pode usar do capítulo da Ideia Original para sua iniciativa livre ser mais única?

____

____

O que você encontrou na sua Mala de Vantagens? (capítulo 1)

____

____

Que tipo de negócio livre mais atraiu você? (capítulo 3)

____

____

Quais eram os seus recursos favoritos no pacote "Comece por menos de cem dólares"? (capítulo 5)

____

____

O que você aprendeu no Teste de Pagamento 1: o exercício de solução de problemas? (capítulo 6)

____

____

O que você fará para o Teste de Pagamento 2: seu primeiro projeto de teste? (capítulo 6)

____

____

> **Nota**: se você não tem certeza de qual carreira livre você quer levar adiante, não pare! Basta escrever o que você tem (ou o que lhe parece mais atraente) agora mesmo. Você pode sempre voltar e mudar as suas respostas conforme for descobrindo mais informações, adotando medidas e usando os recursos deste livro. Faça isso e depois leia.

PARABÉNS! Você chegou ao final da Parte 3. Agora, passaremos ao próximo passo, olhando para como os humanos livres vão de uma ideia a uma renda em tempo integral (de uma forma que deixe sua personalidade brilhar e seus sonhos se tornarem realidade).

Mas, antes disso, está na hora da minha parte favorita deste livro: "O Interlúdio".

Notas

1. Ciarallo, J. Vocus adquire Help a Reporter Out (HARO), *Adweek*, 10 jun. 2010. Disponível em: https://www.adweek.com/digital/vocus-acquires-help-a-reporter-out-haro.
2. Gartner, J. *The Hypomanic Edge: The link between (a little) craziness and (a lot of) success in America*. Nova York: Simon & Schuster, 2011.
3. Brin, S. e Page, L. The anatomy of a large-scale hypertextual web search engine, 1998. Disponível em: http://infolab.stanford.edu/~backrub/google.html;

   Mejia, Z. 8 facts you might not know about Google's early days, *CNBC*, 4 set 2018. Disponível em: https://www.cnbc.com/2018/09/04/8-surprising-facts-you-might-not-know-about-googles-early-days.html
4. Adams, S. Como obter uma verdadeira educação, *The Wall Street Jornal*, 9 abr. 2011. Disponível em: http://online.wsj.com/article/SB10001424052748704101604576247147143383496656.html
5. Disponível em: http://www.ted.com/speakers/dan_cobley.html
6. Depois de anos de aventuras na van ChocStar, Petra lançou um projeto diferente ao ar livre: KERB (que se tornou um enorme movimento alimentar de rua em Londres). Ela agora vive em Nova Orleans, na sua próxima aventura. Nunca se sabe para onde as coisas vão!
7. Como citado em Sanders, I. e Sloly, D. *Zoom: The faster way to make your business idea happen*. Londres: Financial Times/Prentice Hall, 2011.
8. Obrigada à Barbara Winter e à sua ideia de "100 dólares por hora" por inspirar essa dica!
9. Depois de vários anos gerindo esse negócio em particular e prosperando com ele, Susan expandiu-se para novos e excitantes projetos, incluindo a junção de forças com algumas novas *startups*, trabalhando em causas pelas quais era apaixonada, a mudança de países (duas vezes — a segunda vez com o marido e novos gêmeos!), e mais — tudo para dizer que nunca se sabe onde os primeiros passos da sua carreira livre a podem levar!

INTERLÚDIO

VERIFICAÇÃO DA REALIDADE LIVRE

Se você começar esta jornada, vai ouvir as pessoas dizerem para você ser realista sobre suas opções. Aquelas vozes podem ser bastante desinteressantes, por isso queria mostrar a você outra perspectiva antes de passarmos à forma de fazer a vida acontecer. Os próximos quatro capítulos não têm exercícios ou ações, apenas uma correria de razões pelas quais sim, isso é possível, e por que uma voz negativa não é necessariamente uma razão para desistir. Pegue uma xícara de chá, sente-se e desfrute de uma verificação da realidade livre.

07

Conheça as pessoas que não querem que você fuja da jaula da carreira

(ou: o exército bege desmascarado)

"Afaste-se das pessoas que tentam menosprezar as suas ambições. As pessoas pequenas fazem sempre isso, mas as grandes nos fazem sentir que também podemos nos tornar gigantes."

MARK TWAIN

A mensagem deste capítulo é realmente importante, mas é uma parte que pessoas (algumas que você e eu conhecemos) não vão querer que você leia.

Elas são do tipo que você encontra todos os dias (cuidado, há uma no escritório com você agora!). Elas preferem a tradição e a rotina à inovação e ao entusiasmo, e pensam que seu sonho de uma vida mais livre, mais realizada, é uma fantasia perigosa que deve ser anulada em breve.

Elas formam o exército bege, e têm mais impacto na sua vida do que você imagina.

O exército bege são os gerentes no escritório que não conseguem ver o quadro geral — preferem o um por cento negativo em vez de:

"Parabéns por lançar esse projeto que pode mudar o mundo, mas você não preencheu essa linha no formulário 30B."

Esta infantaria é estática, reprimida e apavorada com as mudanças, mas não é por isso que tenho um problema com eles. Afinal, cabe a eles como vivem as suas vidas. Eu só tenho um problema quando eles também querem que você seja assim.

Eles perambulam pelos corredores do seu bloco de escritórios (e, talvez, pelas suas reuniões familiares), julgando qualquer pessoa que faça algo fora da sua zona de conforto.

Se você for audacioso ao ponto de considerar uma opção (para si mesmo) que o exército bege acha desafiadora para as suas crenças, ele contrai os lábios e diz: "Tem certeza de que isso é sábio?" Ele franze as sobrancelhas e pergunta: "Por que você gostaria de fazer isso? Por que não arranja outro emprego?"

Já ouviu isso? Então, sabe que não é uma pergunta, é uma declaração. O que eles realmente querem dizer é:

> *Se você fizer essa coisa estranha, você vai cair e falhar e vai ser ridicularizado. Ninguém estará do seu lado e você acabará na sarjeta, miserável, desejando voltar para os dias em que você estava seguro aqui, seguro conosco nesta existência bege em que nada muda, nunca.*

É isso que o exército bege quer que você pense sempre que considerar fazer uma mudança fora da zona de conforto deles. Aventure-se a expressar uma perspectiva diferente, e, certo de sua visão de mundo, ele vai contrair os lábios com um pouco de zombaria presunçosa e dizer "sim, tudo bem, querida". E quase certamente ignorar você.

A verdade é que o exército bege é apenas um grupo de pessoas assustadas, mas falantes

Todos nós ficamos assustados com as nossas vidas:

- Somos nós a pessoa que imaginávamos ser?

- E se, afinal, minha realidade for tudo o que há para a vida?
- E se nos enganamos? E se fizermos bem?
- E se, afinal, não formos suficientemente bons?

Estas são perguntas assustadoras.

Se você se fez alguma destas perguntas — sentiu o medo e admitiu que estava assustado — então, você não é um membro do exército bege. Todos nós ficamos assustados, isso faz parte de sermos humanos; o que é realmente ruim é que o exército bege não se responsabiliza pelo medo deles.

A pessoa neste grupo não parece um animal aterrorizado, mas é. As suas críticas aos outros são a sua arma para enfrentar os seus próprios sentimentos. Ela está vivendo uma mentira: finge que está fazendo a coisa certa (na verdade, finge tanto que não se lembra mais que permanece fingindo). Tudo o que ela sabe é que se uma das pessoas diferentes dela vier ao seu território, ela fica exaltada. Qualquer alternativa é assustadora demais para que ela possa contemplar.

Tudo o que os membros do exército bege dizem é uma manifestação dos seus medos. Por exemplo:

- **Eles questionam o seu mérito**: o exército bege ouve falar da sua ideia para um blog e diz: "Como pode escrever sobre isso quando não tem um doutorado no assunto?" ou "Tem certeza de que é sensato começar sem reputação?".
- *Eles não se atrevem a fazer nada sem qualificações e permissão, porque nunca acreditaram em si mesmos (então, por que você deveria?).*
- **Eles criticam de fora sem se arriscar**: são os críticos (anônimos) virtuais que se rasgam em vinte livros sobre como começar um negócio, mas nunca têm coragem de dar o primeiro passo para um negócio.
- *Eles não ousam porque pensam que as pessoas serão tão duras e críticas em relação a eles como são em relação a outras pessoas.*
- **Eles o fazem se sentir pequeno e ingênuo**: são as pessoas que ouvem o seu plano, oferecem sorrisos amarelos e dizem:

"Entretanto, de volta ao planeta Terra." Ou vão bufar e falar: "Boa sorte com isso."

- *Eles o fazem se sentir pequeno, porque acreditar que existe qualquer outra possibilidade põe em questão as suas escolhas de vida; eles não suportam se sentir vulneráveis.*

Já teve notícias de alguém assim e se questionou como resultado? Você não está sozinho. Já vi pessoas no limite de fazer mudanças desistirem por causa dos medos de terceiros.

No entanto, pensar e agir dessa forma levou a pessoa bege até onde ela está agora. Então, pergunte-se: você quer estar no lugar dela? Quer o emprego, a atitude e a vida delas? Se assim for, siga o conselho do exército bege, porque é a maneira de chegar lá.

A maior arma do exército bege é a sua pretensão de que representa todos

Na sua visão do mundo, todos têm um emprego:

> *Você quer jogar fora a sua carreira e ser um hippie esquisito e falido? Todos sabem que é um mundo mau e difícil lá fora: a coisa mais sensata a fazer é ficar seguro e manter a cabeça baixa.*

Todos sabem disso.

Claro, nem todos pensam assim. Mas, como o exército bege é tão vocal e certo, você seria perdoado por pensar o contrário. É difícil fazer algo contra o que a maioria das pessoas faz e não ser estranho ou não muito normal, não é? É nesse desejo humano de aceitação e inclusão que o exército bege aposta para mantê-lo na linha.

Mas o exército bege não é o normal. São as pessoas tristes e reprimidas que vivem a vida quase sem sentir nada. Elas desligaram as suas emoções lá dentro e querem que você também o faça. Elas não são a maioria... são apenas barulhentas.

Então, vamos chamá-las pelo que elas são. Aquelas que afirmam: "Não é possível", "isso é um pouco estranho" ou "Por que você não arranja um emprego diferente?" não falam pela sociedade e não falam por você. Elas formam apenas um grupo — o exército bege — e estão morrendo de medo de conseguir tintas brilhantes e vivas no seu uniforme sem graça.

Como superar o exército bege (seu plano de batalha)

Uma vez que você os nomeou pelo que eles são ("exército bege", não "todos"), há três coisas que você pode fazer para impedi-los de seguir em frente:

1. Saiba que você não é um deles.

O exército bege é um grupo grande, principalmente, porque é muito bom em influenciar os outros, fazendo-os se sentir pequenos caso atuem de forma diferente. É fácil de ser tomado pela sua certeza, e até adotar as suas características.

Aqui está a diferença: se você age como um soldado bege, você vai se odiar um pouco por isso ("oh, meu Deus, eu me tornei um burocrata!"), enquanto ele se orgulha de ser mundano. Sempre que você reconhecer em si mesmo um momento de diferença de atitude, agarre-se a ele, porque almejar uma mudança é o seu escudo contra os ataques dele.

2. Seja humano

Seja entusiasta e cerque-se de pensadores livres. As demonstrações de paixão —falando com entusiasmo ou demonstrando emoção — são aterrorizantes para o exército bege. Ele vai rir e menosprezá-lo: "Muito bem, pode baixar esse tom?", "Ficando um pouco empolgado?".

No entanto, Brené Brown, uma professora que passou sua carreira pesquisando vulnerabilidade, coragem e vergonha em milhares de pessoas, ressalta:

Não se pode entorpecer a emoção de forma seletiva. Você não pode dizer: "Aqui está a vulnerabilidade, aqui está a vergonha, aqui está a desilusão. Não os quero sentir, por isso aqui está uma cerveja e um doce de banana." Você não pode reprimir aqueles ressentimentos sem entorpecer as outras emoções. Quando escondemos os ressentimentos, escondemos a alegria, a gratidão e a felicidade. E depois nos tornamos miseráveis e ficamos à procura de propósito e significado.[1]

Por isso, não ouça a chamada do exército bege para permanecer dormente. Em vez disso, encontre o seu grupo e passe mais tempo com ele. Mergulhe na sua escrita, nos seus acontecimentos, nas suas experiências; compartilhe a sua paixão e em breve deixará de ver o exército bege como normal, mas sim como um conjunto de criaturas estranhas de quem se deve ter pena.

3. Use a sua arma secreta

Aqui está a maior coisa que você pode fazer para lutar contra eles: nada. O exército bege é formado por pessoas impenetráveis que — em nome de evitar o desconforto — evitam sentimentos.

Uma pessoa bege é como uma rocha: nada a move, por isso não se preocupe. Não vale a pena tentar convertê-la. Apenas se desvie dela. (Então, quando você for bem, ela vai mudar de rumo e fingir que esteve ao seu lado o tempo todo.)

Estou enfrentando o exército bege, mas não estou interessado em vencê-lo. Não se trata de ganhar uma discussão ideológica com um grupo de pessoas aterrorizadas. Trata-se de contornar uma bolha grande, crítica e assustada no seu caminho para que você possa viver a sua própria vida.

Quando você estiver do outro lado, olhará para trás e pensará por que é que eles alguma vez tiveram poder sobre você. Então vai sorrir, virar as costas e caminhar para a sua vida real e colorida.

08

O QUE FAZER COM ESSAS RAZÕES DO NÃO

"Defenda suas limitações e, com certeza, elas serão suas."

RICHARD BACH

O mito do "não para pessoas como eu"

"Claro, estas histórias são boas, mas há muitas razões para eu não poder fazer isso. Eles tinham uma vantagem que eu não tenho — é bom sonhar, mas minha situação é diferente; eu tenho muitas razões para desistir."

Destruindo o mito

Ao escrever este livro, falei com alguns dos meus humanos livres favoritos que fugiram das suas carreiras para criar vidas com as quais a maioria das pessoas sonha. Ao mesmo tempo, também tenho falado cada vez mais com aqueles que querem desesperadamente fazer o mesmo, mas se sentem acorrentados.

É estupidamente simples o que separa os que conseguiram dos que ainda não conseguiram. Não é o dinheiro. Não é a idade. Não é uma estratégia inteligente que eles ainda não tenham ouvido.

É a atitude deles em relação ao não.

Na verdade, quero me dar um tapa por dizer isso. Que clichê! Você tem a atitude certa e vai conseguir?! Que monte de lixo. Exceto na parte em que é verdade. Maldita seja essa realidade.

Tenho falado com humanos livres de todas as origens: pessoas com ou sem filhos. Diplomados das melhores escolas do mundo e desistentes da universidade. Carreiras que abrangem todas as indústrias que você possa imaginar.

No papel, essas pessoas são muito diferentes umas das outras. Mas, quando se trata de lidar com as razões do não, você pode perceber as similaridades nas palavras:

Melissa Morgan: "Não saber o suficiente não é uma razão para não poder fazer isso. Eu não sabia nada sobre negócios quando comecei. Aprendi tudo sozinha. No mundo de hoje, ninguém pode dizer honestamente que não consegue encontrar informação."

Benny Lewis: "Qualquer desculpa que possa arranjar, alguém já conseguiu contornar. Você pode não ter talento natural, não importa — muitos idiotas fazem grandes coisas. Você pode ser tão pobre quanto possa imaginar — as pessoas também conseguem no mesmo cenário. Eu digo às pessoas para olharem para indivíduos como Helen Keller, uma mulher cega e surda no século XIX *que escreveu livros, falava várias línguas e conheceu dois presidentes — imagine o que ela teve que superar, e me diga como você pode inventar desculpas para não fazer algo?"*

Peter Shankman: "Sempre haverá uma razão pela qual você não pode fazer isso. Todos temos contas a pagar. Encontre formas de contornar as barreiras."

Por que isso é tão importante? Porque o inverso é debilitante. Corbett Barr, empresário da internet e podcaster, explica:

Há pessoas que procuram vantagens injustas quando ouvem falar da história de sucesso de alguém. Eles gostam de apontar conexões, dinheiro, talentos especiais e outras razões pelas quais o sucesso era possível [e] porque não conseguiam fazer a mesma coisa.

A procura de vantagens nas histórias de outras pessoas não tem razão de ser. Os opositores ignoram a perseverança e o incrível esforço que o herói em questão teve de trazer para a mesa. Eles ignoram os obstáculos superados na jornada.

Tentar desacreditar o sucesso dos outros diz muito sobre suas próprias chances de sucesso.[2]

Por que as vantagens de outra pessoa deveriam ser suas limitações?

Terceira via de vida livre

Em vez de se concentrar no que você não tem, faça o que todo ser humano livre faz e concentre-se em maximizar o que você possui (se você luta aqui, volte ao exercício Mala de Vantagens, no capítulo 10).

Além disso, adquira o hábito de escolher as semelhanças — e não as diferenças — com as pessoas das histórias de sucesso. Escolha um caso que você ache atraente. Que similaridades você tem com essa pessoa? Sem "mas", apenas faça esta lista.

Imagine essa mesma pessoa antes da mudança. Que desculpas poderia ter usado para que a mudança não fosse possível? Lembre-se: eles não sabiam que iria funcionar quando começaram, então que razões poderiam ter encontrado para provar que estavam em desvantagem?

Tome consciência de que, quando você faz aquela coisa impossível que você não podia fazer antes, as pessoas vão escolher pelo menos um item da sua lista de vantagens acima e dizer: “Oh, claro que eles fizeram acontecer, eles tinham aquela coisa, então foi muito fácil.”

Depois de se refazer do choque, você saberá que isso não era verdade. Vai saber que ainda ultrapassou obstáculos e trabalhou muito para isso. Exatamente como qualquer outra pessoa que tenha feito algo fora do comum.

Não importa o quanto aprendamos, sempre haverá uma razão para não aprender. Como você lida com suas razões do não é o maior indicador de onde você estará no futuro.

O que fazer e o que não fazer no início (na sua idade)

Não faça: acreditar naquela voz interior que lhe diz que você é “muito velho” (ou “muito jovem”) para fazer isso. A verdade é que as pessoas de todas as idades pensam que ou são muito jovens ou muito velhas. Não há uma idade perfeita: só o agora.

Faça: perceber que pode usar a sua idade em seu benefício. Se você é mais velho do que a média, irá se sentir mais experiente, mesmo que seja novo em um campo. Então use isso. Se você é mais jovem, as pessoas tendem a assumir que você tem uma perspectiva fresca e afiada – sinta-se livre para brincar com isso.

Não faça: esperar que outras pessoas o aceitem até que você mesmo se aceite. A maior barreira com a idade, no mundo livre, é quando você se sente desconfortável com este número e não coloca em prática estratégias para que sua experiência funcione para você. Fique à vontade com a sua idade para que as percepções das outras pessoas possam ser seguidas.

Faça: lembrar-se das palavras de Julia Cameron em The Artist’s Way: “Você sabe quantos anos terá quando aprender a tocar piano? A mesma idade que você terá se não tiver aprendido.”

Miniestudo de caso

Aos quarenta anos, decidi que queria uma mudança na rotina de burro de carga do escritório. Então, numa manhã, a caminho do trabalho, vi alguém trabalhando no nosso parque local e pensei: isso parece bom, também quero.

Resumindo: depois de oito meses incomodando a Câmara Municipal local para me contratar, deram-me um emprego (na esperança de que isso me matasse, eu acho). Eu usava argamassa quente e o meu trabalho era desenterrar os remendos da estrada que precisavam de reparo, depois atirá-los para a parte de trás do caminhão e inserir neles a mistura quente. Trabalho muito duro fisicamente, ainda mais porque eu tinha apenas cinquenta quilos. No final do dia, podia chegar em casa, comer e ir para a cama. As mulheres não faziam esse tipo de trabalho naquela época, então eu também era um pouco pioneira.

Mas adorei, e fiquei em forma. Após cerca de um ano decidi ser instrutora de fitness, então me qualifiquei e trabalhei minhas próprias horas nas academias, o que levou a me interessar pelas pessoas e como operam. Virei life coaching, o que faço agora.

Hoje, já com mais de sessenta anos, tudo parece muito antigo, mas acredite em você. Sou uma ávida ciclista e corredora e tenho uma relação fantástica de 25 anos. Nós viajamos e trabalhamos pela Austrália, fazendo o que amamos e nos divertindo. Eu recentemente adquiri minha qualificação de praticante de PNL e amo aprender. Quero que outras pessoas percebam que podem fazer qualquer coisa, independentemente da idade.

Joan Bell, Austrália

09

ESPERE, E SE EU NÃO FOR UM EMPRESÁRIO DE CABELOS BRILHANTES E SEMPRE CONFIANTE?

Este capítulo é um pouco diferente. Mas é um assunto que eu acho que precisamos falar, porque algo pode surgir aqui — mesmo para pessoas que já são confiantes.

É um momento, depois das histórias serem postas de lado e das luzes se apagarem, quando aquela vozinha sussurra: "Mas, realmente, isso pode funcionar *comigo*? Para o tipo de pessoa complexa e real que eu sou..." Alguns têm isso como dúvida, enquanto meus colegas superadores podem ter isso como certeza, sempre descartando ideias por não estarem certos o suficiente... ou por não terem tempo para agir.

E há uma razão para isso: às vezes, as histórias de sucesso podem parecer um pouco... brilhantes. Certo? Vemos pessoas confiantes que têm partindo para o pôr do sol com os seus acessórios perfeitos a reboque.

Mas não vemos o que está debaixo da superfície. Por isso, aqui quero tocar as coisas de forma diferente e mostrar um pedaço disso.

No dia em que deixei o meu emprego, não saía em uma chama de glória idealista. Em vez disso, estava partida.

Imediatamente atingimos o problema com histórias: as brilhantes e simples são as mais tentadoras de contar. Parte de mim, a da contadora de histórias, quer lhe contar a história daquele dia sozinha — aquele em que eu tinha machucado as costas ajudando com um evento de trabalho e meu chefe não me deixava ir para casa. Como escrevi uma carta de demissão ali, coloquei-a na sua mesa e saí para a luz do sol, para nunca mais voltar a trabalhar num escritório.

E isso seria brilhante. E seria verdade.

Mas a realidade mais profunda é o que eu vinha construindo havia algum tempo, pois eu já fingia tranquilidade para mim mesma fazia anos. A minha saída influenciou todas as decisões de negócios que tomei na última década.

No meu primeiro trabalho, fiquei sufocada com o escritório em plano aberto. Era como um engarrafamento no meu cérebro todos os dias e o meu batimento cardíaco subia a níveis loucos. Eu fugia para sentar na escadaria para evitar que eu desmaiasse, e à noite chorava por nenhuma razão que eu pudesse entender.

Reparei no modo como perderia dias da minha vida numa altura em que não conseguia sentir nada — e tinha medo de sair de casa porque estava tudo tão barulhento lá fora.

Ninguém sabia, é claro. Parecia tudo tão... *bobo*. As pessoas não adivinharam porque eu era muito brilhante o resto do tempo. Não falei sobre isso — em parte porque não sabia que havia um nome para isso. Era normal chorar no chão do banheiro sem razão alguma de vez em quando, não era? Era normal ter dias em que você não sentia nada e tudo ao mesmo tempo (quando você se agarraria ao chão porque, se não o fizesse, você sentiria que poderia cair da Terra)?

Hoje sei que já vivia com depressão e ansiedade havia muito tempo. Não consigo pensar numa única parte da minha vida que elas não tenham tocado, mesmo antes de eu saber o que era. Pior ainda era no meu trabalho.

Isso não só me levou a sair daquele mundo da jaula da carreira, como também me informou como as coisas se encaixavam.

Sabe, eu não deixei o meu emprego com a intenção de dominar o mundo. Deixei meu emprego para criar uma vida e uma renda de uma forma que funcionasse para quem eu era.

Mas isso era diferente do que os livros de negócios que eu estava lendo falavam.

Então, eu me perguntei: como eu poderia criar uma carreira personalizada e um estilo de vida e de renda de baixo para cima? Resumindo: essa é a origem do movimento livre sobre o qual você está lendo neste livro.

Aqui está o que isso significa para você.

Pensamento livre (sob a superfície)

Quer você ache ou não familiar o acima mencionado, o que todo humano livre bem-sucedido tem feito é projetar sua ideia para acomodar a personalidade ou as circunstâncias únicas. Eles não se contorceram para caber na caixa de outra pessoa.

O problema é que raramente se vê de fora.

De fora pode parecer que cada campo, cada ideia, cada tipo de negócio tem uma certa forma de ser realizado. Não consigo contar quantas vezes ouvi alguém dizer: "Bem, se é assim que aquela pessoa importante faz as coisas, também tenho de fazê-las dessa maneira." Mas considere o seguinte: e se este método fosse realmente uma alternativa? Algo que eles inventaram para trabalhar pelas suas circunstâncias ou pela sua personalidade?

Aqui está um exemplo.

Hoje, tenho a política de nunca gerir algo sozinha. Em parte porque eu gosto de tirar ideias das pessoas, mas, principalmente, porque eu quero ter a certeza de que estou coberta em todas as frentes, caso a minha mente não esteja no jogo em alguns dias. No entanto, esse trabalho logo se tornou parte da minha vantagem. Aprendi rapidamente a aproveitar os pontos fortes dos outros e a escolher os melhores especialistas para estar ao meu lado, até por isso, os meus clientes acabam por obter mais valor e o nosso trabalho fica ainda melhor! Além disso, a minha fama se espalhou muito por causa dessas colaborações.

Para ser claro, uma pessoa sozinha, sempre colaborando, não era o plano quando eu comecei! Mas o problema é o seguinte. Desde então, tive várias pessoas dizendo: "Oh, eu gostaria de fazer algo como você... mas eu não gosto de colaborar como você!" — sem perceber que eles estavam olhando para o meu trabalho pessoal, e fazendo disso um requisito para que eles fizessem uma ideia.

Então, você vê as pessoas fazendo coisas de uma maneira diferente da sua— pausa por um momento. Você pode ter pensado que estava olhando para a forma como as coisas têm de ser para um negócio assim, mas considere que pode estar olhando para o trabalho de alguém...

Se essa pessoa tem um perfil bom o suficiente, logo essa forma de fazer as coisas pode parecer a norma.

Isso não significa que tem de ser a norma para você.

Vida livre não é uma fórmula de tamanho único

A minha vida livre tem muitas soluções personalizadas que você pode não adivinhar de fora: onde eu trabalho no dia a dia, como fica o meu ano.

Eu criei meu primeiro curso on-line não porque foi o que um guru anônimo disse para fazer, mas porque era uma forma de me concentrar no meu melhor, para poder alcançar as pessoas nos momentos em que eu não estava. Eu sei que o meu maior ativo — o meu cérebro e o meu ser — pode estar fortemente ligado, mas também fortemente desligado. Às vezes, penso com extrema rapidez e clareza — outras vezes, o nevoeiro surge (também tenho momentos em que estou profundamente metida numa parte de um tópico e outros em que estou focada em outro). Em vez de me repreender por isso ou fingir que as coisas não são reais, tenho coisas realistas e ajustáveis para trabalhar com isso.

Se eu tivesse seguido a multidão, não estaria fazendo o meu trabalho livre.

A moral é esta. Você não tem de copiar outra pessoa. Você pode analisar o trabalho alheio sem atestar que você não pode fazer o mesmo. A sua energia é melhor gasta fazendo escolhas de design que se adaptem às suas circunstâncias.

Este relato é meu, mas não é só meu. Muitas vezes há mais do que a história brilhante que se vê à primeira vista. Mais importante ainda são as carreiras livres de sucesso criadas nos próprios termos de cada um.

Jo Gifford dirige um próspero negócio *virtual*, com programas de marketing e branding que fazem sucesso ao redor do mundo. Um sopro de ar fresco no que normalmente é um campo de fórmulas, Jo é brilhante, engraçada, inteligente e obtém ótimos resultados. "Cabelo brilhante e sempre confiante", certo?

Bem, arranhe a superfície e você verá que ela vive com *três* doenças crônicas (e duas crianças pequenas) e controla tudo do seu sofá (pois é disso que seu corpo precisa para funcionar). Jo explica:

> *Eu sou uma feiticeira para toda a vida. Eu só queria continuar com as coisas, então passei muito tempo tentando empurrar tudo isso para baixo e para fora da vista. Eu continuava tentando me encaixar na forma como todos deveriam fazer as coisas — como bater papo com os clientes e estar de plantão. Então, bati numa parede e percebi que não poderia crescer mais sem ser realista sobre quem eu era.*
>
> *Foi quando me deparei com este livro — engoli-o numa tarde e fiquei pensando: "Claro, claro que você pode desenhar algo que lhe sirva." Quanto mais eu admirava o mundo livre, mais eu pensava: "Diabos, sim, eu podia fazer as coisas à minha maneira!."*

Então, Jo retomou contato com quem trabalhara, começou uma marca nova com uma maneira inédita de trabalhar, e hoje está melhor do que antes — com uma estrutura de trabalho que se encaixa com quem ela é:

> *Eu administro minha saúde e meus compromissos familiares com muito mais flexibilidade e sucesso, aumentei minha renda e fui capaz de fazer projetos de paixão ao lado do meu ganha pão — essencialmente, estou prosperando fora da caixa.*

Miniestudo de caso

Sou um verdadeira introvertida e preciso de muito espaço para estar no meu melhor. Falar ao telefone ou estar em reuniões o dia todo me desgasta. Eu podia fingir que isso não era verdade, mas não seria eu.

Assim, eu me tornei real e montei as coisas nos meus termos. Criei condições de trabalho onde controlo as minhas horas e a forma como trabalho com os clientes. Os meus dias começam às dez da manhã; verifico e-mail por volta das quinze horas. Caso haja, qualquer chamada só ocorre depois desta checagem — é aí que eu fico social. Eu nunca faço atendimento às quartas-feiras — esse é o meu dia!

Alguém me disse uma vez: "Se você se tornar isso, não terá clientes!" Bem, adivinhe? Estou assim há dez anos, e isso não é verdade. Tenho ótimas relações com eles, porque estabeleci uma forma de trabalhar que me permite estar no meu melhor no momento certo.

Jenn Hume

Essas histórias sob a superfície estão por todo o lado quando se começa a procurar. Lembra-se do Peter Shankman? Ele atribui muito do seu sucesso empresarial (em todos os seus empreendimentos) à TDAH: o que também tem sido o seu maior calcanhar de Aquiles.

Para outros, é menos sobre saúde mental ou física e mais sobre circunstâncias de vida difíceis. Ou, simplesmente, um traço de personalidade.

Embora as pessoas nas histórias possam parecer confiantes, e este sentimento seja, muitas vezes, real, não se esqueça: este nem sempre é o quadro completo. A liberdade profissional não é sobre pessoas perfeitas fazendo coisas perfeitas, é sobre humanos reais fazendo o que podem com o que têm. Haverá rupturas e problemas familiares, altos e baixos, eventos globais e perdas e, em meio a tudo isso, um trabalho a ser feito.

Porque estou abordando este ponto no meio do livro? Porque é importante. Porque, sem demarcar essas histórias, é difícil ver o lado humano, especialmente, o quanto a engenharia foi moldando ideias para se adequarem às pessoas sobre as quais você leu. Percebendo o lado humano dos outros é que podemos começar uma carreira mais humana e mais livre.

A mensagem é: não procure o projeto de outra pessoa. Desenhe o seu para se adaptar às suas circunstâncias particulares. Aperte à medida que você for evoluindo, mas mantenha sempre a sua essência.

Acima de tudo, não desça à velha maneira de pensar, em que uma ideia ou um negócio lhe diz quem você deve ser — daqui em diante, você é um humano livre, e não um escravo.

> Alguma parte o fez pensar em ideias que pode ter ignorado por causa da maneira que vê outras pessoas as utilizando? Ou sobre como você pode tornar uma ideia ainda mais você? Quando esses pensamentos aparecerem, volte ao último exercício (no fim da Parte 3) e ajuste suas respostas conforme necessário!

PERFIL *HUMANO LIVRE*

A HISTÓRIA DE JON

COMO DEIXAR SEU EMPREGO, MUDAR-SE PARA O PARAÍSO E SER PAGO PARA TRANSFORMAR O MUNDO

Mais uma história para você antes de passarmos para o lado prático da Parte 4!

Este é um capítulo contado por Jon Morrow, blogueiro em tempo integral e humano livre. Ele tem uma história que eu acho que você precisa ouvir. O que quer que tenha planejado para os próximos minutos, deixe para depois e leia isto. Sério.

A história de Jon

É divertido sonhar com o seu blog ou sua ideia de negócio decolando e mudando a sua vida, mas, às vezes, perguntamo-nos se é apenas isto: um sonho. E, no mundo real, eles nunca se tornam realidade.

Certo?

Bem, deixe eu contar uma pequena história...

Foi assim que deixei o meu emprego

Em abril de 2006, fui acertado em cheio por um carro que estava a quase 140 quilômetros por hora.

Não o vi chegar, e não me lembro muito do acidente, mas me recordo de ter sido retirado da minha minivan com a camisa em chamas. A parte da frente do carro fora arrancada, a gasolina estava por toda parte, e minhas pernas estavam quebradas em catorze lugares.

Durante os três meses seguintes, não tive mais nada para fazer senão suportar a dor e pensar na minha vida. Lembrei da minha infância e dos meus sonhos. Refleti sobre a minha carreira.

No geral, decidi que não gostava da forma como as coisas estavam se encaminhando.

Por isso, parei.

Ao ouvir falar da minha situação, um amigo me ligou e me perguntou: "Bem, o que vai fazer agora?"

"Não sei", respondi. "Talvez começar um blog."

E foi isso que eu fiz.

Durante os três meses seguintes, não me limitei a navegar pela internet, dediquei-me de verdade ao assunto. Comecei a trabalhar das oito da manhã até as onze da noite. Eu não via televisão. Eu não via os meus amigos. Eu trabalhava durante quase 24 horas por dia, lendo e me conectando com outros blogueiros.

Em dois meses, já estava recebendo dois mil visitantes por dia em minha página, e fui indicado para o melhor blog de negócios do ano. Alguns meses depois, Brian Clark me pediu para ser o editor associado do Copyblogger, e então eu me vendi por cinco dígitos e fui trabalhar em um dos blogs mais populares do mundo.

E, surpreendentemente, isso é apenas o começo da história.

Como eu me mudei para o paraíso

Você já acordou um dia e percebeu que despreza secretamente tudo sobre o lugar onde vive? O tempo está horrível. Os seus vizinhos são uns idiotas. Você não gosta de convidar alguém para a sua casa porque é sempre um suplício e você tem vergonha de como fica.

Bem, foi exatamente isso que me aconteceu. Em janeiro, eu estava sentado no meu apartamento patético, envolto em cobertores para me manter aquecido, tentando fazer algum trabalho no computador, quando me pareceu como tudo era estúpido.

Eu era um blogueiro em tempo integral, pelo amor de Deus. Eu podia fazer o meu trabalho de qualquer parte do mundo. Por que diabos eu estava vivendo naquele buraco infernal?

O único problema era que eu não fazia ideia para onde ir. Mas, algumas semanas depois, o telefone tocou e era um amigo que tinha se mudado para Mazatlán, no México. Como sempre, ele se alegrava falando do clima e da comida. E, em vez de apenas invejar isso, parei e disse: "Não, não me diga mais nada. Vou me mudar para aí."

"O quê? Quando?", gaguejou ele.

"Não sei exatamente quando, mas vou começar o projeto agora mesmo".

Dois meses depois, fiz uma viagem de uma semana para procurar lugares para morar. Quando voltei, comecei a vender todas as minhas coisas, a arrumar o resto e a dizer adeus aos amigos.

Quase um ano depois do famoso telefonema, entrei no carro e dirigi apenas 5 mil quilômetros até o meu novo condomínio na praia, no melhor resort de Mazatlán.

Enquanto escrevo isto, estou sentado na minha varanda com o meu laptop, vendo (sério) golfinhos saltando no Pacífico. Está um dia ensolarado, há uma brisa agradável e estou pensando em pedir uma piña colada no restaurante aqui perto.

Sorte a minha, certo?

Bem, o que pode surpreendê-lo é que eu deixei de fora um pedaço da história: eu tenho uma doença fatal. Não consigo me mexer do pescoço para baixo, e, mesmo assim, sou pago para ajudar as pessoas. Vamos falar sobre essa parte a seguir.

Como eu sou pago para mudar o mundo

Sabe o que é engraçado?

A pior parte de ter AME (atrofia muscular espinhal) não é como todos o tratam como um caso de caridade. Não é frustração, raiva ou depressão.

A pior parte são as malditas contas. Os médicos. Os remédios. As enfermeiras.

Somei tudo e o custo total para me manter vivo, nos Estados Unidos, era de 127 mil dólares por ano. Isso não é aluguel. Isso não é comida.

Isso são apenas despesas médicas.

É verdade, eu não precisava pagar tudo isso. Eu tinha seguro privado, Medicaid, outros programas de ajuda governamental, mas todo esse apoio tem um preço: eles controlam você. O governo me destinou apenas setecentos dólares por mês para viver, e eu necessitava gastar cada centavo acima disso em despesas médicas ou eles me cortariam o dinheiro.

Então, durante anos, era o que eu fazia. Se eu ganhava cinco mil dólares num mês, reservava setecentos para despesas gerais, e gastava os outros 4.300 dólares em despesas médicas. Não sobrava um centavo. Nunca.

E acabei por me fartar disso.

Eu queria ganhar dinheiro sem ter de me preocupar em perder os meus cuidados de saúde. Eu queria tomar conta da minha família em vez deles terem sempre que tomar conta de mim. Eu queria viver num lugar agradável, não num apartamento pequeno construído para pessoas abaixo da linha da pobreza.

O único problema era que não era possível para mim nos Estados Unidos.

Não importava como jogasse com os números, não conseguia fazer com que funcionasse. Então, eu fiz uma loucura: deixei a Medicaid. Mudei-me para o México. Parei de me preocupar comigo mesmo e comecei um negócio baseado em uma simples ideia: ajudar as pessoas.

Encontrei escritores que queriam um mentor e os treinei. Encontrei empresas que queriam ganhar dinheiro com as redes sociais e desenvolvi a sua estratégia virtual.

Em troca, eles me pagavam o que podiam. Algumas pessoas me

davam cinquenta dólares por hora e outras, trezentos, mas eu os tratava da mesma forma e me dedicava a tornar seus sonhos realidade.

Os resultados?

Em dois meses, eu estava ganhando dinheiro tão rápido que o PayPal fechou minha conta sob suspeita de atividade fraudulenta. Hoje, não só estou fazendo mais do que o suficiente para cuidar de mim mesmo, mas há alguns meses fiquei nervoso e comprei um carro para o meu pai.

Compreende como isso é precioso? Para um tipo que não consegue mexer-se do pescoço para baixo comprar um carro para o pai?

E a melhor parte é que não estou ganhando dinheiro fazendo uma porcaria sem sentido. Estou mudando a vida das pessoas.

Todos os dias, recebo e-mails de leitores que dizem que minhas mensagens mudaram o pensamento deles. Todos os dias, recebo e-mails de alunos que dizem que os meus conselhos mudaram a sua escrita. Todos os dias, recebo e-mails de clientes que dizem que minhas estratégias mudaram a maneira como eles fazem negócios.

Não posso acreditar nisso. Normalmente, um cara como eu estaria definhando em algum lugar em um asilo, assistindo à televisão e esperando para morrer. Contudo, aqui estou eu falando em um microfone e, essencialmente, sendo pago para mudar o mundo. Se os meus dedos funcionassem, beliscaria a mim mesmo.

E é o seguinte: não o quero só para mim. Eu também o quero para você.

A razão por que lhe contei toda esta história não foi para me gabar, mas para o convencer de um ponto indiscutível:

Você pode fazer isso!

Quer deixar o seu emprego e se tornar um blogueiro profissional? Você pode.

Você quer viajar pelo mundo, vivendo a vida ao máximo? Você pode.

Você quer dedicar cada hora para ajudar as pessoas e fazer do mundo um lugar melhor?

Você pode.

Porque escute... Eu sei que é um clichê horrível, mas, se eu posso deixar meu emprego, arriscar que o governo me leve para um lar de idosos porque eu não posso pagar meus próprios cuidados de saúde, convencer a coitada da minha mãe a abandonar sua carreira e levar meu traseiro aleijado para um país estrangeiro a cinco mil quilômetros de distância e, então, ganhar dinheiro suficiente para sustentar minha mãe, meu pai e todo um pessoal de enfermagem usando nada além da minha voz, o que você pode conseguir se você realmente se dedicar a isso?

O meu palpite: quase tudo.

Não, não vai ser fácil. Em certa altura, garanto que você vai querer desistir. Também garanto que as pessoas vão tratá-lo como se fosse louco. Por último, garanto que você vai chorar até adormecer, pensando se cometeu um erro horrível.

Mas nunca deixe de acreditar em si mesmo. O mundo está cheio de opositores, todos eles ansiosos para lhe gritar ao menor sinal de que você pode transcender a mediocridade. O maior pecado que você pode cometer é se permitir ser um deles. O nosso trabalho não é se juntar a esse grupo, mas silenciá-lo, realizar coisas tão grandes e inimagináveis que os seus membros ficarão assustados demais para falar.

Você pode fazer isso.

Eu acredito em você.

Então comece.

Agora mesmo.

Este artigo apareceu ,originalmente, de forma mais longa em www.problogger.com.[3] *Muito obrigado a Darren Rowse, do Problogger, e Jon Morrow pela permissão para compartilhá-lo aqui.*

NOTAS

1. Brené Brown. The power of vulnerability. Disponível em: https://www.ted.com/talks/ brene_brown_on_vulnerability
2. Corbett Barr. Do You Turn Advantages into Limitations? Disponível em: http://www.corbettbarr.com/advantages-into-limitations
3. How to quit your job, move to paradise, and get paid to change the world. Disponível em: https://problogger.com/how-to-quit--your-job-move-to-paradise-and-get-paid-to-change-the-world

PARTE QUATRO

CONSTRUINDO O SEU PLANO DE FUGA LIVRE

01

GANHAR A VIDA SEM UM ESCRITÓRIO (OU UM CHEFE)

"A ambição louca requer uma radicalidade prática. Caso contrário, é apenas... uma loucura."

DANIELLE LA PORTE

Até este momento, você passou por um curso intensivo de pensamento como um humano livre: você aprendeu a descobrir o que você quer, destruiu os mitos e percebeu o que precisa (e o que você não precisa). Chegou a hora de ver o que é preciso para sair do buraco de verdade.

Quando decidi lançar a minha própria coisa, entrei numa livraria e comprei um livro sobre um edifício de negócios (sim, na época eles tinham livrarias de verdade). Não me lembro do nome do livro porque nunca acabei de lê-lo.

Era vermelho, em um tamanho ótimo, tudo sobre os passos que você precisa para lançar seu empreendimento em vinte semanas. Ou algo assim. Só me lembro de ter parado porque era avassalador. E assustador. Ah, e chato.

Caramba, como aquele livro era chato.

Primeiro, nunca pensei que queria um negócio. Eu queria ganhar a vida nos meus próprios termos, sem um escritório ou um chefe. E, sim, isso significava trabalhar por conta própria, mas eu não tinha me metido nisso porque adorava a ideia de ser um (voz profunda) dono de negócio. Eu queria uma vida boa, sabe? Um lugar onde eu pudesse dormir e não ter de pedir permissão para viajar em férias, e onde tenho que fazer muitas coisas que adoro. De alguma forma, aquele livro (e os outros que estavam nas prateleiras à sua volta) esqueceu-se de nós. Nada ali dentro era sobre a razão de eu querer fazer essa mudança ou sobre a vida que estava destinada a vir depois do trabalho.

O livro fez parecer que o lançamento de um negócio era algo de outro mundo. Um que eu prefiro pôr de lado e deixar para mais tarde.

Só quando comecei é que percebi algo profundo: o passo a passo apresentado pelas obras convencionais do gênero não é sobre a construção de um negócio. A maioria diz, sim, como construir uma concha de negócio.

Eu lia coisas como: Passo 1, escolher um nome; Passo 2, registrar-se e preencher a papelada; Passo 3, criar um logotipo.

Está bem. Você pode seguir essas orientações e ter algo que parece ser um bom negócio profissional. E a parte que não está trazendo dinheiro? A parte em que se aprende a fazer as coisas de uma forma mais inteligente e que a maioria dos freelancers tem dificuldades? Oh, você pode aprender isso mais tarde. Não me admira que as pessoas pensem que ganhar dinheiro sozinhas é um mistério.

Então, lá estava eu, sentada com uma pilha de livros que me fazia querer dormir (ou entrar em pânico), um monte de coisas que eu achava que deveria estar fazendo, e um monte de "argh" sempre que eu tentava descobrir com qual deles começar. E ainda sem uma pista sequer de como isso traria um dinheiro bom e consistente.

O que eu sei agora

Nessa altura, a minha visão de negócio era o que agora chamo de negócio à moda antiga. A diferença entre o estilo de negócio velho e novo é algo que você vai descobrir no resto deste livro.

Se você está à procura da liberdade de ganhar a vida sozinho, mas se sente um pouco inseguro com todo este mal-estar de construção de negócios, garanto que está pensando em negócios no estilo antigo. No entanto, é modelo novo de "quebre as regras e torne esse negócio seu" que vamos explorar aqui.

Mas como é que eu vou pagar as contas?

Esta pergunta me dá arrepios.

Imagine que você está prestes a entrar num avião com um piloto aprendiz. Você já sabe que o pouso pode ser um pouco mais acidentado do que o normal; claro, isso é de se esperar. No entanto, a única pergunta que não quer ouvir dele é: como posso fazer o avião ficar no ar?

Isso é o mesmo que um humano livre iniciante perguntar sobre o pagamento das contas. Essas são questões muito boas, sim, mas ambas têm um tom de fé que é o melhor que se pode esperar. Elas sugerem que pagar as contas e, de alguma forma, apenas não cair é tudo o que se pode esperar.

Se é só isso que você quer, leia um guia de iniciação de fórmulas ou vá a uma aula noturna em uma faculdade local. Há muitas maneiras de lançar algo médio. Mas não é sobre isso de que estamos falando.

A liberdade profissional tem a ver com a criação da sua vida definitiva. Alcançar seu potencial máximo, construir aquele momento de magia que você tem a oferecer e criar uma renda satisfatória. Liberdade, realização e uma renda grande. Sem compromissos.

Vamos ser realistas aqui

As coisas que vai ler aqui funcionam. Mas serão um problema se você apenas passar pelas emoções. Destacar-se, obter reputação, transformar uma ideia em renda, esse não é um truque inteligente. Eu sei que pode parecer fofo, mas a verdade é que não se pode fingir isso. Você não pode ser bege. Cada vez que alguém tenta fingir e toma uma decisão de negócios não autêntica para ganhar um dólar rápido, essa decisão se contra-ataca.

Você está entrando nisso por uma razão: pela vida que quer e para se sentir bem com o que faz, todos os dias. Posso lhe dar as técnicas para ajudá-lo, mas há um grande papel a desempenhar.

No fim do dia, você não está construindo um negócio, você está criando uma vida. Topa?

02

POR QUE VOCÊ NÃO PRECISA DE UM PLANO DE NEGÓCIOS (OU UM MBA)

"Nada será tentado se todas as objeções possíveis tiverem de ser ultrapassadas primeiro."

SAMUEL JOHNSON

O primeiro passo para trabalhar por si próprio é, muitas vezes, assumido como ficar sozinho numa sala e escrever um plano de negócios extenso. Eis por que você devia fazer exatamente o oposto.

O mito da "pesquisa"

"Antes de começar, preciso passar meses pesquisando e escrevendo um plano de negócios detalhado."

Destruindo o mito

Na sua fase, a maior parte do planejamento é mesmo um palpite.

A menos que você seja um cartomante, o planejamento de negócios a longo prazo é uma fantasia.
Há fatores demais que estão fora do seu alcance. Porque não chamamos de planos o que eles realmente são: palpites. Comece a referir-se aos seus planos de negócio como suposições de negócio, os seus planos financeiros como suposições financeiras e os seus planos estratégicos como suposições estratégicas...

O timing dos planos de longo alcance também está errado. Você tem mais informação quando está fazendo algo, não antes de tê-lo feito. No entanto, quando você escreve um plano? Normalmente, antes mesmo de ter começado. Esse é o pior momento para tomar uma decisão.

Jason Fried e David Heinemeier Hansson, fundadores da Basecamp e autores da ReWork.[1]

Isso se aplica em dobro para negócios livres. O principal objetivo de um plano de negócios é ajudá-lo a angariar fundos, convencendo outra pessoa de que a sua ideia tem potencial. Mas, como um humano livre, você não está procurando financiamento — você está começando pequeno, então a única coisa que importa são os resultados do mundo real.

Em outras palavras: você não precisa de um plano de negócios extenso. Sim, você deve ter uma boa ideia para onde vai. Mas pode fazer isso na parte de trás de um descanso de copo num bar.

Na verdade, passar meses mexendo num plano de negócios tradicional pode atrasá-lo, e muito. Uma vez ouvi uma entrevista com um tal de Andrew, cuja primeira aventura falhou. Quando lhe perguntaram por que, ele disse:

O maior erro que cometemos foi estarmos completamente sobrecarregados com essa visão do que eu queria que fosse, e levar dez meses para construir o produto, ao mesmo tempo em que fazíamos suposições sobre o que as pessoas querem. Você é burro demais

> *para perceber se a sua ideia é boa. Deixe a massa decidir. Então, construa essa coisa muito pequena e leve lá para fora.*[2]

Esse cara foi Andrew Mason, fundador do Groupon, um dos maiores sucessos empresariais da década. Acima está o motivo pela qual a sua primeira aventura não deu certo... e o Groupon, sim.

O que isso significa na prática? Bem, se você quer educar as pessoas, não fique sentado descobrindo quantas pastas precisará no próximo mês de julho. Em vez disso, uma noite depois do trabalho, execute um miniprojeto livre com dez pessoas. Encontre as suas primeiras cobaias onde você puder — talvez ir ao Meetup.com e começar um novo grupo, compartilhar em círculos em que você está inserido ou perguntar aos seus amigos se eles conhecem alguém. Feito isso, você não é uma pessoa que vai um dia iniciar um negócio de aprendizagem. Você já está no negócio.

Miniestudo de caso

Há anos que eu andava só pensando em adotar a liberdade. Tinha passado de uma ideia para outra (sempre na fase de pesquisa e não na de agir). Eu normalmente diria: "Ainda não estou pronto", e complicaria demais as coisas ao ponto de me paralisar pro meio da análise. A abordagem livre ensinou-me a simplificar as coisas, a não esperar até que tudo esteja perfeito e a dar passos ajustáveis na direção certa. Quando eu realmente me coloquei lá fora, ganhei um cliente inesperado por meio do Twitter, mostrando-me que isso é possível, e os passos que eu estou dando estão sendo recompensados.

Mark Scanlon

Terceira via de vida livre

Alguém que leva essa filosofia a sério é a minha amiga Terri Belford. Há alguns anos, Terri apaixonou-se por uma cidade pequena à beira-mar. Ela queria voltar à arte, e esse lugar parecia ser o local perfeito para uma galeria. Assim, encontrou um local em outubro, e comprometeu-se a abrir a galeria no fim de semana de Ação de Graças, no fim de novembro. Terri explica:

Minha única experiência com o negócio da arte foi vender meu trabalho em feiras de artesanato quando eu era muito jovem, então passei as semanas seguintes indo em aberturas de estúdios, conversando com artistas e tentando descobrir o que vende. Eu me dei um MBA *virtual na cena artística local em algumas semanas!*

Porque não acredito em colocar muito dinheiro em startups, falei sobre cinquenta artistas e artesãos para trabalhar em consignação — eles me emprestaram sua arte e foram pagos quando suas obras foram vendidas. O meu filho e eu fomos então para o depósito de madeira compensada para construir pedestais de exibição. Algumas semanas depois, estávamos no negócio.

Como Terri começou no estilo livre, ela foi capaz de se adaptar à medida que aprendia mais na área:

Algumas das mercadorias com que comecei acabaram por ser erradas para a clientela. Mas eu não perdi dinheiro. Eu simplesmente devolvi aos artistas, grata por não ter investido adiantado, e peguei mais peças que estavam fazendo sucesso. As coisas decolaram a partir daí.

Nos primeiros dois anos, o negócio tinha ultrapassado a sua localização, e eu estava ganhando uma boa renda. Quando chegou a hora de seguir em frente, vendi o negócio por seis dígitos maravilhosos.

Terri não perdeu tempo se preocupando com "eu nunca vendi arte profissionalmente" ou "preciso passar doze meses pesquisando e criando um plano de negócios de cem páginas". Ela não fez o que outras pessoas poderiam ter feito: desperdiçar dinheiro num espaço caro, depois tentar angariar fundos para comprar alguma arte e, no fim, esperar que venda.

Na verdade, a maioria das pessoas não faria isso: pensaria que tinha de adotar essa abordagem arriscada e desistiria antes de começar.

Em vez disso, Terri começou pequena, aprendeu rápido, depois se ajustou e adaptou-se ao que funcionava (e ao que não funcionava). Você também pode fazer isso, mesmo que seja em um projeto paralelo enquanto ainda está em seu emprego.

Sabe, não se trata de fechar os olhos e saltar às cegas. Os sucessos livres evoluem como um processo interativo de aprendizagem e de prática. Aprenda uma ideia e a experimente, conheça uma técnica e a execute. Descubra o que funciona indo lá fora! É uma abordagem muito mais inteligente do que passar meses num plano antes de se saber o que realmente dará certo.

Enquanto cabe a você se preocupar com o "fazer", o resto do livro vai ajudá-lo com o "aprender". Vou compartilhar estratégias que lhe darão uma vantagem para tornar a sua jornada livre e próspera. E, para tirar o máximo proveito disso, mantenha a sua mente ativa para encontrar formas de experimentar esses conceitos, e tome a sua própria ação livre o mais rapidamente possível.

Dica

Vencendo o congelamento do perfeccionismo

Se você tem uma linha perfeccionista (bem-vindo ao clube!), o conceito de começar pequeno e rápido pode ser um pouco chocante.

O seu *Top Dog* (o crítico interior que conheceu em capítulo anterior) preferiria muito que você se escondesse durante doze meses escrevendo um plano. Ele ladrará mensagens sobre falhas e lhe dirá que é certo que você se sobressairá em cada passo que der (mesmo que este seja da segurança do seu próprio computador). O medo de falhar do *Top Dog* é contagioso. Aprenda a lidar com isso.

Quando começar a pensar: "E se eu perder tempo neste projeto e ele não der resultado?" ou "E se eu começar e não gostar?", faça outra pergunta: "Qual é o custo de não começar?"

É muito fácil esquecer que há um custo para ficar onde você está agora. Esta é a sua vida, o seu tempo é finito.

Ao ser perguntada: "E se algo der errado?", minha resposta é: algo já está dando errado agora mesmo. Olha há quanto tempo você tem sonhado com isto. Considere seus sentimentos. Pense que você está abrindo mão das melhores horas da sua vida com algo que não gera felicidade. Considere que você já sabia disso há muito tempo, mas nada mudou.

Pergunte-se, por exemplo: "Qual tem sido o custo de não começar a namorar?" Você pode não ter certeza se teria sido uma perda de tempo começar algo, mas você sabe o custo de não começar devido ao "e se".

A única coisa que definitivamente não vai funcionar é não fazer nada.

Por isso, não fique apoiado no erro. Você está começando de uma forma segura, não colocando seus rendimentos em risco com cada experiência! De agora em diante, os tropeços são apenas outra forma de aprender o que funciona e o que não funciona. Lembre-se: não há prêmio por ter conseguido cada passo perfeito na primeira vez, e penalidade alguma por ter um miniprojeto bagunçado.

É bom experimentar algo antes de estar pronto. Na verdade, não só é bom, como é essencial. Foi assim que cada humano livre de sucesso fez a sua vida acontecer. É a sua vez. Ao ler o resto deste livro, prepare-se para agir e explorar este mundo inédito nos seus termos.

03

Por que você não precisa agradar a todos

> *"Ao inovar, você tem de estar preparado para as pessoas lhe dizendo que você* é maluco."
>
> LARRY ELLISON, FUNDADOR DA ORACLE

Este é o ponto onde tudo começa. Ser claro sobre quem você é (e quem você não é) é o ponto de partida para uma carreira de sucesso livre.

Isso é radicalmente diferente do pensamento da jaula da carreira. No mundo dos cuidados, se alguém não ama o que você tem a dizer, então isso é um problema. O objetivo é manter a paz, manter a cabeça baixa e geralmente passar pelo dia e sair, você sabe, OK.

No mundo livre, o oposto é a verdade. Tanto que há anos criei um documento e escrevi as seguintes palavras como lembrete para mim mesma.

Se você não gosta do que tenho a dizer, eu quero que:

- você me odeie;
- você me diga "Aquela garota não é engraçada";
- você me fale "Suas taxas são muito altas. O quê? Ela nem sequer oferece um coaching estruturado e regular? Quem ela pensa que é?";
- você me diga "A fala dela não é profissional. Ela bate as mãos enquanto fala. Não a suporto";
- que você diga aos seus amigos o quanto não me suporta;
- quando você ficar sem munições, diga a eles que meu cabelo é muito feio.

O ódio é semelhante ao amor. A pessoa ou a marca que você odeia fica em você. Elas atingem um ponto sensível que está além da apatia. Você sente algo dentro de si e começa a borbulhar. Se alguém me odeia, sem ressentimentos; estou apenas errada para eles — talvez só por agora, talvez para sempre. Tanto faz. Mas o fato de alguém poder ser incitado a odiar-me significa que a minha mensagem é clara e forte o suficiente para ficar sob a pele de outra pessoa — alguém que vai amar a minha mensagem e sentir que estou falando diretamente com eles. Se for você, a minha fala vai atingir um ponto que está além da apatia. Vai sentir algo dentro de você começando a borbulhar... e isso é uma experiência que muda a vida.

Coisas assustadoras? Mas isso pode ser a única coisa que faz a diferença entre você brilhar ou falhar.

Usando a habitual abordagem do prazer de cada um, são necessários apenas alguns comentários ruins para derrubar os seus sonhos. Além de ter um negócio medíocre e difícil, quando você se empenha no maior denominador comum, você acaba tentando ser alguém que você não é e, consequentemente, infeliz.

Sabe de uma coisa? Que se lixe.

Isto não é sobre as pessoas que não entendem. Elas nunca iriam se tornar clientes ou fãs fiéis de qualquer forma. O fato de você lhes dar um pouco de atenção só o tornará mais medíocre, mais insípido, e o afastará da vida que você imaginou. A verdade é que eles não vão amá-lo, não importa o que aconteça.

Para cada pessoa que ri de você quando você é mais brilhante, outra pessoa o ama exatamente pela mesma razão. A chave para se destacar e ser pago para ser você é escolher as pessoas certas, e falar com elas e só com elas, com toda a sua voz.

A abordagem de aprendizagem de idiomas de Benny Lewis está sob fogo da comunidade tradicional da área:

> *A minha abordagem é diferente da realizada pela maioria dos linguistas on-line. Não estou interessado em falar o idioma na perfeição, nem em tornar-me um especialista em literatura. Quero terminar o aprendizado o mais rápido possível para poder me divertir nas viagens, e é isso que meu público também quer. Mas parece que é uma ofensa para os especialistas tradicionais.*
>
> *Eles me odeiam, mas isso tem me ajudado. Todos esses blogueiros que não gostam do que eu faço vão escrever sobre mim e criar um link para minha página: "Benny é um idiota por que... link!" Então, eles mandam tráfego para o meu site. Eles ajudam a expandir o meu público de leitores por não gostarem da minha pessoa!*

O resultado é que Benny aumentou um negócio popular de aprendizagem de línguas, que lhe proporciona ganhos com base num trabalho livre em tempo integral.

No próximo capítulo, você verá mais sobre como escolher o seu público e apelar apenas para eles, dando- lhes a vantagem para se destacar para se destacar acima da concorrência. Agora, porém, vamos nos concentrar em você. Isto não se trata de seguir as regras de outra pessoa. Trata-se de viver a vida nos seus termos.

Então, pense na sua ideia livre (ou ideias!) e nas pessoas a quem gostaria de entregá-las. Considere:

- O que você diria ao seu público se não estivesse preocupado com a rejeição?
- Que possibilidades você criaria se não estivesse preocupado em ser estranho?

- Quem você seria e o que faria se não tivesse medo do riso das outras pessoas?

Acima de tudo, diga-me: *Quem lhe disse que seria mais amado(a) se fosse outra pessoa?*

Vidas de sucesso vêm de passos ousados

Eu sei que você está lendo isto porque quer algo mais na sua vida. O problema é que, se você está se segurando, então não há maneira de fazer isso acontecer. Molly Mahar, coach e fundadora da Stratejoy, explica:

> *Quando queremos fazer algo maior, mas estamos travados pelo medo de nos colocarmos lá fora, vamos ficar presos em um ciclo de desejo não realizado.*
>
> *Quando nos preocupamos demais com o que os outros possam pensar de nós, não vamos fazer as mudanças ou correr os riscos necessários para colocar o nosso brilho no mundo ou simplesmente ficar confortáveis na nossa própria pele.*

Resultado? Permanecemos presos.

E isso é uma droga.

A parte mais chata é o pensamento de que você pode deixar que a visão de mundo dos outros o impeça de fazer o seu próprio negócio.

A liberdade que você está procurando não vem com este simples plano de negócios. Vem quando você respira fundo e escolhe quem tem uma palavra a dizer na sua vida... e quem não tem.

Minha viagem de suave a ousada

Lendo sobre isso, vejo que você pode ter a impressão de que este é apenas um caminho para pessoas corajosas com uma autoconfiança sem limites. Não é. Sei disso porque tenho sido a maior viciada na aprovação das pessoas por aí.

Quer saber como é que eu, uma bajuladora crônica, vim parar neste lugar?

Sem surpresas, comecei a tentar apelar para o maior número possível de pessoas. Eu escolhi um nicho amplo (escolhendo-o, porque achei o negócio inteligente, não porque eu realmente quisesse trabalhar com o projeto). Eu baixei a minha linguagem para soar da maneira que eu pensava que devia. Apaguei tudo o que pudesse ser ofensivo para os meus críticos mais duros (que na sua maioria eram compostos por uma comissão de críticos interiores que me tutelavam em minha cabeça).

Como resultado, acabei por criar algo que as pessoas achavam muito legal.

O problema é que "legal" não paga as contas, e "legal" não alimenta sua alma e sua necessidade de fazer algo significativo com sua vida. "Legal" é código para inofensivo e tenho a certeza de que alguém vai gostar. Cuidado se alguém disser que a sua ideia é simpática. Significa que provavelmente não vai vender muito.

Essa não era a vida e a liberdade que eu tinha previsto quando deixei o meu emprego.

Eu tinha uma escolha: olhar bem e ficar no meio, enquanto me segurava de ser eu mesma, ou respirar fundo, concentrar-me num grupo pequeno de pessoas de quem gosto e ousar destacar-me.

Adivinha qual eu escolhi?

É para já. Não tenho dúvidas de que, se eu não tivesse começado a dizer não às partes que pareciam erradas e sim àquelas que pareciam certas (mas que algumas pessoas poderiam rir), então eu não estaria escrevendo isto hoje. Eu teria desistido do sonho, voltado a um emprego com um negócio falido e uma visão cínica com esperanças de liberdade frustradas.

Não é suficiente ter uma ideia e deixar um emprego. A libertação verdadeira vem quando você se liberta das correntes que colocou em si mesmo.

E é assim que nós nos levantamos, nos destacamos e damos vida às coisas.

04

COMO DECIDIR QUEM LHE DÁ DINHEIRO

"A chave do meu sucesso é escrever para um público específico e saber como encontrá-lo."
JOHN LOCKE (que vendeu mais de um milhão de e-books de ficção, sem um acordo de publicação)

Se não vai apelar a todos, a quem quer apelar? Essa é uma pergunta importante.

Como aprendemos no capítulo anterior, quando você tenta agradar a todos, acaba não agradando a ninguém. Aqui está o porquê. Para fazer sucesso com todo mundo, você tem que deixar de fora as partes boas, as partes que faíscam e conquistam as pessoas. Seja genérico e todos vão pensar que a sua marca é bonita, mas ninguém vai pensar que é para eles.

Imagine que você está começando como terapeuta de massagens. A quem quer recorrer? Diga "todos" e a próxima pergunta será, "como?" A sua resposta pode ser: "Vou dar massagens competentes por preços razoáveis."

Parabéns. Agora você está competindo com todos os terapeutas de massagem do mundo.

Quase todas as pessoas que começam em qualquer indústria dizem que o seu ponto de diferença é o serviço de qualidade e o preço baixo. "Vou tratá-lo como um indivíduo" é apenas um adendo popular nos dias atuais. Se todo mundo oferece o mesmo ponto de diferença, então você realmente acha que são únicos? Não. Esse três pontos se tornaram esperados.

Se quer se destacar, precisa de algo mais.

A maioria das pessoas só pode pensar em serviço e preço como seus diferenciais porque são os únicos atrativos que ela possui. Se você quiser focar em todos de qualquer jeito: você precisa fazer mais trabalho por menos dinheiro, pois essa é a única maneira no mercado de massa lotado.

Rendimento mais baixo para mais trabalho. Como é que essa ideia está de acordo com a vida que você quer criar? Competir no preço é algo de um não iniciante, pois você pode ser subcotado com muita facilidade. Alguém oferece o seu serviço um pouco mais barato e você terá de comer parte dos seus lucros (leia-se: reduzir o seu ganho) para reagir.

O meio da estrada é o lugar mais perigoso para se estar (é lá que se é atropelado pelo trânsito em movimento rápido).

Voltando ao negócio da massagem, o que aconteceria se, em vez de se dirigir a todos, você focasse nos pais em tempo integral que precisam de uma pausa? Ou profissionais com pouco tempo que anseiam por mimos na hora de almoço?

Quando você escolhe um nicho, você pode começar a diferenciar o que você faz. Por exemplo, o nicho dos pais poderia tornar o seu lugar amigável para as crianças (ou mesmo livre de crianças!). Os envolvidos com a massagem podem adaptar as embalagens ao seu mercado e falar sobre as situações que levariam os pais a precisar do serviço. Eles podem abordar a culpa que você pode sentir por gastar tempo e dinheiro consigo mesmo, mas, ainda assim, como você pode ser muito melhor para o seu filho se você tirar essa hora para si mesmo. Eles poderiam desenvolver um boletim informativo sobre autocuidado quando você tem filhos. Também poderiam escrever uma coluna sobre o assunto no jornal local.

Claro que nem todas as pessoas seriam atingidas por essa abordagem, por isso você vai perder o operário que está com as costas em frangalhos por causa do trabalho pesado. Mas este fato será compensado pelo fato de que o seu nicho vai se derreter por você.

Aquele trabalhador com as costas ferradas não tem razão para ir vê-lo se o serviço de massagens do lado for mais barato: as suas mães, sim. Se você não se especializa, você vai acabar competindo no preço e então a única maneira será reduzir os ganhos.

Faça isso direito e seu público irá até você em qualquer outro lugar, depois volte e diga aos amigos deles.

Com um nicho, você governa o mundo. Especificamente, o mundo do seu nicho. Você atrai clientes que adoram estar por perto, ganha confiança (desculpe, tia Maude, você pode pensar que meu negócio é um pouco fora de propósito, mas você não é meu nicho) e acaba se destacando. Resultado: mais clientes, mais dinheiro e mais satisfação.

Do esgotamento ao brilho: uma reviravolta na vida real

Grace Marshall tornou-se coach enquanto fazia malabarismos com duas crianças pequenas. Com noites de insônia, anos de sobrecarga, uma qualificação de coaching e amor por ajudar as pessoas ao seu redor, ela decidiu se lançar como *life coach* especializada em esgotamento.

Quando conheci Grace, ela estava trabalhando sob a marca From Burnout to Brilliant (Do Esgotamento ao Brilho, em tradução livre), que ela descreve como "para qualquer um que se sentisse cansado". "Eu não queria deixar ninguém de fora, por isso incluí todos os que pudessem experimentar o esgotamento, sejam pais, professores, médicos ou padres."

Marcas completas para a escolha de uma área temática específica — esgotamento —, mas sem um nicho de pessoas, a mensagem de Grace foi fragmentada:

> *Meu site tinha uma grande lista de problemas de esgotamento para todos, de estudantes, profissionais a avós. Eu não parava de pensar: "Eles podem estar à procura do X, por isso devia escrever lá qualquer coisa sobre isso!" Ninguém comprou as minhas primeiras ofertas porque ninguém sabia o que eu era.*

Grace seguiu alguns conselhos e olhou mais para os nichos:

Percebi que queria muito falar com os pais que passaram pelo que eu tinha passado. Então, eu foquei nos pais e não deu certo. Depois, eu fui mais simpática com as mães que estavam gerindo os seus negócios.

Cada vez que alguém se inscreve na minha lista de e-mails, eu pergunto: "Qual é o seu maior desafio no malabarismo entre negócios e família?". E o maior era o tempo: "Como encontro tempo com as crianças?" E se, em vez de tudo relacionado com esgotamento, eu me concentrasse na produtividade?

Grace respondeu lançando o seu primeiro programa de produtividade para "mães nos negócios" — e ele encheu mais rápido do que qualquer outra coisa que ela tinha oferecido.

É engraçado, eu resisti a me especializar em produtividade por um tempo porque pensei: "não sou um guru da gestão do tempo!" Mas as pessoas não paravam de me perguntar como é que se faz, como é que eu encaixo tudo.

Eu comecei a pensar. Dirigia o meu negócio, era mãe em tempo integral de dois filhos pequenos, frequentava um curso de liderança, envolvia-me na comunidade, dirigia um grupo de networking na minha área local e ainda tinha tempo de qualidade com o meu marido e as crianças no fim do dia. Talvez eu soubesse um pouco sobre arranjar tempo!

A minha marca de produtividade diz que não sou do tipo supermãe organizada — longe disso —, mas preciso fazer as coisas tal como você, por isso aqui está como aprendi a lidar com minhas tarefas. Isso atraiu as pessoas que não são naturalmente organizadas; elas perceberam que eu as compreendo.

Você se lembra do mito geral (capítulo 5 da Parte 2) em que pensamos que temos de ser tudo para todos e resistir às partes que fazemos melhor? Era isso que estava acontecendo aqui. Quando as pessoas lhe pedirem ajuda e você disser: "Não, não sou bom o suficiente para falar sobre isso", preste atenção: sua especialização natural e um grande nicho podem estar à espreita por baixo disso.

Medo de nichos

As três maiores resistências aos nichos são: 1) medo de faltar ao trabalho; 2) medo de ser alguém mau por excluir pessoas (particularmente difícil para os ajudantes naturais!); 3) medo de limitar-se a si mesmo. A Grace foi atingida por todos os três:

> *Era difícil para mim fazer um nicho; não queria que ninguém se sentisse excluído, não queria perder os negócios de ninguém e não queria perder a variedade. O engraçado é que quando as pessoas começaram a trabalhar comigo acabei por cobrir todos os assuntos nas sessões de qualquer maneira, por isso estou tendo mais variedade do que tinha antes... e mais trabalho também.*

Ao excluir pessoas, você acaba alcançando e ajudando mais pessoas do que nunca.

Atualização

Anos depois, houve uma reviravolta na história da Grace. Fazer o acima exposto abriu portas para um mundo que ela nunca tinha imaginado. Pouco depois de ter compartilhado a sua história, Grace recebeu um contrato para escrever um livro sobre produtividade, e ela começou a falar e a conhecer pessoas da área — incluindo Graham Allcott, o proprietário da Think Productive (empresa que oferece workshops a organizações exatamente sobre esse tema). Graham adorava o seu estilo de relacionamento e eles começaram a trabalhar juntos.

"Agora eu faço workshops ao redor do mundo", explica Grace. "Estive em Nova York no mês passado fazendo uma sessão para uma grande empresa (uma jornada e tanto para alguém com duas crianças numa cidade pequena na Inglaterra), e colaboro com novos cursos e produtos. Adoro trabalhar de casa, e com pessoas boas.

"O lado 'mães nos negócios' não é tanto o meu foco agora — mas começar a fazer nichos dessa maneira é exatamente o que me trouxe até aqui. Sem ser dona do lado da produtividade e ter uma maneira focada de falar sobre isso, eu nunca teria conhecido ou expandido para essa variedade que tenho hoje — eu estaria tentando ser tudo e no processo não seria nada."

Essa não é uma história incomum: a experiência de Grace começar com um tópico (ou pessoas) que estava perto dela, abrindo a porta, e depois evoluindo, é a história de muitos humanos livres.

Como escolher o seu nicho

Primeiro, repare no texto: você não encontra o seu nicho, você o escolhe. Não há um perfeito lá fora à sua espera. Escolha o seu com base no que você quer e no que você ama, e aperte-o para caber no estilo livre.

Muitas pessoas acham que um nicho é como aquelas pesquisas demográficas a que você responde. Então, elas podem dizer "meu nicho são as mulheres de 25 a 45 anos (e talvez alguns homens também)". Isso não é um nicho — isso é o grosso da população compradora! E as suas atitudes, os seus hábitos, os fatores de ligação que significam que eles provavelmente se dariam bem caso se encontrassem numa festa? A atitude define um nicho tanto quanto qualquer outra coisa.

Escolha um nicho para você

Muito possivelmente o seu primeiro nicho será um grupo que está passando por um problema que você enfrentou ou o tipo de pessoas com quem você passou muito tempo. É mais fácil se comunicar com aqueles cuja situação você realmente entende.

Assim que tiver uma ideia de com quem gostaria de trabalhar, descreva-os. O que os torna diferentes da pessoa comum que compraria esse produto ou serviço? Qual é o interesse deles no seu tema? Quem são as pessoas com quem não quer trabalhar? Seja tão descritivo quanto quiser aqui. Lembre-se: você está falando de pessoas de verdade, por isso, entre no âmago de como elas pensam e sentem. Uma regra geral é que você nunca deve descrever o seu nicho com as palavras "alguém que". "Qualquer um" não é um nicho: seja específico.

Certifique-se de que está entusiasmado por trabalhar com essas pessoas (ou sobre esse tópico). Se você escolher um nicho puramente por dever, como "eu deveria trabalhar com corporações porque elas têm os maiores orçamentos", não faça isso!

Muito parecido com a pessoa que me procurou dizendo que queria atingir pessoas ricas porque elas tinham muito dinheiro. Contudo, ele não conhecia milionário algum nem se sentia confortável para sair com alguém que ganhasse um salário acima da média. Não me admira que ele não estivesse indo muito longe. Um mercado não é quente se você não souber algo sobre ele.

Isso não significa ser estúpido, claro. Se o seu nicho está quebrado e não pode ou não quer pagar, então evite-o, a menos que queira acabar da mesma maneira. Mas não assuma que precisa chegar ao topo do mercado para ganhar a vida. Se você ama o seu nicho, pode falar a língua deles e eles podem pagar, você está começando bem.

Ao definir com quem quer trabalhar, a próxima pergunta é: como vai se apresentar a eles?

05

COMO MARCAR COMO UMA ESTRELA DE ROCK

"Descubra quem você é e atue com um propósito."
DOLLY PARTON

Eu ia abrir este capítulo com exemplos de marcas de estrelas de rock e o que podemos aprender com elas, como a Lady Gaga, que agarrou o manto de artista de gravação feminina de maior sucesso, fugindo das caixas habituais, fazendo as suas próprias coisas e criando apenas para a sua tribo fanática.

Mas já há centenas de artigos sobre isso. Para mim, há uma parte mais interessante para o branding, uma mais silenciosa sobre a qual a maioria das pessoas não fala. E esta é a pura verdade: *marcar como uma estrela do rock requer coragem.*

Você não precisa de trinta milhões de fãs no Instagram, o nome da sua tribo tatuado no braço ou uma música famosa para ser como uma estrela do rock. Mas você precisa de coragem para não seguir cegamente o rebanho. E isso é o oposto do que lhe ensinaram a fazer em terra de cuidados.

Rodeado de pressão para ser autorreflexivo e encaixar, quando se trata de explicar quem você é e o que é no seu negócio, a tentação é esmagar a mensagem que está borbulhando para cima e substituí-la por uma mensagem que se sinta mais aceitável. Adaptar-se e tonificá-la pode parecer um caminho fácil para o sucesso, mas nada poderia estar mais longe da verdade. Siga o rebanho e o seu rugido poderoso pode reduzir-se a um mini miau.

Marcar como uma estrela do rock significa mais do que um logotipo ou um artifício. Significa sair do esconderijo, subir e ser você sob luzes brilhantes.

Dica

Da mesma forma que a música não é só rock, a grande marca não tem que significar arrojo. Não, se você não quiser.

Assim como é falso dizer a um introvertido pensativo e calado que a marca autêntica significa fazer vídeos de você na beira de um penhasco. Sim, essa é uma abordagem grande, valente e corajosa para alguém que sabe que isso representa uma parte significativa deles. Mas, e se não for você? Então, não é corajoso. Isto é colocar uma camada sobre quem você é, sendo quem você acha que tem que ser para ser bom o suficiente para fazer determinada coisa.

Adotar tal postura porque é isso que todas as crianças legais estão fazendo não é marcar como uma estrela do rock — é mais marcar como uma banda cover. Uma que luta para conseguir shows em qualquer lugar — e não sabe por que não se parece com a que está lotando estádios. O erro que cometeram foi não passar autenticidade, ou que era um trabalho de copiar e colar.

Mas a marca que chega em casa está longe disso. Descobre o que está realmente lá para que outros possam vê-lo (antes de passar muito tempo com você).

Quieto, de qualidade e real pode ser tão poderoso quanto rápido e alto. O que conta é o que permite que o seu público o apanhe e saiba que você é para eles. Resumindo: não se deixe levar pela ideia de que só há uma maneira de ser. A marca tem mais do que uma nota. Cabe a você onde você entra nisso.

O poder da marca como você

Um grande exemplo disso é Luke Milton. Com um passado como jogador profissional de rúgbi na Austrália, quando ele começou a pensar em montar seu próprio negócio de treinamento pessoal, teria sido fácil para ele fazer como todos os outros treinadores da época. Em outras palavras, "Levar essa coisa de fitness tão a sério que se esqueceria de rir". O problema era que isso não se parecia com Luke:

> *A razão pela qual eu adorava jogar rúgbi era a camaradagem — como ter uma família fora de casa.*
> *Mais ao ponto de eu ser australiano; nós gostamos de brincar e rir e não nos levarmos muito a sério — fazemos com que todos sejam bem-vindos. E se pudéssemos combinar esse sentimento com uma sessão de treino top — onde se divertisse muito, fizesse novos companheiros e também ficasse em forma?*

Um dia ele reuniu pessoas no Central Park, em Nova York, para um acampamento, e chamou-o de Training Mate (Companheiro de Treinamento, em tradução livre). Isso evoluiu para um negócio em Sydney e Los Angeles, com aulas com nomes como Thunder Down Under, um canguru pintado na parede, e sessões mais divertidas e de afirmação de vida a que você já assistiu.

Eu me lembro da minha primeira sessão lá: eu tinha acabado de desembarcar em Los Angeles vindo de Londres — e logo no ponto em que eu normalmente desistiria, Luke contou uma piada sobre o "Plank Sinatra". Eu estava viciada.

Esses caras não estavam colocando uma fachada falsa para caber em seu campo de atuação em uma cidade preocupada com a imagem — eles eram apenas claros sobre quem eles eram e muito, muito bons no que faziam. Entre no Training Mate e você será tratado como um velho amigo — desde os nomes das classes até a experiência (onde você ouve mais piadas ruins do instrutor do que num show de stand-up), a marca deles é clara.

Como resultado, Luke passou de alguém que poderia ter sido mais um ex-jogador de futebol fazendo treinamento pessoal, para criar uma comunidade próspera e negócios que continuam crescendo. É uma abordagem à aptidão física que tem impactado milhares de pessoas normais, e levou a um dos treinos mais exclusivos da cidade[3]. Recentemente, até o colocou na televisão como um dos melhores personal trainers de celebridades.

Olhando para isso do outro lado, é fácil pensar: "Bem, é uma grande marca, é óbvio que ele deveria ter optado por ela!" Mas reflita sobre todas as razões pelas quais isso poderia não ter acontecido no início — os pensamentos de "Mas eu não deveria ser como os outros?" ou "Isso parece sério o suficiente?" podiam ter vencido. No fim, eles tiveram mais alcance e impactaram mais pessoas ao aparecerem como eles do que teriam ao tentarem jogar de forma conservadora.

A sua marca é mais do que um nome

Para mim, a parte mais importante da história do Luke não é o nome. Essa é uma parte do quadro, mas é o resto que o trouxe à vida.

Veja, uma marca é cada experiência que as pessoas têm de você. O nome é essencial, mas também o que você diz, como você diz, o que você oferece, como você oferece, quem é o seu público-alvo. A sensação da experiência tem a ver com inspiração, educação, seriedade, leveza, acender um foguete e brilhar ou tonificá-la e existir suavemente? Como as pessoas experimentam sua marca e como você responde a elas?

Um bom exemplo disso é a Ms Cupcake. O foco é a paixão, a diversão e a generosidade antiquada. Este último sentimento surge no site arrojado e colorido, na recepção calorosa na sua loja e, o mais importante, nos próprios bolos. A primeira coisa que se nota nos bolinhos dela é o seu tamanho generoso: criações de tamanho exagerado, com quilômetros de belos glacês.

"Eu sei que a maioria das pessoas não consegue comer um dos meus bolinhos sozinha", explica Melissa. "A maioria compartilha o seu, e isso faz parte da experiência da Ms Cupcake. A marca é grande, divertida e generosa."

Muitas pessoas veem a marca como falsa ou enganosa, mas uma marca livre de qualidade é exatamente o oposto. Ela pega o que você tem para oferecer e coloca do lado de fora para que as pessoas o entendam, assim como a sua oferta, mesmo antes de comprarem.

Uma marca é apenas uma parte do todo. Tendo dito isso, o nome é a primeira impressão que as pessoas têm de você. É também sua imagem contínua, e terá impacto em tudo o que você faz. Aqui está como escolher o seu.

Exercício: Sete passos para escolher o seu primeiro nome de marca

1. Escreva uma lista de vinte a trinta palavras que descrevam o que você realmente é. Eu coloquei esse desafio a um cliente que tinha uma prática de relaxamento e medicina alternativa e ele inventou palavras como "autenticidade", "calma", "mudança", "renovação" e "fresco". Algumas dessas palavras são óbvias para o seu campo, e outras são um pouco mais pessoais para ele.
2. Reveja a sua lista. Risque as palavras que você colocou lá porque achou que deveria (dica: essas são as palavras que todos estarão usando), não porque elas são realmente essenciais para você.
3. Lista restrita. Escreva as suas três ou cinco palavras favoritas no topo de uma página, com uma coluna abaixo de cada uma.
4. Brainstorm. Abaixo de cada palavra, escreva ideias à medida que elas venham à sua cabeça. Você está à procura de algo que capture tanto a sensação da sua abordagem e personalidade como também seja imediatamente compreensível para alguém que a ouve.
5. Verificação de sanidade. Isso é "inteligente demais" ou "maravilhosamente pegajoso"? Uma marca de sucesso deve se conectar com o seu público no momento em que a ouve (ou seja, "pegajosa"): você não deve precisar de uma página "Sobre" para explicá-la antes que as pessoas a recebam. É bom ter um significado oculto como um benefício secundário, mas, se o seu público não se ligar imediatamente ao nome, ele não vai ficar por perto para seguir o resto.

6. Verificação de personalidade. É realmente você? Você é feliz por sair e ser essa pessoa? Lembre-se: não existe um nome bom de marca. Só há o nome que é bom para você. Escolher um título porque parece inteligente é como selecionar uma camisa porque está na moda – mas, quando você a veste, fica com um aspecto terrível. A sua marca não lhe deve fazer sentir que você tem de ser alguém que não é. (Se você tem que verificar constantemente com sua marca para ter permissão antes de falar, isso é uma dica de que ela está errada). Se você não está contente por representá-la, você vai se conter.
7. Esteja preparado para mudar o nome da sua marca. Você deve ter reparado que eu disse o seu primeiro nome de marca. Isso não foi um erro. A sua primeira marca provavelmente não será a sua última. A maioria das pessoas joga com uma opção segura antes de encontrar a sua verdadeira voz. Os maiores insights virão ao longo do processo.

Não se esqueça, você não tem de gastar um milhão de dólares para reformulá-la.

Eu rebatizei o meu negócio pelo preço de alguns lattes.

À medida que você entra em movimento, a sua marca verdadeira – nome e todo o resto – surgirá de uma forma que você nunca pensaria se não estivesse do lado de fora. Free Range Humans não foi a minha primeira marca – mas estou feliz por não ter esperado pelo nome de marca perfeito antes de lançá-lo, pois nunca teria encontrado esse nome se não estivesse lá fora, fazendo isso de verdade.

Dica

Porque você não precisa de um logotipo extravagante.

Você pode começar uma marca sem um logotipo feito sob medida. Já vi pessoas perderem meses escolhendo o seu, mas quando foi a última vez que você comprou algo só porque tinha um inteligente? O logotipo é a última coisa com que você deve se preocupar nos seus primeiros meses; escreva o seu nome em uma fonte decente e vá em frente. Você pode sempre voltar a ele quando estiver realmente em pleno funcionamento e, claro, lucrativo.

Em caso de dúvida, inspire-se na Deloitte. Seu logotipo é apenas seu nome escrito em uma fonte normal com um ponto no final — e isso não os impediu de ser uma das maiores consultorias do mundo.

06

COMO SE DESTACAR NA MULTIDÃO

"Se não se nota, não se tem nada. Você só tem que ser notado, mas a arte está em ser notado naturalmente, sem gritar e sem truques."

LEO BURNETT

Uma pequena história para você:

Quando Cathy tinha catorze anos, ela estava desesperada para ser um indivíduo destacado. Ela não queria ser apenas uma do rebanho, por isso, fez um esforço para se vestir de forma diferente. Ela usava o cabelo mais curto, a roupa mais solta, as joias mais arrojadas. O problema era que, fora do seu grupo social, ninguém reparava. Para os adultos, ela era indistinguível do resto da multidão da mesma idade. Os assistentes de vendas tratavam-na como todos os outros. Cathy ficou cada vez mais frustrada — e ninguém quer ver um adolescente frustrado!

Um dia, na aula de arte, sua professora pediu a todos que descrevessem, em um parágrafo, seu estilo pessoal. Cathy escreveu: "Eu não sigo tendências. Uso o meu jeans mais solto que o da Sara, o meu cabelo mais curto que o da Ramona e as minhas joias são mais arrojadas que as da Bella."

A professora leu e escreveu o seguinte comentário: "Se você realmente não segue as tendências, então por que você usou o que os outros usam para definir o seu estilo?"

Foi quando um raio atingiu Cathy. Ela tem seguido tendências: ela estava seguindo-as para definir quem ela não era. Seus jeans não eram como os da Sara; seu cabelo não era como o da Ramona; suas joias não eram como as da Bella. Mas ela não tinha ideia de como se descrever sem referência a outras pessoas.

Cathy nunca se destacaria como um verdadeiro indivíduo quando sua única abordagem era fazer algo um pouco diferente da multidão.

Essa é a história de uma moça de catorze anos. E é também a história de quase todos os novos negócios que dizem que querem se destacar na multidão.

Há três fatores envolvidos para se destacar na multidão:

Figura 6.1 Destaque-se na multidão: três fatores a considerar

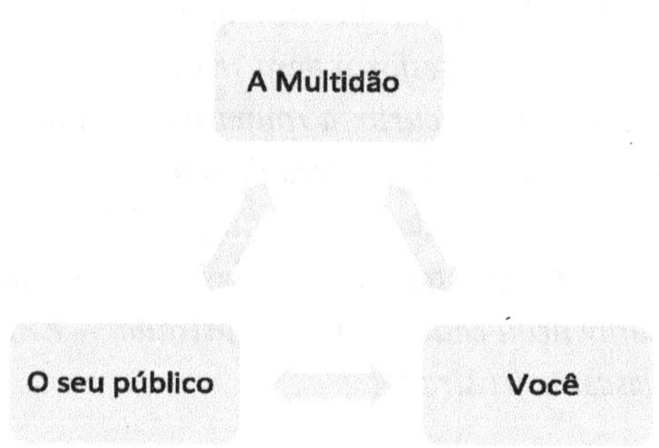

"A multidão" significa a sua concorrência. "Você" quer dizer você pessoalmente, sua marca, o que você oferece, o que você diz e como você se comunica. "O seu público" significa o seu nicho, ou, simplesmente, as pessoas que você quer comprar com algumas dessas coisas que você tem a oferecer.

Quando você pensa em se destacar na multidão, por onde você começa? Com a multidão, com você ou com o seu público?

- A maioria das pessoas começa com a multidão.
- A maioria das pessoas começa por olhar para os seus concorrentes como o seu primeiro passo.
- A maioria das pessoas luta para se destacar por esta mesma razão.

Quando o seu site é uma cópia (com pequenas variações) do de outra pessoa, quando o seu idioma é incompreensível (como em todos os outros negócios em dificuldade) e quando os produtos, serviços, atitudes e preços de outras pessoas definem o que você pensa que está autorizado a fazer, então você está se comportando como Cathy. Você é sempre definido por outra pessoa (muitas vezes, ironicamente, por outra pessoa que também está lutando). Comece pela multidão, e o seu negócio tem grandes chances de ser uma cópia pálida de todos os outros.

Como se destacar (por ser mais você)

Não comece com a multidão. Ela vem mais tarde, quando se tem algo a dizer e alguém para ser. Por agora, comece com dois fatores: o seu público e você. Seu objetivo é ser o mais atraente para aquela fatia da sociedade com quem você realmente quer trabalhar.

Não precisa de uma nova ideia radical para isso. Você só precisa abraçar o seu um por cento.

O modelo 1% / 100% de se destacar

Quão diferente você acha que precisa ser para se destacar? Você imagina que precisa ser completamente novo e fresco? Ter um nicho que mais ninguém toca? Pioneiro em um campo inédito?

Isso parece muito trabalho duro. E se, em vez disso, você só tivesse que encontrar a sua diferença de um por cento?

O modelo de 1% / 100% é uma abordagem que eu projetei para articular o grande impacto de pequenas diferenças.

Eu estava discutindo essa ideia com um amigo durante um café e nossa escolha do local de encontro ilustrou isso perfeitamente. Quando estou no Reino Unido e compro café de uma rede, escolho sempre o Caffè Nero. Por quê? Bem, não é só porque eles fazem um bom café:

- É porque eles usam chocolate de verdade em suas bebidas quentes em vez de achocolatado sintético.
- É pelo fato de terem sempre dois jarros de água no balcão, ao lado de uma pilha de copos frescos, para você se refrescar.
- Chocolate verdadeiro. Água grátis. Isso é o que eu chamo de uma diferença de um por cento.

No entanto, essa diferença de um por cento fica com cem por cento do meu negócio. Quando você é um negócio pequeno, cem por cento no negócio de alguém é excelente. Comece a pensar no seu público agora. O que eles estão realmente comprando quando adquirem o que você está pensando em oferecer? (Dica: não é só o café.)

Que diferença de um por cento será igual a cem por cento para você? 1) Pode ser a linguagem que você usa — você é muito mais simpático / profissional / informal / intelectual / com os pés no chão e atinge o seu público; 2) pode ser que a sua marca passe mais a sensação de "mulheres que arrebentam" em vez de "suave, cor-de-rosa e feminina". Ou vice-versa.

Seja o que for, há duas regras para que a diferença de um por cento funcione para você.

Regra 1: você precisa ser um por cento diferente em algo que as pessoas com as quais você está se comparando não tratam como importante.

Seth Godin explica bem:

Você não conquista alguém porque é mais barato que o Walmart.

Você não conquista alguém porque serve porções maiores do que a churrascaria famosa do final da rua. Em vez disso, você ganha convertidos ao oferecer algo que o concorrente existente não achava tão importante.[4]

Aposto que outras cadeias de café não acham que um abastecimento constante de água e um certo tipo de chocolate seja tão importante. E eles também têm razão — não é crucial para eles ou para o seu público. Isso não vai impedir que alguém domine o mercado do café e tenha seus próprios fãs fiéis.

Mas esses detalhes são uma diferença de um por cento que irá converter cem por cento desse tipo de pessoa que o considera importante, e isso é o suficiente para todo negócio.

Regra 2: a sua diferença de um por cento deve vir de VOCÊ.

Definir a sua identidade e sua marca em comparação com a dos seus concorrentes não é o que estou querendo dizer quando peço para que encontre a sua diferença de um por cento. O modelo de 1% / 100% tem a ver com a identificação dos pontos em que se é naturalmente diferente para que se tornem maiores e mais claros.

Então, você é um consultor de imagem que é acessível e caloroso ou supereficiente e francamente honesto? Você é um consultor de imagem que dá um pontapé no guarda-roupa corporativo ou muda a vida daqueles cujos armários estão cheios de roupas que usavam há dez anos (mas que não têm nada para vestir hoje)? Você me faz sentir sexy ou relaxado?

Não há uma resposta certa — apenas a verdade sobre quem você é versus a pessoa que você acha que deveria ser.

Lembre-se:

- Destacar-se não é artifício enigmático;
- Ser excelente não é um pensamento posterior a um departamento de marketing;
- Dar o seu melhor lá fora é a coisa mais generosa que pode fazer. *Esconder-se não é uma contribuição.*

Você não precisa ser um certo tipo de pessoa para ter sucesso em sua indústria. O seu produto é assim muito avançado ou é mais simples? Você é aquele que abraça as pessoas ou o que vai soltar com a verdade crua? Seja qual for a resposta, não a esconda. Esse é o seu superpoder secreto.

Quem sou eu de novo? (o problema com a marca pessoal)

Há uma dúzia de versões de você que surgem a cada dia. Num momento você se sente sério e analítico e noutro, brincalhão e irreverente. Qual dessas pessoas é o seu eu verdadeiro?

A resposta: todos eles.

Uma pergunta mais útil é: qual versão que você quer usar no seu negócio? "Ser autêntico" não significa aparecer e agir da maneira que você se sente no dia, num momento sendo uma gentileza e no outro, um cão raivoso. A menos que a sua marca pessoal seja muito imprevisível, essa não é uma jogada inteligente.

Uma marca pessoal de sucesso significa pegar um certo aspecto da sua personalidade e colocá-lo para girar. Pode ser algo simples como ser o acessível e amigável num campo que é um pouco pretensioso (tenho um amigo que fez uma carreira inteira por ser essa pessoa!), o importante é que seja verdade para você. Possuí-lo em vez de escondê-lo é uma das jogadas livres mais inteligentes que você pode adotar.

Miniestudo de caso

Demorei um pouco para atingir o ponto em que o meu sorriso é uma grande parte do meu um por cento (no meu negócio de coaching de carreira). Um coach disse uma vez no início de uma sessão: "Quero AQUELE sorriso que você tem hoje!" Quando falei com as pessoas sobre o que as atraiu até mim, esta foi uma das primeiras coisas que elas mencionaram; até os meus clientes de teste disseram: "Ah, é o seu sorriso e a sua energia." Mas não considerei levar isso a sério e incluí-lo na minha marca. Tive uma carreira empresarial séria durante anos, como poderia o meu sorriso contar? Mas conta.

É óbvio para os outros, mas para você, às vezes, só entrando no modo detetive.

Nicole Est

Destacar-se, muitas vezes, significa pegar o que você vê como fraquezas (ou "não bom o suficiente") e, em vez de empacotá-las e fingir ser outra pessoa, transformá-las em vantagens. Isso não é algo que você coloca em cima de quem você é — mas sim, algo que já está lá e que você possui, a fim de deixar as pessoas vê-lo mais claramente. É quando você realmente se destaca no estilo livre.

Por que saber o seu um por cento faz a diferença? Bem, não só lhe dá pistas sobre o que fazer a mais, como também significa que você não minimiza acidentalmente os seus melhores momentos, porque você nunca percebeu que eles contavam.

Então, fique curioso com isso enquanto você vai! (Se você não tem certeza por onde começar, um atalho simples é fazer uma avaliação da personalidade, conforme descrito no capítulo 5 da Parte 2. Essa vista externa pode começar a orientar as suas diferenças de um por cento).

Miniestudo de caso

Eu estava tentando me misturar e ser mais polido para ser levado a sério na minha nova indústria (design de interiores). Este livro ajudou-me a fazer das minhas idiossincrasias uma virtude.

Comecei a compartilhar imagens dos meus trabalhos mais coloridos, que eram diferentes da maioria das outras empresas na minha área. Também não sou assim tão técnico, por isso elaborei à mão os meus planos de design, mas, em vez de pedir desculpa por não usar CAD (o programa de computador padrão da indústria), coloquei isso na minha imagem de marca — artesanal, feito à mão. Eu até mudei o meu nome comercial para mostrar esse lado!

Hoje, atraio clientes que me querem pelo meu estilo, e minhas reputação e audiência crescem constantemente. Fui pré-selecionado para um prêmio, consegui atenção da imprensa e ganhei um lugar para desenhar um conjunto de sala em uma grande exposição de design. Eu até tive a confiança de começar a realizar workshops para ensinar o meu processo de criação aos proprietários de casa!

Chega de tentar me encaixar ao habitual grupo bege. Quando eu comecei a ser eu mesmo, as consultas dos clientes chegaram. Nunca fui um típico profissional da área, mas encontrei uma maneira de fazer as coisas funcionarem ao meu modo.

Zoe Hewett

07

OS TRÊS ESTILOS LIVRES

(OU: COMO CONSEGUIR CLIENTES SEM PAGAR PELA PUBLICIDADE E SEM TER DE SE TORNAR ALGUÉM QUE NÃO É)

Nos capítulos anteriores, falamos sobre destacar-se e fazer as coisas em termos de com quem você trabalha e como se depara com eles.

Mas e quando se trata de como gerir o seu negócio? Como você consegue clientes e gera uma renda — sem gastar uma tonelada em publicidade ou ter que fingir ser alguém que você não é (especialmente se você não é um negócio clássico típico)?

É disso que se trata este capítulo. Como você vai comprovar, as respostas sobre o que focar para que os clientes fluam para você têm menos a ver com o tipo de negócio que você tem, menos a ver com o que está na moda e mais a ver com quem você é.

Porque o engraçado é que fazemos todo esse trabalho para criar algo para você — desde escolher *o que* você faz (sua ideia), para *quem* você faz (seu público), até como você se prepara. Mas, muitas vezes, quando se trata de como você traz clientes e dinheiro, boom, toda essa personalização é deixada para trás. De repente, parece que você terá que colocar um manto de personalidade de outra pessoa (talvez alguém que já está lá fora e mais sociável — ou talvez alguém mais estruturado e técnico) para ter meia chance de conseguir.

E há muitas mensagens lá fora prontas para apoiar isso — aposto que você já viu anúncios dizendo coisas como "Siga os cinco passos exatos que eu dei para conseguir uma renda próspera!" (também conhecido como: "Seja uma versão de mim e tudo vai dar certo!")

Essas mensagens são tentadoras, certo? Adorei essa ideia de tamanho único no início, mas logo notei um problema. Independentemente da estratégia que estava sendo ensinada (ou quem estava ensinando, ou quantos milhões tinham feito), ano após ano eu via a mesma coisa: três pessoas, todas igualmente inteligentes e dedicadas, começavam pelo mesmo caminho com as mesmas ferramentas, mas duas batiam numa parede enquanto uma prosperava. *Por quê?*

É isso que este capítulo está aqui para responder com você — para que você possa cair no último acampamento!

Notei isso pela primeira vez quando, pouco tempo depois de deixar o meu emprego, entrei para um grupo de mentores. Desde o primeiro dia, prosperei. Tudo o que a pessoa na frente da sala dizia dava um clique em mim, e as coisas seguiram assim até o fim. Em semanas, meu investimento já tinha valido a pena.

Mas ao meu lado estavam duas pessoas adoráveis, inteligentes e dedicadas que se juntaram ao grupo mais de um ano antes de mim, e não conseguiam aproveitar a aula na prática. Como é possível que eles tentassem em vão, enquanto eu achava fácil?

Hoje, sei que isso não foi um acidente. Hoje, sei que a líder do grupo estava ensinando o que funcionava para ela — e ela e eu compartilhávamos o mesmo estilo livre. O que nos ensinaram naquela sala foi para este estilo, mas não para os estilos das outras inscritas.

Claro, nenhum de nós sabia disso. Mas gostaria que sim — porque, anos mais tarde, ambas estariam prosperando fazendo o que gostam, com clientes e rendimentos fluindo.

Mas foram necessários mais cinco anos de trabalho e um investimento significativo nos caminhos errados para que aparecesse o caminho certo para elas.

Aquelas pessoas não eram menos capazes do que eu — estavam apenas no quarto errado para elas. Gostaria de poupá-lo(a) desse trabalho e levá-lo(a) para o quarto certo, sem mais de cinco anos de espera.

Trabalhar isso sozinho pode ser um grande trabalho de adivinhação, por isso este capítulo dá a você uma forma mais fácil, apresentando-lhe os estilos livres. Estes começam a responder à pergunta: quando se trata de atrair clientes e renda, por que algumas abordagens funcionam para algumas pessoas, mas não para outras (e, acima de tudo, o que funcionará melhor para você)?

Você nem sempre pode dizer como as pessoas realmente trazem clientes e renda só de olhar para o seu site (na verdade, muitas vezes é um engano!). Então pense neste capítulo como o seu amigável detetive livre, levando-o pela porta lateral e mostrando-lhe os temas de como as coisas funcionam para pessoas reais (que estão prosperando no que fazem), e comece com a identificação do seu estilo livre.

O que são os estilos livres?

Os três estilos livres são:

Figura 7.1 Estilos Livres

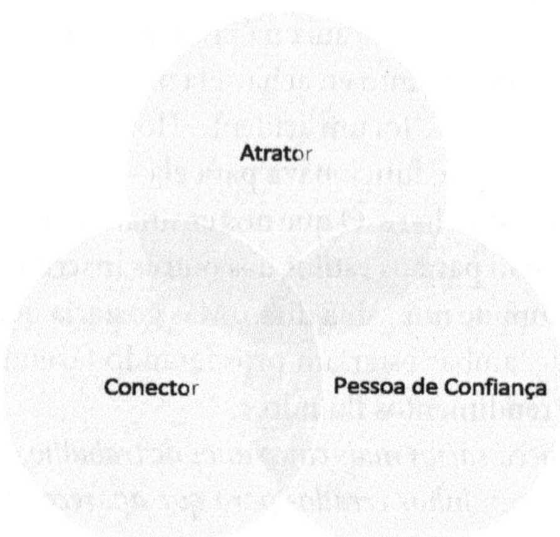

Explicarei o que cada um desses significa dentro de momentos. Mas, primeiro, para ser claro, cada estilo se concentra em uma coisa: de onde vêm os clientes e a renda.

Seu estilo não lhe diz que tipo de negócio você deve fazer, que produtos/serviços você pode oferecer ou o quão bem-sucedido você pode ser! Isso não o coloca numa caixa — em vez disso, ajuda-o a filtrar o ruído que não é tanto você, para deixá-lo adotar atividades que funcionarão mais naturalmente para você quando se trata de atrair clientes e rendimentos consistentes.

Aqui está uma rápida visão geral de cada estilo:

Atrator: Um atrator é o ímã. Eles são aqueles cuja marca ou nome as pessoas gravitam, mesmo sem se terem encontrado ou estado ligadas a essas pessoas. O Atrator é o nome que está lá fora. Eles (ou a sua criação) precisam ser visíveis. Os atratores atraem as pessoas não apenas para si mesmos, mas para a história, produtos ou ideias. Eles nunca fizeram a sua própria coisa e ainda não têm um ímã, e podem ser vistos, pois, muitas vezes, ficam fascinados com o uso da história, apresentação e comunicação de ideias de uma forma que cause impacto — e o fazem naturalmente. (Os destaques da sua carreira acontecem, muitas vezes, quando eles usam a história ou apresentam ideias dessa forma.)

Conector: Às vezes, confundido com um Atrator, um Conector é melhor quando se conversa. Se a sensação de um Atrator é um ímã, a sensação de um Conector é movimento — eles tocam nas suas relações assim como saem e criam outras novas, e é daí que vem o seu rendimento. Muitas vezes, mais extrovertidos do que os outros estilos, eles estão frequentemente iniciando contato — eles querem conhecer as pessoas, então enviam aquele e-mail, preparam aquele café (mas eles fazem isso de uma forma natural, para que não pareça sujo, e assim que as pessoas os conhecem. Eles só querem conhecê-los mais). Eles são as pessoas que podem entrar numa sala e sair com cinco novos amigos (e quase nem notam que fizeram isso). A sua principal renda livre tende a vir 1) trabalhando diretamente sob ou com as marcas e seguimentos de outras pessoas; 2) usando a sua capacidade de se conectar com aqueles que têm acesso aos grupos certos de pessoas, para conhecer aquelas que são atraídas para o que estão oferecendo sob a sua própria marca ou nome.

Pessoa de Confiança: Uma Pessoa de Confiança é um dos perfis de atração mais comuns, mas menos conhecidos. Ela não precisa do que convencionalmente pensamos como uma marca (ou um seguidor) para fazer as coisas funcionarem (e, na verdade, pode ser impedida pela tentativa de criar uma). Enquanto a sensação de um Conector é um movimento brilhante, a sensação da Pessoa de Confiança é o enraizamento. Muitas vezes, mais introvertidos, a sua renda vem quando as pessoas confiam 1) nos seus conhecimentos e 2) na relação pessoal. Na maioria das vezes, encontradas em conversas profundas cara a cara, essas são as pessoas que melhor se dão com qualificações, perícia e interações silenciosas.

Exercício: Qual desses estilo se parece mais com você?
Não se trata do que você acha mais digno ou do que deveria ser (cada campo tem pessoas de todos os três estilos prosperando nele!) – trata-se do que, pelo trabalho que você tem feito para descobrir quem você é, parece ser o mais natural.
Escreva aqui a sua resposta:

____

____

Espere, eu acho que tenho dois — ou mesmo os três!
Você tem razão. Todos nós temos uma parte de cada um deles — no entanto, um será dominante.

E é por isso que eu digo que a sua principal atração é o estilo. Conhecer o seu estilo principal não o impede de mergulhar nos outros aqui e ali, mas ajuda-o a pensar mais claramente sobre onde colocar a maior parte do seu tempo de crescimento de uma forma que funcione para você.

Escreva o que lhe parece mais parecido com você, por enquanto, e continue a ler.

Enquanto você lê, não descarte uma ideia por ser muito óbvia. Essa sensação é, muitas vezes, uma dica de que está de acordo com as suas melhores forças e fluxos.

A melhor maneira de entender os estilos é vê-los em ação. Repare nestes exemplos reais de três pessoas prosperando na mesma indústria, mas com três estilos diferentes. Os casos são todos da mesma área, pois é mais fácil perceber as diferenças entre eles desta forma. No entanto tenha certeza de que isso funciona em todos os tópicos e tipos de carreira livre.

Você pode ler cada estilo ou se sentir à vontade para ir para o seu estilo dominante sem se aprofundar muito nos outros.

Atrator (também conhecido como "O Imã")

Figura 7.2 Atrator

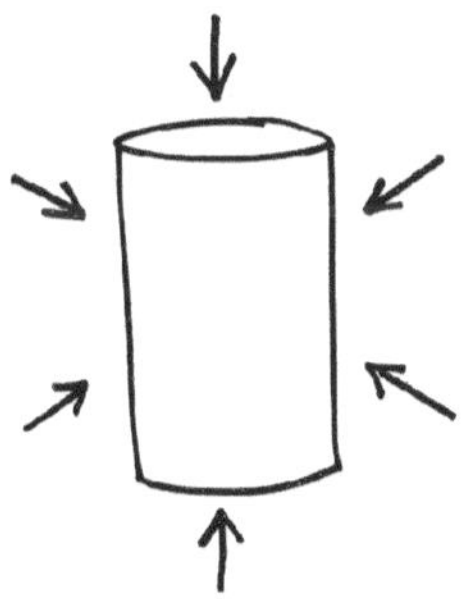

Esse é o meu estilo! Como já nos conhecemos (virtualmente), vamos manter as coisas simples e usar-me como exemplo aqui.

Como Atrator, faço minha renda, principalmente, através de pessoas que ouvem e se sentem atraídas pelos meus produtos, e oferecendo-o — por meio da minha marca e minha visibilidade na fala, em entrevistas e on-line. Quanto mais visível o meu trabalho e eu somos, mais facilmente tudo flui. Mas, no início, não estava nem um pouco interessada em admitir isso.

Quando comecei, eu era mestra em esconder-me. Eu tinha a sensação de que ser vista ou ter uma presença de marca era quase como enganar, ou exigiria que eu fosse falsa. O meu primeiro site tinha apenas uma pequena foto minha (que não se parecia nada comigo), maneira alguma de ter algum "gosto" do que eu fiz ou como eu pensava.

E, sem surpresas, quase nenhum cliente.

No entanto, isso mudou quando comecei a fazer as coisas que interessam aos Atratores — como o crescimento de uma base de pessoas que amam o que você tem a dizer ou oferecer.

Para mim, eu fiz isso através da escrita (com personalidade real nela) e áudio/vídeos, e comecei a ter conteúdo e uma perspectiva que se prendia às pessoas. Elas viam uma série de palestras/vídeos/áudios on-line, clicavam neles, inscreviam-se nas minhas listas de e-mail, conheciam-me por melhor e, muitas vezes, acabavam por se tornar clientes (ou os enviavam aos seus amigos que também vinham). Foi assim que as coisas cresceram sem eu pagar pela publicidade!

Então, quando você quer oferecer algo, não precisa colocar panfletos ou apressar-se entre as reuniões — você sempre tem pessoas novas ouvindo você, ansiosas e prontas para mais.

O que fazer e o que não fazer

Como Atrator, você recebe clientes e rendimentos com base no quão fortemente as pessoas estão magnetizadas a você (ou à sua marca ou às suas ofertas).

O que você precisa:

- ter objetivo claro por dentro e por fora para que as pessoas possam ser atraídas para você como o imã;
- saber como você se prepara propositadamente;
- entender como o exterior de algo se parece, como ele vai se encontrar com as pessoas para quem é adequado, e a comunicação para apoiar isso (chave para os Atratores);
- ter um caminho claro do interesse da compra. Como Atrator, você é o imã; ninguém mais está lhe trazendo o seu rendimento.

Portanto é essencial:

- o que não se pode esconder;
- certificações ou tempo de experiência;
- conhecimento de algumas pessoas;
- o segredo mais bem guardado no seu campo (a menos que você use isso abertamente na sua marca, é claro!).

Há variações dentro desse estilo. Por exemplo, nem todos os Atratores precisam de um site para fazer isso, e nem todos precisam ser tão visíveis (para eles, são os seus produtos ou ideias que são visíveis). Seu estilo lhe dá a bússola, mas você pode sempre aperfeiçoar o caminho a partir daí, dessa vez sabendo que você está indo na direção certa.

Para saber mais sobre como começar e crescer como Atrator, veja o recurso no fim deste capítulo, no qual eu entro em mais detalhes sobre cada estilo, incluindo como encontrar o seu fluxo e começar.

Conector

Figura 7.3 Conector

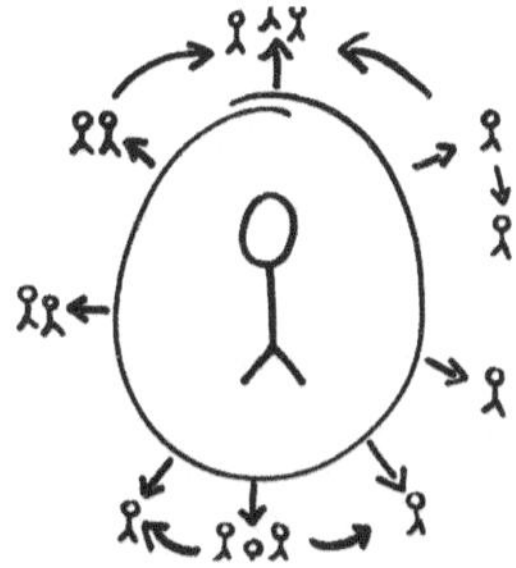

Selina Barker — a treinadora que você conheceu em vários pontos deste livro — tornou-se, com aparente facilidade, um dos nomes mais respeitados na sua área. Ela foi citada em pelo menos seis livros, cofundou cursos e eventos que chegaram a milhares de participantes, foi reservada com clientes durante muito tempo, cofundou um segundo negócio (Project

Love) com um produto físico que foi estocado em lojas de todo os Estados Unidos.

E ela construiu essa próspera vida em tempo integral, livre sem uma marca, e esteve durante anos sem depender do seu site (ou de um seguidor tradicional) para fazer a maior parte do seu rendimento.

Como é que ela fez isso? Por ser um Conector.

"O meu superpoder está na conversa", explica Selina. "Construí toda a minha carreira livre por meio de conversas e no poder de fazer amigos."

Quando eu fiz a pergunta à Selina — "De onde vem a maior parte da sua renda livre?" — a resposta foi: "Relacionamentos e parcerias. Meus primeiros clientes vieram de conversas com pessoas ao meu redor sobre o que eu estava fazendo, e eu passei minha carreira fazendo parcerias com indivíduos que têm um seguidor."

Isso permitiu à Selina desenvolver um rendimento em tempo integral sem ter uma marca que as pessoas conhecessem (até muitos anos!).

No entanto, quando ela decidiu iniciar um segundo negócio e queria que a marca fosse famosa, ela também o fez à maneira do Conector:

> *No meu segundo negócio (Project Love), a minha sócia Vicki e eu somos Conectoras e, embora tenhamos uma marca, o nosso sucesso comercial vem do fato de sairmos e fazermos amigos. As relações que desenvolvemos por meio de conversas e do interesse genuíno pelas pessoas levam à parceria com marcas, a centenas de indivíduos que fazem os nossos cursos, à grande imprensa e à maior parte da nossa renda.*

Um Conector próspero é muito provavelmente encontrado interagindo com pessoas, seja em conversas, em comunidades, em eventos, oferecendo jantares ou construindo relacionamentos (on-line ou offline) — aqui é de onde suas oportunidades (e clientes) vêm mais naturalmente.

Como diz Selina: "Quando falo com as pessoas, as coisas funcionam; quando começo a preocupar-me em ser um imã, as coisas param."

No entanto, no passado, Selina passou muito tempo sem perceber que o seu estilo era válido:

Mesmo sendo meu próprio chefe, eu tinha a sensação de que tinha acabado de me jogar e que um dia faria as coisas corretamente — ou seja, mais como as pessoas que eu estava vendo lá fora.
Eu pensava que o verdadeiro negócio era ter um grande número de seguidores, um funil de vendas adequado e um site perfeito, mas, na realidade, nunca foi daí que veio o meu rendimento em tempo integral!
É, no entanto, onde a maior parte do meu tempo e investimento cheio de estresse tem passado ao longo dos anos.
É por isso que os estilos de vida livres eram tão poderosos para mim, porque eu finalmente vi que o que eu estava fazendo era uma abordagem real — o que eu sempre tinha feito naturalmente era o que eu deveria fazer mais!

Espere, mas como o *estilo Conector* pode funcionar para um rendimento consistente? Como a Selina diz:

Durante muitos anos, eu estava em tempo integral com quase nenhum seguidor, e a minha renda ainda era consistente por causa das pessoas que eu conhecia. Eu poderia aproveitar os seus seguidores, fazer algo em conjunto ou simplesmente fazê-los se tornarem clientes.

Eu não tinha a maioria desses contatos quando comecei — mas meus melhores investimentos de tempo têm sido o crescimento dessas relações. Foi isso que criou a segurança para mim. Só gostaria de ter sido avisada no início que era uma forma válida de fazer as coisas.

O que você precisa e não precisa:

- estar em conversas;
- entrar em ação com um ou dois projetos que estejam de acordo com onde você quer estar. Isso lhe dá algo para falar e uma forma de se ligar às pessoas;
- trabalhar com outros. Fazer as coisas sozinho não funciona para um Conector (é difícil para muitas pessoas, mas é criptonita para este estilo).

O que não se pode esconder atrás:

- ter um site agradável ou pagar muito dinheiro a alguém por um projeto de branding;
- Indicadores de reputação como um livro ou uma qualificação (esses podem ajudar com suas conexões, sim, mas não são a coisa principal que trará a renda de um Conector);
- uma tela de laptop. Se um conector está sozinho, ele não está crescendo, então, acima de tudo, não se esconda.

Agora, chegamos ao estilo final. Se o Conector é o mais extrovertido, você está prestes a conhecer os mais introvertidos.

Pessoa de Confiança

Figura 7.4 Pessoa de confiança

Quando Jeanne começou a sua própria coisa em meio aos vinte e poucos anos, ela estava voando. Ela criou um negócio de serviços rentável e bem-sucedido em sua cidade natal, amou cada parte dele durante anos e, no final, vendeu-o por uma soma de dinheiro que ela nunca teria sonhado. Daqui ela se mudou para o ambiente corporativo, mas depois de um tempo viu que isso não era um bom ajuste para ela. Então, Jeanne decidiu que era hora de ser livre novamente.

Ela leu sobre começar a sua própria ideia e pensou: "Bem, um negócio on-line (com produtos virtuais) parece uma ideia inteligente, eu vou fazer isso."

À sua maneira, Jeanne aprendeu cada aspecto do quadro: acabou por ter um site limpo, um funil, uma marca, sistemas (e uma grande prancha de cortiça na parede para mapear todo o processo)... e sem clientes.

Jeanne estava tentando ser como muitas das pessoas que ela estava vendo lá fora — e, como resultado, ela estava colocando seu tempo e energia para tentar fazer coisas como uma Atratora, quando, na verdade, ela era uma Pessoa de Confiança.

Então, o que ela fez de diferente com essa informação?

Em vez de me concentrar em mexer com uma marca (que ninguém estava olhando) e uma lista de discussão (que mal tinha alguém), fui para onde já estavam as pessoas que precisavam da minha solução. Encontrei uma plataforma onde (muitas!) pessoas estavam procurando ativamente treinadores para trabalhar, e eu podia responder a elas individualmente.

Eu me concentrei em conversas individuais, ouvindo atentamente qual era o problema delas, e me concentrei em resolvê-lo. Eu também foquei em obter testemunhos da minha experiência, mesmo que isso significasse fazer algo de graça — e no início, fiz. Foi aí que as coisas começaram a mudar.

Finalmente pude passar o meu tempo fazendo o trabalho que eu queria fazer com os clientes — o trabalho que eu adorava fazer! — em vez de andar em círculos tentando atraí-los em primeiro lugar, o que nunca me pareceu correto.

A partir daí, Jeanne recebeu referências e teve que continuar a aumentar os seus preços para acompanhar a procura.

Hoje, embora isso possa parecer uma maneira mais lenta de começar, para Jeanne foi o oposto. Lembre-se: ela passou de presa por mais de um ano a livre em tempo integral em meses, concentrando-se no que funcionava para o seu estilo Pessoa de Confiança.

O que fazer e o que não fazer

O que você precisa para prosperar:

- expertise em uma área (seu tópico, seu ofício, seu serviço);
- referências e testemunhos (prova da confiança dos outros em você);
- conversas individuais (que criam confiança em si e nas suas capacidades);
- um entendimento das necessidades do seu cliente e de como fornecê-las de forma especializada.

O que não se pode esconder atrás:

- uma marca ou um site bem construído;
- o exterior sem mostrar o seu interior (encontre formas de mostrar alto valor na prática).

Quando preso:

- pense em alguém que você pode alcançar de cada vez, em vez de tentar incessantemente elaborar uma mensagem para alcançar dez mil pessoas. (Nota: isso não significa que você deve ficar pequeno. Uma dessas pessoas pode ser um Atrator com acesso a essas dez mil pessoas, enquanto outra pode ser um cliente que acaba por encaminhá-lo para muitos outros). Quando em dúvida, pense primeiro na ligação individual.

Turbo propulsor para pessoas de confiança
(confiança que pode levar a muitos clientes)

Quer alcançar ainda mais pessoas sem ter que se tornar outra pessoa?
Aqui está a reviravolta dessa história: Jeanne Patti não é apenas uma Pessoa de Confiança... ela é a minha Pessoa de Confiança neste tópico.

Jeanne trabalhou comigo desde o início nos estilos: usando sua experiência enorme em temperamento, personalidade e sistemas, ela os examinou, testou em seus clientes para ter certeza de que eles trabalhavam para uma gama ampla de pessoas (e também combinou seu talento em simplificar ideias complexas ao lado do meu estilo Atrator de fazer uma ideia aterrissar e ficar com mais pessoas).

Por causa disso, você a conhece sem que ela tenha de passar anos construindo primeiro um grande seguimento (um fato que Jeanne me assegura que ela está encantada).

Resumindo: pense mais no fundo do que na largura. A Pessoa de Confiança não é para espalhar a rede. A sua renda vem e cresce a partir da profundidade das relações individuais.

Dando vida a isso

Lembre-se, esses estilos (que eu também chamo de Modelos de Atração) não definem o trabalho que você faz ou como você o entrega — eles são apenas a sua forma mais natural de trazer clientes e renda. Todos esses são caminhos muito reais que milhares de pessoas usam para obter um rendimento consistente e crescer a partir daí.

Estilo algum é melhor ou pior que os outros. Há pessoas com o mesmo sucesso, felicidade, liberdade e tudo mais que você procura usando cada Estilo — mas cada um só funciona sem problemas para esse tipo de pessoa.

Voltando ao início, veja Selina (Conector) e eu (Atrator), e as coisas parecem semelhantes por fora — mas o interior é bem diferente. Quando ela tenta fazer coisas como eu, tudo abranda. Se eu tentar ser como ela, com certeza posso me divertir e ter muita inspiração (minhas melhores ideias vêm do bate-papo!) — mas entrar no modo Atrator é onde meu impacto e minha renda se tornam mais eficientes.

Embora, claro, você possa usar os outros estilos para melhorar o que você faz (afinal, você não é apenas uma coisa!), quando se trata de trazer renda e clientes, seu estilo primário é onde você deve colocar a maior parte do seu foco.

Enquanto a maioria das pessoas descobre isso após um longo tempo de tentativa e erro, a partir de agora você tem uma estrutura humana para ajudá-lo a filtrar melhor onde colocar o seu tempo e espaço.

Por isso, não ouça mais o *Top Dog* dizendo que você tem que investir a maior parte do seu tempo numa abordagem que você pode ver que não está de acordo com o seu estilo. Procure saber onde você pode usar o seu até dez por cento a mais. Esses dois passos, feitos de forma consistente, vão colocá-lo à frente do grupo.

O Jogo da Escada

Embora a abordagem livre seja baseada em quem você é, ela também é realista. Sim, comece de quem e onde você está e crie a melhor solução possível. Não deixe que a busca pela perfeição o impeça de agir!

Se não consegue ver um caminho apenas no seu estilo, avance jogando o que eu chamo o Jogo da Escada.

Aqui você ganha dez pontos por agir cem por cento de acordo com seu estilo, mas ganha zero ponto por ação alguma.

Então, se você imaginar que uma ação é um seis ou sete em dez, mas sua outra opção é não fazer nada, então vá para o sete. Agora, você está mais acima na escada do que aqueles que esperaram pela perfeição para aparecer em um cavalo branco — o que significa que você está mais propenso a chegar lá em primeiro lugar.

(Você também está muito à frente daqueles que ainda não leram este livro e acham que têm de pegar algo da prateleira e se encaixar nele. Eles estão, muitas vezes, sentados com um, dois ou três.)

Faça sempre o seu melhor para encontrar o caminho que tenha mais a ver com você, e obtenha o input para trazê-lo à vida. (Para começar, use os recursos acima!) Mas não congele no caminho... e não deixe que a busca pelo ideal o impeça de dar os passos que lhe permitirão criar seu negócio livre em primeiro lugar.

08

O *FASTSTART* DO ESTILO LIVRE

Nos capítulos anteriores, falamos sobre quem você é. Agora, vamos mudar um pouco de marcha e falar sobre começar de onde você está. Isso, em muitos casos, será em algum lugar perto do início.

Os capítulos seguintes são abordagens por trás dos bastidores para que as coisas corram mais eficazmente — em especial, quando se começa com algo novo (num espaço apinhado).

Nós cobriremos abordagens que são 1) mais fáceis de fazer do que as pessoas percebem; 2) fazem diferença real em como as coisas funcionarão para você, não importa o seu estilo.

Alguns tópicos a seguir incluem:

- indo de zero para clientes;
- obtendo reputação;
- chegando tão bem quanto você merece;
- porque não tem que fazer tudo;
- tópicos-chave de como vender e definir o seu "salário".

Se esses tópicos não estiverem na sua mente neste momento, sinta-se à vontade para ir diretamente para o capítulo 14 da parte 4. Mas, se você quiser dar uma olhada nestas abordagens "debaixo do capô", continue lendo.

Como fazer o *faststart* do estilo livre

> *"Não fique no seu canto da floresta à espera de que outros venham ao seu encontro. Você tem que ir até eles às vezes."*
>
> Winnie the Pooh (A. A. MILNE)

Este capítulo é um atalho para ampliar o seu caminho no trânsito e o seu primeiro cheque de pagamento usando um sistema simples (e um toque de encanto). O melhor de tudo: se você acertar essa parte, então você pode esquecer a classificação do seu motor de busca.

Estou falando sério. Usando essa abordagem, você pode desenvolver um negócio próspero a partir do zero sem se preocupar com a sua posição no Google ou pagar por um anúncio. Além disso, é algo que as pessoas de todos os estilos podem usar (à sua própria maneira) para fazer as coisas saírem do chão mais rápido do que a maioria das pessoas imagina.

Quer saber o que é?

Conheça o faststart do estilo ao ar livre

O *faststart* do estilo livre são três passos simples que lhe permitem alcançar o seu público de uma só vez.

Antes de iniciar o Faststart, você pode estar se sentindo como o novo "dono da rua", que conseguiu a mais interessante barraca do mercado. Você está num canto sem ninguém prestar atenção. Não importa o quão simpática você faz a sua barraca parecer e o quanto você faz de ofertas; não faz diferença: ninguém sabe que você está lá.

Enquanto isso, você observa outro dono com uma fila longa de clientes ideais que estão rindo e conversando com ele. E, acima de tudo, comprando. Que frustrante!

Agora, imagine que esse mesmo dono lhe ofereça a chance de se juntar a ele por um tempo e ser conhecido por essas pessoas. Que sorte!

Você quer estar onde o tráfego está.

Mas não se trata apenas do trânsito. Você rapidamente descobre que a inclusão de você no seu estande é uma recomendação implícita: as pessoas na fila já estão sorrindo para você, dizendo olá. Aqueles que o ignoravam antes, confiam em você por causa do seu novo parceiro.

Sim, eles adorariam estar na sua lista de e-mails e acompanhar você nas redes sociais; ou, simplesmente conversar e ouvir mais. Eles não podem acreditar que nunca ouviram falar de você, porque o seu produto é exatamente o que eles estavam procurando.

Não importava que você estivesse ali perto o tempo todo, eles não sabiam procurá-lo. Neste momento, você está no radar deles. É o que acontece com o *faststart*.

O faststart na prática

Há alguns anos, Rachel Winard era advogada e trabalhava em um escritório de advocacia em Nova York. Ela sofria de lúpus, uma condição que reage mal ao estresse, e, depois de anos tentando sobreviver a longos dias (com o início às quatro da manhã), ela finalmente deixou seu emprego por causa de sua saúde. Enquanto ela procurava algo que gerasse renda, os amigos e a família a incentivaram a lançar sua própria linha de sabonetes feitos à mão usando as receitas que ela mesma vinha fazendo havia anos — o resultado de não conseguir encontrar no mercado nada que funcionasse para uma pele de lúpus facilmente irritável.

Então, ela comprou uma loja virtual no Etsy.com, e foi assim que "Soapwalla nasceu, tarde da noite, na cozinha do meu pequeno apartamento", explica Rachel. No entanto, uma vez lançada, a pergunta do momento era: como é que alguém ouvirá sobre mim? Amigos aconselharam-na a contratar uma empresa cara de marketing; no entanto, ela ignorou este conselho e decidiu fazê-lo ela mesma usando os passos do *faststart* abaixo.

Foi por meio dessa abordagem que a Soapwalla conseguiu tráfego, conquistou clientes fiéis e acabou sendo apresentada como um produto obrigatório na revista estilo *do The New York Times* (sem que Rachel jamais escrevesse um comunicado à imprensa ou entrasse em contato com um jornalista).

Aqui estão três passos para fazer por você mesmo:

Como fazer

Passo 1. Identificar uma lista de pessoas ou organizações na sua área que tenham o público que procura.
Quando Rachel lançou Soapwalla, ela se conectou a sites já estabelecidos onde ela sentia:

> *As pessoas estavam na mesma vibe que eu. Fiz buscas sobre quem eu achava que seria bom para minha marca e escolhi pessoas que tinham objetivos similares aos meus — beleza natural, simplicidade, saúde.*

Lição: há pouco sentido em tentar alcançar um indivíduo de cada vez, quando alguém já tem centenas ou milhares dos seus clientes perfeitos. O seu primeiro passo é identificar quem são esses detentores de audiência.

Passo 2. Fazer contato e construir um relacionamento.
A atitude seguinte da Rachel foi entrar em contato com esses proprietários de sites:

> *Apresentei-me às pessoas que identifiquei. Às vezes, elas respondiam, às vezes, não; eu formava amizades com os que respondiam, e a partir daí as coisas andaram.*
>
> *Havia um blog de produtos ambientalmente responsáveis que eu gosto. Mandei uma introdução por e-mail, expliquei a minha linha e compartilhei a minha história sobre o porquê de ter começado*

e quais eram os meus princípios éticos por trás da produção dos meus produtos.

A proprietária respondeu, e eu a conheci. Construímos uma relação por e-mail, e eu enviei os produtos para ela experimentar. Ela o fez, gostou e colocou um post no site dela contando a minha história em uma versão condensada. Lembro-me de ter pulado durante cinco minutos ao ler aquela primeira crítica. Era realmente isso o que eu devia estar fazendo. Desde então, construí amizades com outros dessa forma. Foi assim que consegui toda a minha imprensa.

Lição: mesmo quando você identificou onde seus clientes perfeitos estão, poucas pessoas estão dispostas a deixá-lo entrar e começar a se apresentar ao público que eles passaram anos cultivando. Conheça os seus potenciais parceiros primeiro, e depois veja como pode beneficiá-los.

Passo 3. Trocar valor mútuo

O que você está procurando é aproveitar esse fluxo de audiência que eles têm, e o valor que eles recebem em troca pode ser um conteúdo para seu site, podcast ou sua assistência ou contribuição para um projeto ou evento.

Rachel ofereceu a sua história pessoal como conteúdo para as pessoas de quem ela se tornou amiga. Ela também deu amostras grátis para seus novos contatos, que é o jeito de mostrar a qualidade do que você faz.

Lição: não pareça um anúncio. Seja agradável, pense da perspectiva dessa outra pessoa ocupada — se eles seguram o público que você está tentando desesperadamente alcançar, o maior pagamento neste momento é se expor para todos que interessam.

Como outro exemplo de como esse processo funciona, numa das minhas próprias parcerias faststart, comecei oferecendo um post para um site, até me tornar colaboradora regular. Conheci as pessoas por trás da página, encontrei-me pessoalmente com elas e percebi que poderia oferecer assistência para desenvolver algumas estratégias que eles precisavam e oferecer serviços que o seu público estava implorando, mas que eles não tinham recursos.

O resultado foi que nos associamos e lançamos um evento: eles ofereceram as pessoas e eu ofereci o serviço, e ambos nos beneficiamos de algo que não poderíamos ter feito sozinhos. Além disso, fiquei exposta a um grande grupo do meu nicho, que depois se juntou à minha tribo (e um grupo tornou-se cliente!).

Eu não tinha contatos, nenhuma reputação e nenhuma razão para isso funcionar a não ser o fato de ter dado os passos do *Faststart*: entender suas necessidades, oferecer algo de valor, depois conhecê-los melhor (ouvindo realmente) e fornecer algo que funcione para os dois.

Esses três passos podem levá-lo de desconhecido a ser visto por dezenas de milhares de pessoas no seu nicho, com o bônus de uma recomendação de uma autoridade em que elas já confiam. Muito mais esperto do que enfiar panfletos ao acaso na esperança de serem notados, certo?

Há muitas variações dos três passos (na história de Connie, que você verá mais à frente, ela os utilizou em seu blog primeiro), mas sempre começa com isso:

Alinhamento de atitudes: faça a pergunta certa

Neste momento, você está numa posição incrível. Graças às redes sociais, você pode seguir qualquer pessoa e enviar-lhes uma mensagem (sem pedir permissão a um porteiro). O problema é que todos os outros também podem.

Para se destacar na multidão, certifique-se de estar fazendo a pergunta certa. A questão não é apenas "Como essa pessoa pode me beneficiar?"; mas "Como posso *beneficiá-los*?".

Eu sei que você não iria parar um estranho na rua, agarrá-lo pela gola e gritar: "quero me divulgar para o seu público!" Então, não vamos fazer isso on-line também. Concentre-se nele, nas suas necessidades e em como você pode contribuir. Lembre-se: não há regra falando que você deve receber alguma coisa em troca de seu apoio ou tempo, então só faça o que você estaria disposto a fazer de graça de qualquer maneira. Pense: será que eu gostaria de tomar café com essa pessoa se eu não fosse conseguir nada com isso?

Escolhendo seus parceiros *Faststart*

Existem dois tipos diferentes de parceiros *Faststart*:

1. Diferente de você

Uma pessoa ou organização que cobre o tópico mais amplo no qual você tem um nicho. Por exemplo, um podcast de uma personal trainer seria um ótimo lugar para você se concentrar caso ofereça treinamento para grávidas. Do ponto de vista da profissional, você agrega valor ao entrar com uma especialização que vai se encaixar com uma parte do seu nicho, mas que ela ainda não cobriu com muito detalhe.

Uma variação é ir para um lugar com um tópico completamente diferente do seu e concentrar-se em alcançar o seu nicho dentro daquele público. Benny, do *Fluent em Three Months* diz:

> *Eu não escrevo em outros blogs de idiomas. Você pode colocar um convidado completamente fora do seu nicho; basta combinar os dois tópicos e colocar um tema relevante sobre ele. Em um site financeiro, fiz um post sobre como aprender uma língua estrangeira sem gastar um centavo. No Zen Habits, de Leo Babauta (um blog minimalista sobre viver de maneira simples), o post foi sobre a maneira simples de aprender línguas estrangeiras. Os vinte por cento dos leitores interessados em saber mais sobre o que você faz irão ao seu site.*[5]

2. Os seus concorrentes diretos

Eu prefiro chamar os concorrentes de comparáveis: só porque você é semelhante, não significa que você tem que lutar contra alguém. Na maioria das vezes, há espaço para a copromoção, colaboração e muitas sessões de união por causa do café! Conectar-se em vez de competir pode levar aos relacionamentos mais ricos e gratificantes.

Faststart com Estilo

Você pode usar o *faststart* para se mover, não importa o seu estilo, para que você não fique sentado esperando a sorte passar na sua frente!

Atratores podem usar isso para pôr as coisas para funcionarem quando não têm um seguidor (ver o meu exemplo acima).

Pessoas de Confiança podem obter um impulso concentrando-se num indivíduo (ou numa plataforma) que atraia o seu nicho, e provando a qualidade da relação (e do seu trabalho) — como a minha cliente Louise, que foi do zero para a agenda cheia com duas ligações *faststart*, antes mesmo de ter tempo para desenvolver um site adequado! (Versão curta: ela fez um trabalho para dois Atratores, que a amavam tanto que a recomendaram em seus grupos... e tudo mudou).

Conectores estão frequentemente tão em casa com esse esquema que alguns optam por continuar a usar o *faststart* muito além da fase inicial.

Use isso como parte do seu kit de ferramentas para começar — e, como sempre, sinta-se à vontade para dar a sua própria volta.

PERFIL HUMANO LIVRE

A HISTÓRIA DE CONNIE

"GANHEI MAIS NUM MÊS DO QUE EM TRÊS MESES NO MEU TRABALHO."

Connie Solera era uma professora de arte que sonhava em ser uma artista de verdade. Ela amava seus alunos e a oportunidade de inspirar sua criatividade, mas a administração e a burocracia que acompanhava o papel de professora a deixava esgotada no final de cada dia.

No caminho para o trabalho — seus trinta minutos favoritos do dia —, Connie imaginava como seria poder passar seus dias criando, conectando-se com outros artistas e se movendo ao seu próprio ritmo em lugares que a inspiravam. Claro, isso foi apenas um sonho. Sempre disseram a ela que era impossível ganhar a vida com este tipo de "emprego". A arte era o que se fazia do lado de um trabalho sério.

Então, Connie começou um pequeno blog como uma forma de se conectar com outros artistas, chamado *Dirty Footprints Studio*:

Naquela época, em todos os domingos, eu me sentava no sofá usando o meu pijama, e pensava: "Não quero ter que ir trabalhar amanhã." Eu tinha o meu laptop e adorava mexer no Dirty Footprints, mas não parava de pensar: "Preciso do seguro de saúde, preciso dos benefícios que recebo como funcionária, só tenho que trabalhar."

Enquanto o sol se punha pela janela, sentia-me como se estivesse vendo um temporizador de ovo — todos os domingos naquele sofá, quanto tempo ainda tenho? Quanto tempo até segunda-feira, quanto tempo até as férias de verão? Foi tudo uma grande contagem decrescente até o meu tempo livre, quando eu podia viver a minha vida real.

Nesta época, Connie decidiu criar uma espécie de diário de arte e compartilhá-lo no YouTube. Os seus vídeos rapidamente se tornaram populares e geravam tráfego para o site dela.

Connie não esperava por isso, mas, assim que aconteceu, ela aproveitou ao máximo a oportunidade. Ainda em seu trabalho infeliz, ela criou uma série chamada *30 Journals 30 Days*, entrevistando trinta artistas conhecidos em seus próprios diários. Connie publicou as entrevistas como posts no blog. Ao mesmo tempo, ela estava lançando seu primeiro programa on-line pago, *Art Journal Love Letters*, e, para promovê-lo, ela colocou um botão PayPal para as pessoas comprarem o programa no final de cada uma das trinta entrevistas.

"Os artistas que eu entrevistei enviaram seus seguidores ao meu site para ler seus posts", explica Connie, "e meus números cresceram maciçamente". (Este foi o seu *faststart*!) Como resultado, a novata Connie esgotou a primeira rodada ao vivo do seu programa on-line (e a versão curso do projeto acabou vendendo mais de trezentos lugares). "Isso me fez pensar: ei, talvez isso possa funcionar!" Mas os receios de um rendimento não confiável ainda paralisavam Connie.

Naquele verão, a Connie subiu um degrau. Ela lançou BIG, sua aventura on-line de pintura, que foi um sucesso. "Dentro de um mês, tinha ganhado mais dinheiro do que receberia em três meses como professora."

O primeiro curso grande foi lançado em quatro de julho.

No dia seis do mesmo mês, Connie deixou o emprego e tornou-se livre.

Hoje, ela dirige o *Dirty Footprints Studio* em tempo integral — por um tempo ela estava vendendo sua arte (terminando com 48 comissões em um ano), mas agora Connie se concentra em inspirar e ajudar as pessoas a explorarem sua própria criatividade como artistas. Ela pinta todos os dias, e os seus cursos são tão populares que, muitas vezes, esgotam-se antes do anúncio público:

> *Eu não sei que dia é metade do tempo! É um grande e incrível borrão. Quando eu parei de procurar algo para cair de cabeça foi quando eu caí no que estava destinada a fazer.*

Tenha em mente que, quando ela começou, Connie ainda trabalhava em tempo integral, saindo de casa às 7h30 da manhã todos os dias.

> *Eu estava com o Dirty Footprints em cada momento livre que eu tinha: escrevia, filmava, dava cursos, e, claro, criava minha própria arte. Até tentava fazer alguma coisa durante o trabalho. Eu sabia que queria fazer isso acontecer mais do que tudo.*

Connie não tinha vantagens ou contatos ocultos. Tudo foi construído usando a sua paixão, o seu entusiasmo e uma boa dose de *faststart* ao estilo livre.

09
REPUTAÇÃO INSTANTÂNEA

"Está tudo na mente."
GEORGE HARRISON

Molly ouviu tudo isso e adorou. Ela estava entusiasmada para começar a andar sozinha, exceto por uma dúvida: ela não tinha a certeza de que alguém a levasse a sério. Afinal de contas, Molly nunca havia sido empregada no campo para o qual ela queria se mudar. E, à medida que analisava os perfis de outras pessoas, ficava cada vez mais frustrada por haver dezenas delas no seu nicho de mercado, e todas tinham melhor reputação do que ela.

Como assim? Um já realizou seminários sobre o tema em universidades, apresentado, inclusive, na imprensa nacional; este tem um histórico nas melhores empresas e um podcast popular!

"Como posso competir? Por que alguém iria querer se conectar

comigo para o faststart ou me contratar quando eu sou tão nova e não tenho reputação alguma?"

Já se sentiu assim? Você não está sozinho. O medo de não ter reputação suficiente é uma das principais razões pelas quais muitas pessoas nunca se põem em marcha. Agora, aqui está a parte de que muitas pessoas não gostam de falar: *Molly estava certa.*

É culpa daquele vendedor de carros duvidoso

Fomos todos enganados. Ninguém gosta da sensação de perceber isso. Claro, você teve mais interações humanas boas do que más, mas nossos cérebros estão ligados para que nos lembremos da má experiência mais facilmente do que da boa (como mostram os estudos de John Gottman, são necessários cinco episódios positivos para compensar um negativo em um relacionamento).[6]

Tudo o que é preciso é a memória daquele tempo em que você comprou aquele carro duvidoso... e pimba. Direto para a terra do medo.

Depois, há o temor de cometer um erro suficientemente forte para impedir que as pessoas confiem ou se liguem a um novato não validado.

Aqui está como a reputação pode ajudar.

A reputação é reconfortante

Gosto do fato da minha médica ter um diploma na parede dela. É reconfortante. Ele é um sinal tranquilizador dizendo "eu sei o que estou fazendo". Normalmente, não se lê todas as palavras no certificado. Você pode nem reparar que está lá. Mas o seu subconsciente certamente percebe e trata essa pessoa de forma diferente.

Quanto à sua situação, o principal trabalho da reputação é extinguir o medo que pode impedir que os potenciais clientes (ou colaboradores) o levem adiante. O trabalho secundário é aumentar o seu valor para que possa cobrar o que você vale.

Eis como construir essa reputação muito mais rápido do que a maioria das pessoas imagina.

Truque de reputação 101

Quando comecei em um novo campo, eu estava tão livre de reputação quanto qualquer outro. E saí para mudar isso:

- em poucas semanas (antes de deixar o meu emprego), eu tinha ministrado seminários nas universidades;
- dois meses depois, fui publicada em alguns dos sites mais populares para o meu nicho de mercado;
- três meses depois, fui citada como especialista em um livro e citada na imprensa nacional;
- seis meses depois, eu não só tinha uma organização popular na minha área nova para me contratar com um contrato exclusivo para ministrar aulas (ou seja, acesso garantido ao meu nicho), como também ofereceram-se para me pagar pelo privilégio, mesmo que outros fizessem fila para fazê-lo de graça. Também me pediam para dar palestras em eventos que eu tinha acabado de assistir de longe.

O resultado? Eu tinha a confiança e as credenciais para conseguir o trabalho que queria, com os valores que precisava cobrar. Mais uma vez, isso não foi sorte, foi combinar *faststart* com uma abordagem simples para aumentar a escada de reputação.

As técnicas deste capítulo são baseadas em um conceito simples. A maioria das pessoas pensa que a reputação é um fato imutável, uma fortaleza impenetrável. Não é. Ela é simplesmente a percepção que as pessoas têm de você.

Quando você mergulha nessas percepções, elas se tornam bastante previsíveis: analise qualquer página "Sobre" que funcione e você verá o mesmo padrão de blocos de construção. Uma vez que você entenda esses blocos de construção de reputação previsíveis, e quais indicadores de reputação têm o maior impacto, você pode pular os anos de tentativa e erro e replicá-los para si mesmo.

Três pilares de reputação instantânea

Esses blocos de construção dividem-se em três categorias:

Figura 9.1 Associação, publicação, qualidade: os três pilares da reputação

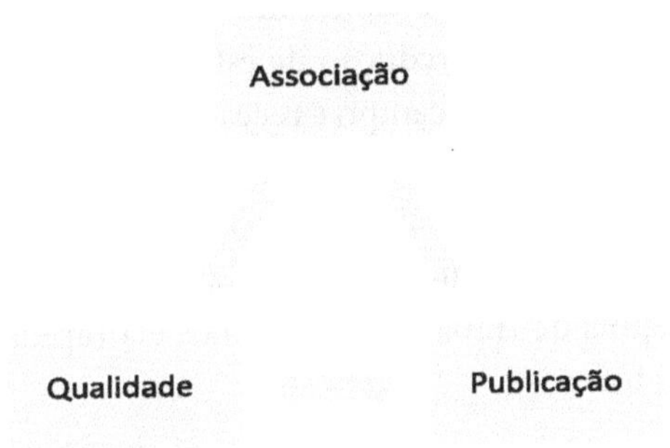

Aqui está o que eles significam e como você pode criá-los para si mesmo:

1. Associação

A maneira de encararmos o mundo é informada pela associação entre uma coisa e outra. Vemos um jovem dirigindo um Porsche de capota aberta e, sem pensar, assumimos que ele está bem de saúde. Claro, ele pode ser um estudante em dificuldades pedindo o carro emprestado a uma amiga para levar o seu cão ao veterinário, mas, se parássemos e pensássemos em todas as explicações concebíveis para cada coisa que vemos, nunca passaríamos da nossa porta da frente. Então, o nosso cérebro faz atalhos: este carro = rico. É assim que passamos o dia.

O seu público acolhe o mundo exatamente da mesma maneira. Então, o que eles estão usando para fazer suposições sobre você? É aí que entra a reputação por associação. Reputação por associação é quando você se junta com algo que já tem renome aos olhos do seu nicho. Essa reputação pode ser uma marca de nome de família, um local de prestígio, uma instituição acadêmica, uma profissão, um prêmio ou um passado. Neste momento, o seu público não sabe quem você é, e para ajudá-lo a ficar confortável o suficiente para querer descobrir, forneça algo familiar e tranquilizador.

Aqui estão algumas formas de obter reputação por associação em três minutos, três dias ou três semanas.

Truque da associação em três minutos

Comece desenhando o que você tem.

Por exemplo, Helen estava começando de novo como uma hipnoterapeuta especializada em redução de estresse para profissionais. Ela não tinha conexões naquele campo e receava ter que começar de baixo. No entanto, ela estava saindo de uma carreira de dez anos trabalhando com algumas marcas conhecidas de nomes de famílias. Helen não achava isso relevante, pois nunca tinha trabalhado em estresse nesses papéis, mas, depois de trabalharmos juntas, ela rapidamente viu que havia uma ligação:

> *Após dez anos de carreira trabalhando para empresas grandes e com diretores de startups, testemunhei em primeira mão o impacto do estresse, e descobri as formas mais eficazes de...*

Você pode ver como isso tem mais impacto do que apenas escrever: "Sou um novo hipnoterapeuta fazendo uma mudança de carreira, me contrate!".

Conheço um treinador famoso, cuja marca pessoal inclui ser um ex-médico. Ninguém imagina que a sua formação médica tenha qualquer relação com o seu trabalho atual — mas fornece credibilidade imediata.

Você não precisa de uma grande empresa, instituição ou profissão ligada ao seu nome: outra vitória rápida são os números. Em quantos países você já esteve ou trabalhou? Quantos filhos você tem (se for relevante para o seu negócio!)? Quantos livros já leu sobre o tema? Você assistiu aos ensinamentos de algum nome importante que queira mencionar?

Esses são apenas alguns exemplos. Seja criativo. Você não tem catorze anos, então você terá alguma reputação, em algum lugar. Identifique-a e coloque-a lá fora para tranquilizar o seu público.

Truque da associação em três dias

Essa opção lhe permite pedir emprestado a reputação de outra pessoa.

Encontre alguns amigos, ou amigos de amigos, que têm — ou estão associados a — reputação que o seu nicho reconheceria. Ofereça-lhes um brinde.

Por exemplo, se você está tentando trabalhar como treinador de pessoas criativas, a linha "treinou indivíduos criativos de empresas como Twitter e Snapchat" tem mais impacto do que uma página inteira de texto. Um depoimento de uma dessas pessoas é ainda melhor.

Truque da associação em três semanas

Dê uma palestra em uma instituição, um evento ou um local famoso que seus clientes-alvo reconhecerão.

Antes de deixar o meu emprego, fiz uma lista de todas as pessoas que conhecia com ligações com a universidade, e de todas as instituições que pude contatar comigo mesma. Depois falei com um amigo de um colega que trabalhava numa instituição acadêmica com visão de futuro. Destaquei as partes do meu passado que eu sabia que o interessaria. Fiz a oferta de realizar ali alguns seminários sobre um tema específico, para obter alguma experiência e transmitir gratuitamente alguns conhecimentos aos seus alunos. Em uma semana, eu consegui editar minha página "Sobre" para dizer "Seminários sobre este tema em uma universidade".

2. Publicação

Lembro-me de conhecer alguém que tinha contratado recentemente uma consultora de imagem. "Ela era cara", explicou minha nova amiga, "e eu tive de economizar para pagar os serviços dela, mas eu queria usar o melhor: ela é uma autora publicada e tem sido destaque na imprensa e tudo mais".

Você notou o que aconteceu acima? A reputação por publicação (em livros e revistas) foi correlacionado com ser um líder nesse campo. Nós pensamos: a revista os escolheu, então eles devem ser bons. Felizmente, você não tem que esperar para ser escolhido para isso acontecer. Hoje, escolha você mesmo.

Escolha você mesmo

Estamos num ponto da história em que, mais do que nunca, você pode escolher a si mesmo. Indústrias tradicionalmente fechadas, como editoras, televisão e rádio, estão se abrindo para pessoas que quebram as regras e fazem as coisas acontecerem.

Escreva um livro. Tantas pessoas que conheço que conseguiram um contrato de livros de não ficção nos últimos anos foram abordadas por uma editora como resultado do seu blog (ou em alguns casos, um e-book gratuito que estava se espalhando pela internet). Isso faz sentido: com cada vez mais pessoas produzindo e publicando on-line, por que apostar em alguém que apenas afirma que sabe escrever?

Publique-se on-line. Uma cliente conseguiu um espaço para escrever como especialista para o prestigiado *Huffington Post* no prazo de um mês após o início do seu negócio. Ela identificou o seu nicho e reputação usando as técnicas deste livro e, depois, construindo sobre esses degraus, aproximou-se diretamente deles e foi aceita.

Prefere interação ao vivo? Fique conhecido como a pessoa que dirige um evento para aquelas em seu nicho. Lance seu primeiro evento informal (compartilhe-o no Facebook ou Eventbrite se você não tiver um site). Na primeira vez, pode ter cinco pessoas, mas continue e, em breve, poderá dizer que está organizando "o único evento mensal desta cidade para os viajantes de aventura com mais de cinquenta anos".

Conclusão: não espere ser notado antes de começar; comece para que você seja notado. Ao decidir dar o start na sua ideia, e colocá-la lá fora, você se torna bom e conhecido, e as pessoas vêm até você: é algo muito mais inteligente do que esperar para ser escolhido, "só porque...".

Miniestudo de caso

Sempre adorei escrever sobre viagens e questões internacionais, mas a ideia de ser um escritor de viagens publicado era uma utopia. Tenho trinta anos e um emprego regular. Pensei: por que alguém me publicaria?

Um dia, comecei um blog. Trabalhei nisso por um tempo, mesmo sabendo que ninguém estava lendo. Neste mesmo ano, o meu post sobre viajar como mulher solteira no Marrocos foi escolhido pelo site do Lonely Planet. Depois disso, tive uma pequena aula noturna de escrita de viagem e depois apresentei um artigo para o *The Guardian*. De repente, me vi publicada na seção viagens do jornal, escrevendo sobre os principais festivais de ideias ao redor do mundo!

É uma revelação que mostra que você precisa continuar fazendo as coisas para que elas aconteçam. Sei que parece óbvio, mas, na verdade, é espantoso o quanto vem só por fazer.

Kim Willis

3. Qualidade

Normalmente, pode-se dizer se alguém tem reputação pela forma como se apresenta. A qualidade é simples: tenha integridade, entregue um trabalho bom e cuide do seu pessoal acima de tudo.

Como diz Ms Cupcake, "Somos divertidos e carismáticos, mas, acima de tudo, uma marca premium. Vou jogar fora uma bandeja inteira de bolinhos se a qualidade não for perfeita". Essa dedicação à qualidade contribui para a sua reputação.

A percepção de qualidade justifica essa dedicação. Isso significa que não há anúncios aleatórios atrapalhando o seu site e fotografias suas nos seus perfis de redes sociais que não estejam de acordo com sua imagem.

Finalmente, lembre-se de que ninguém quer jantar em um restaurante vazio. Não se desanime ao procurar desesperadamente por um cliente. Isso só diz ao mundo que os outros não querem o que você tem a oferecer, o que definitivamente não sugere uma reputação elevada. Em contraste, uma novata que eu conheço deixaria pontos vazios em vez de se apressar pelo último dólar. Isso valeu a pena porque ela ganhou a reputação de sempre se vender, de ser procurada, e, consequentemente, isso se tornou uma crença autoperpetuada. Logo, os cursos dela estavam se esgotando. Esse é o poder da percepção de qualidade.

Acima de tudo, faça-o de verdade. Como Henry Ford disse: "Não se pode construir uma reputação sobre o que se diz que vai fazer." Cada vez que você entra em ação, você está dando o próximo passo rumo à reputação, diferenciando-o das dezenas de pessoas que apenas falam sobre suas ideias.

10

COMO SE COMUNICAR DE UMA FORMA NÃO IDIOTA

"Se você não consegue explicar isso a uma criança de seis anos, você mesmo não *o entende."*

ALBERT EINSTEIN

Algo estranho acontece quando algumas pessoas começam a descrever os seus negócios. Já na primeira frase, o Gênio da Confusão barra o seu caminho. Ele tira uma varinha e lança um feitiço no qual ideias simples e tangíveis se tornam gerais e sem sentido.

Por exemplo, pegue esta ideia clara:

Eu organizo o seu espaço de escritório em casa para que você possa realmente ver a sua mesa — e lhe mostro formas rápidas e simples de mantê-la *assim para sempre.*

Versus:

Utilizo uma variedade de técnicas inovadoras e específicas de objetivos para remover a acumulação física estranha e realinhar o seu ambiente de trabalho doméstico com os seus objetivos pessoais e empresariais a curto e longo prazo.

O quê? (Está tudo bem, eu também não percebi.)

Tenho a certeza que você já ouviu algo parecido antes. Essa é um exemplo do estilo dos anos 1980, que o autor Hugh MacLeod chama de *Fala de Dinossauro*:

Noventa e cinco por cento das conversas de marketing são Fala de Dinossauro. Esse estilo de linguagem era universal há alguns anos, o que, na era da internet, soa como Pré-História.

Agora, os mercados tornaram-se mais inteligentes e rápidos, a linguagem mudou e a Fala de Dinossauro será extinta. Fale sempre como um ser humano, não como um dos funcionários em tempo integral do Partido Comunista da União Soviética. As pessoas estão prontas para responder favoravelmente a isso.[7]

A primeira coisa que a maioria das pessoas faz ao descrever seus negócios é remover a personalidade e os pensamentos reais de sua comunicação.

A Fala de Dinossauro remove o coração de muitas ideias de negócio potencialmente grandes. Aquele segundo texto acima, aquele que tentou parecer inteligente e profissional, esqueceu que, quando você chega lá, seus clientes querem apenas ser capazes de ver suas mesas e parar de se sentir tão sobrecarregado com tudo isso.

Como resultado, eles não conseguiram comunicar o serviço de uma forma que soasse natural para o cliente. Ou, em linguagem humana, a descrição deles é uma porcaria.

Ironicamente, essa tentativa de parecer especialista remove o próprio fator que é fundamental para o sucesso de qualquer negócio: falar as palavras que estão na cabeça dos clientes. Duvido que alguém acorde no meio da noite pensando: "Oh não! Tenho que resolver essa acumulação física estranha e realinhar o meu ambiente de trabalho doméstico com os meus objetivos pessoais e empresariais! Espero que alguém apareça com uma série de técnicas inovadoras e específicas de objetivos."

É mais provável que seja: "Aquela maldita mesa está cheia de papéis, não consigo encontrar nada e o meu parceiro não vai parar de me chatear com a confusão." Ouça sempre o que as pessoas estão pensando e converse com elas.

Fale a língua dos humanos

Como Dan Pallotta escreveu na *Harvard Business Review*, "Quando eu era mais jovem, se eu não entendesse o que as pessoas estavam dizendo, achava que eu era estúpido. Hoje, percebo que, se eu não as entendo, então são elas as estúpidas".[8]

O uso de palavras abstratas no lugar de linguagem significativa não é um fenômeno novo. George Orwell tratou disso no seu ensaio "Politics and the English Language"[9], de 1946, em que falou contra o que ele via como uma "mistura de enrolação e pura incompetência" na escrita contemporânea:

> *Assim que certos tópicos são levantados, o concreto se funde no abstrato e ninguém parece ser capaz de pensar em mudanças de linguagem que não sejam banais: a prosa consiste cada vez menos de palavras escolhidas por causa do seu significado, e mais de frases abordadas juntas como as seções de um galinheiro pré-fabricado.*

Esse ensaio poderia igualmente ter sido escrito hoje sobre o discurso de negócios. Numa tentativa de parecer profissional, o significado é despojado. Aqui está como fazer as coisas de forma diferente.

Primeiro acerte *as palavras, depois faça com que elas sejam ditas*

Uma pergunta comum feita por pessoas que iniciam um negócio é:

"Como é que eu faço para que a palavra seja dita lá fora?" As melhores técnicas de marketing do mundo não significam nada até que você tenha palavras significativas para sair por aí. Não adianta chegar a mil pessoas se elas não se interessam pelo que você tem a dizer. Você vai perder todo o investimento que fez para se fazer notar, pois ninguém vai ficar por perto!

Você não tem vinte minutos para descrever o seu negócio a cada pessoa que possa estar interessada. Você tem uma ou duas frases; ou ela(s) receberá e a(s) adorará ou acenará, sorrirá e irá embora. Vamos fazer valer essas frases?

Pratique usando uma linguagem clara até para você mesmo. A forma como fala dos seus negócios para si é crucial. Se você fosse o confuso acima, seria muito fácil perder de vista quem eram seus clientes, o que eles realmente queriam e o que você estava fornecendo. É aí que uma grande ideia anterior fica mutilada e falha.

Ao descrever o seu negócio — seja cara a cara, na sua biografia das redes sociais ou no seu primeiro site, pergunte-se: "É isto o que eu realmente quero dizer?".

Está escolhendo palavras pelo seu significado, pela sua imagem e pelos sentimentos que evocam? Ou as está escolhendo porque é isso que as pessoas da sua indústria devem dizer? Se assim for, volte ao básico e explique de uma forma que uma criança de seis anos entenderia, depois cresça a partir daí. Finalmente, elabore todas as suas comunicações como se estivesse conversando com um indivíduo em particular.

Isso o encoraja a falar como falaria a um humano. Você saberá que tem razão quando as pessoas responderem dizendo coisas como:

- "Estou muito aliviado, pensei que era o único que pensava isso!"
- "Você escreveu isto para mim?"
- "Está vivendo na minha cabeça?"
- Muitas vezes, seguido de "Aceita dinheiro ou cartão?"

Em contraste, use a Fala de Dinossauro e a resposta habitual será, "Isso é bom, eu deveria checar você algum dia" (código para: "eu me pergunto o que está passando na TV hoje à noite?").

Exercício: Quatro passos para uma comunicação melhorzinha

Seja um detetive de linguagem e ouça as palavras que o seu público realmente usa.

Se você já esteve na posição em que se encontram aqueles no seu nicho, então tente este exercício agora (se você nunca esteve na posição deles, faça este exercício depois de passar um tempo com seu nicho e escutá-los ativamente falando sobre seu tópico):

1. Pegue uma folha de papel e escreva as palavras exatas que você disse a si mesmo quando estava de volta à situação em que você está ajudando-os agora. Por exemplo, se você é um coach de voz ajudando novos artistas de locução a desenvolver as habilidades para conseguir shows comerciais, quando você era aquele artista de locução em ascensão, você poderia ter dito: "Eu realmente quero entrar nisto, mas não sei para quem ligar ou se a minha voz é mesmo boa o suficiente"!
2. Seja específico: você usou alguma frase em particular quando estava pensando sobre isso? Por exemplo, aquele artista de dublagem poderia ter pensado: "Talvez esse seja apenas um sonho inútil". Parece uma loja fechada onde só se arranja emprego se estiver dentro do nicho. Escreva a sua.
3. Vá em busca do ouro: havia alguma coisa que você sentiu ou pensou e nunca se atreveu a articular com mais ninguém? Algo tolo demais para dizer em voz alta? Escreva isso e faça um círculo, sublinhe-o, cole estrelas douradas. Garanto a você que não é a única pessoa nesta situação.
4. Uma vez identificadas as palavras que ressoam e lembram como você realmente se sentia naquela época, escreva um parágrafo descrevendo o que você faz, e para quem você o faz, dando a essas palavras um papel de protagonista.

Qualquer um pode dar uma bofetada na Fala de Dinossauro. É preciso um pouco mais de reflexão para falar num tom humano, mas é uma língua que vale bem a pena aprender.

11

POR QUE VOCÊ NÃO TEM DE SER TUDO

(NÃO TEM DE FAZER TUDO SOZINHO)

"Ser você mesmo num mundo que está constantemente tentando fazer de você algo mais é a maior realização."

RALPH WALDO EMERSON

Como temos abordado esses tópicos, pergunto-me como se sente ao fazê-los na prática. Eu sei que, quando eu estava começando, eu ouvia alguma coisa e pensava: "Essa é uma ótima ideia!", e depois ficava atolada na implementação. Às vezes, isso é só porque é um conceito novo: há uma curva de aprendizagem, e então você vai ficar bem. Mas, em outros casos, é porque uma abordagem exige de você algo que não jogue com os seus pontos fortes e você sabe que nunca vai dar certo.

Como você sabe agora, você pode seguir as estratégias dos principais gurus de negócios do mundo, mas, se essas estratégias estiverem desalinhadas com a sua personalidade, elas vão travar. Por que dizer a si mesmo que você "deve" construir seu negócio indo a festas de networking cinco noites por semana se você é um tipo solitário que faz melhor com a palavra escrita (e vice-versa)? Você pode conseguir algo com essas técnicas fora do fluxo, mas elas não serão a principal razão para você brilhar (além disso, você vai odiar).

A boa notícia é que, quando você conhece o seu perfil, é muito mais fácil entender quais estratégias seguir e se concentrar no que precisa. Você já se deu conta disso no estilo livre, mas alguns dos meus recursos favoritos de perfil de personalidade para os humanos livres estão no capítulo 5 da Parte 2.

Mas e aquelas coisas menos ideais que ainda *têm de ser feitas?*

Bem, vamos voltar a Peter Shankman (que você conheceu na Parte 3). Aqui está o que ele diz sobre gerir o seu negócio com TDAH:

> *Olha, eu estrago sempre o meu calendário de compromissos: coisas como reservar dois jantares em dois continentes diferentes ao mesmo tempo! Na verdade, fiz isso uma vez. Por isso, tenho um assistente que me mantém a par dessas coisas.*
>
> *Mas, mesmo antes disso, quando fazia tudo sozinho, ainda conseguia manter as coisas funcionando. Eu não sou especial — todos têm uma fraqueza. Encontre formas de contorná-las e destaque aquilo em que é bom.*

Quando em dúvida, concentre-se nos seus pontos fortes e administre os fracos. Isso é essencial para a liberdade.

Outra forma de jogar com os seus pontos fortes é delegar. Não me interprete mal. Nos primeiros momentos, você mesmo fará a maioria das coisas. No início, "Sou meu próprio chefe" significa apenas "varro o chão (metafórico), assim como conheço os clientes". Faça-o, anote como fez, os erros que cometeu e o que aprendeu. Então, quando você evolui, você pode conseguir que outra pessoa faça as partes que estão mais fora do fluxo para você, para que você possa se concentrar naquilo em que você agrega mais valor.

No mundo livre, obter ajuda não significa contratar empregados em tempo integral. Você pode colaborar com outros ou contratar uma assistência virtual.

Colaborações

À medida que você começa, você pode fazer projetos conjuntos com outras pessoas que adoram o que você odeia (e vice-versa). Você pode iniciar essas colaborações informalmente, experimentando um projeto em vez de assinar um contrato vitalício! Quando você encontrar as parcerias certas, trabalhar com outros pode ser uma das formas mais divertidas e gratificantes de financiar a sua vida livre.

Terceirização

Como alternativa, você pode contratar sua própria assistência on-line. Por exemplo, para freelancer, sites como o PeoplePerHour.com têm uma diversidade de pessoas que oferecem tantas habilidades quanto você pode imaginar. Eu usei esses serviços para projetos de sites que teriam me levado dias para aprender do zero. Encontrei minha transcrição para este livro no fiverr.com — ela transcreveu meus ditados de áudio a cinco dólares por quinze minutos.

Miniestudo de caso

Descobri como era fácil maximizar minhas habilidades terceirizando minhas inabilidades, permitindo, assim, que eu fizesse as coisas mais rapidamente. Eu terceirizei o trabalho artístico para um livro de atividades para adultos. Tive a ideia, mas não tenho as habilidades artísticas necessárias, então uso um artista na Espanha por meio do guru.com!

Michael Mentessi

Geralmente, se uma tarefa só precisa ser feita uma vez, contrate alguém desses sites. Se for uma ação contínua, é melhor explorar um assistente virtual (VA, na sigla em inglês). Ele é alguém que trabalha para você por um certo número de horas por mês e pode estar baseado em qualquer lugar. O seu VA pode ajudá-lo com as tarefas que consomem tempo demais ou espaço na cabeça, ou que simplesmente não se ajustam aos seus pontos fortes. Isso pode incluir responder a e-mails, cuidar de clientes, redes sociais, pesquisa, assistência técnica (por exemplo, atualizações de sites ou até mesmo design) ou apenas ajudar a organizá-lo.

Você pode obter um VA de baixo custo a partir de dez dólares por hora. No entanto, acho que, a menos que você esteja disposto a microgerir, o tempo gasto para se comunicar com um VA de algumas das empresas grandes offshore pode comer os benefícios da economia de tempo.

Eu prefiro usar um VA nativo de língua inglesa que é um humano livre ou que faz parte de uma equipe menor e de alta qualidade. Um assistente decente cobrará mais, claro, mas a diferença compensa. Minha pessoa responde a todas as consultas dos clientes, cuida de alguns consertos técnicos e, muitas vezes, senta-se comigo para descobrir a logística dos cursos (algo importante quando eu digo coisas como "parece que prometi cinquenta pacotes de presentes personalizados para a próxima semana!"). Mais importante, ela é um membro de confiança da equipe virtual que traz ordem às minhas ideias mais loucas.

No entanto, não fique pensando que precisa de um VA perfeito antes de começar — nos seus primeiros meses, você pode facilmente gerir sozinho e, se precisar de algo específico, obtenha apoio técnico pontual de forma rápida e econômica. Mas é bom saber que não terá de fazer tudo sozinho para sempre.

Acessando redes sociais (sem fazer isso o dia todo)

Uma coisa em que os humanos livres inteligentes não tentam ser é polêmicos nas redes sociais.

Não há regra que diga que você deva estar em todas as mídias virtuais para ter sucesso (na verdade, alguns humanos livres em tempo integral quase não as utilizam!). Mesmo que você esteja incluindo a rede social como parte do que faz, você não precisa estar em todas as plataformas, como Twitter, Instagram, Facebook, Snapchat e outras. É melhor cuidar bem de uma ou duas do que passar os dias tentando dar conta de todas.

Aqui estão quatro passos para fazer isso

1. Comece com as plataformas onde seu público provavelmente estará

Você pode usar as redes sociais para se conectar com seus clientes potenciais ou com seus pares, jornalistas etc. Certifique-se de que a plataforma que você usa contemple pelo menos um destes.

2. Experimente algumas para ver quais estão mais de acordo com você

Por exemplo, neste momento estou adorando o Instagram, principalmente porque eu sou muito visual (diga olá @freerangemarianne). Em contraste, Jeanne Patti, que você conheceu no capítulo dos Estilos, mal usa Instagram, mas felizmente aproveita ao máximo o LinkedIn, no qual eu não me ligo há anos!

3. Escolha uma (ou duas) que melhor se encaixem e foque o seu tempo nela(s)

Então...

4. Sinalize sobre as demais redes

Se você não quer perder o tráfego ou menções (por exemplo, se as pessoas procuram por você ou querem tagear seu negócio em um post), então coloque um perfil silencioso nas plataformas que você não usa muito. Esse é um perfil que só tem uma mensagem dizendo que você não o utiliza muito, conectando o usuário ao local onde você pode ser encontrado. Assim, você não perderá conexões nem menções sobre seu negócio!

Resumindo: você tem tempo e espaço limitados, então você pode muito bem gastá-los em algum lugar que funcione melhor para seu negócio.

12

COMO SE VENDER SEM VENDER A SUA ALMA

"Nas palavras do filósofo Scepturn, o fundador da minha profissão: vou ser pago por isso?"
TERRY PRATCHETT, em NIGHT WATCH

Imagine isto: a sua marca está lá fora para valer. O seu site está em alta e com ótimo aspecto. Você está recebendo conexões *faststart* por todo o lado. Você está voando! Os seus clientes ideais estão seguindo o seu caminho e ficando por perto. Eles querem mais de você.

Pode-se dizer que o jogo do namoro está correndo bem.

Na verdade, você conheceu alguém especial. Vocês estão tão felizes por se terem encontrado, pois estavam com medo que isso nunca aconteceria. Porém, algo o incomoda e você não quer estragar a relação.

Ambos sabem que a palavra com v está na agenda. Essa palavra suja entra na sua mente toda vez que você faz contato visual. Você fantasia ter sua primeira experiência com a palavra v o tempo todo, mas nunca o diz em público (bem, não sem pedir desculpas).

E se você for rejeitado? E se eles derem um tapa em você? E se lhe disserem: "Pensei que você fosse melhor do que isso"?

Está bem. Isto não é o século XIX, por isso, vamos pôr isto para fora. No fim do dia, você vai ter de parar de enrolar, olhá-los diretamente nos olhos e... *vender.*

Oh sim, eu disse a palavra com v! Venda!

Na nossa cultura, pensamos em vendas como os vitorianos pensavam sobre sexo, ou seja, com bastante frequência, mas nunca se fala sobre isso na sociedade educada.

Você acha que as vendas não são o seu forte? Confie em mim, você não está sozinho. Eu perguntei a alguns calouros livres suas opiniões sobre vendas e aqui está uma seleção de respostas:

- eu odeio vender. Acho que é uma coisa de confiança e medo de rejeição, mas também de não querer parecer insistente;
- quero ganhar dinheiro, mas não se isso significar vender a minha alma;
- pessoalmente, odeio receber ligações frias sobre produtos/ serviços que não quero, então estou muito desconfortável em fazer isso sozinho;
- vendas? Não sou eu.

Sabe o que significa sentir-se desconfortável com vendas agressivas? Significa que você não é um insensível. Parabéns.

Sinceramente, não conheço alguém que goste de telefonemas frios e de empurrar merda para outras pessoas! Se eu tivesse de fazer esse tipo de vendas, acho que não seria de todo o meu próprio chefe. No entanto, essa não é a única forma de fazer vendas.

Em vez de vender a sua alma, tente vender a partir dela. Assim.

Os quatro Es de se vender sem vender a sua alma

1. Entusiasmo

Por que está fazendo isso outra vez? Oh, sim, é porque você adora!

Você está entusiasmado em trabalhar com essas pessoas; você acredita na mensagem. Mal pode esperar para começar!

Que tal comunicar isso em vez de tentar convencer alguém?

Se você acha que o seu entusiasmo pelo seu assunto se desliga misteriosamente quando você passa a fazer vendas, considere como você descreveria isso se fosse o produto de outra pessoa que você estava recomendando a um amigo que realmente precisava dele. Você quer agarrá-los pelos ombros e dizer: "Faça-o, faça-o por você!"? Capture esse entusiasmo, esse cuidado genuíno, e use isso no centro do que você comunica.

Quando se acredita e se ama verdadeiramente o que se faz, você não sente que está vendendo. Está, sim, compartilhando o seu entusiasmo e paixão pelo que está oferecendo.

2. Envolvimento

Esqueça a ideia de que as vendas são como um vendedor porta a porta à moda antiga. Os humanos livres fazem-no com amor. Para isso, você precisa conhecer o seu público, compreendê-lo e, acima de tudo, concentrar-se em ajudá-los. Habitue-se a pensar a partir da sua perspectiva.

Numa folha de papel em branco, identifique entre cinco e dez benefícios que o seu cliente obterá ao aceitar a sua oferta. Não me refiro às características óbvias, por exemplo "uma caixa azul com uma fita" ou "três sessões de osteopatia". Quero dizer, qual é o resultado? Por exemplo, "sabendo que eles são os indivíduos certos para aquele evento (sem gastar uma fortuna a encher um armário com roupas que eles só usarão uma vez!)" ou "sem mais dores no ombro, incomodando-os dia após dia".

Pense nos seus benefícios: o seu cliente vai conseguir fazer mais (sem ter que fazer um transplante de personalidade)? Sente-se mais confiante? Tem um jardim que faça as pessoas dizerem "uau"?

(Liste seus benefícios numa linguagem que seu nicho possa usar ao falar sobre isso com um amigo. Isto permite que o que você fala se conecte mais rapidamente com o que eles pensam e sentem.)

3. *Equanimidade*

Equanimidade: autoconfiança e fundamentação; ou, não ser insistente e desesperado.

Se você está vindo de uma posição de pensar que você pode perder, que as pessoas estão fora para roubar suas ideias e que outras pessoas na sua área são concorrentes (em vez de potenciais colaboradores e amigos), então isso se depararã com um cheiro de desespero. Quando você parece desesperado, a síndrome do restaurante vazio entra em ação e as pessoas se afastam.

Resultado: as pessoas não compram o que você tem a oferecer.

Conclusão: você tem que confiar em si mesmo e no seu potencial antes que os outros possam confiar em você. É quando você para de copiar os seus pares e começa a ouvir a si mesmo. É quando as pessoas compram de você prontamente.

4. *Ética*

A ética é realmente simples: trate os outros como você espera ser tratado. Isso é ser uma pessoa decente.

É assim que eu tento operar, pela minha ética pessoal. Isso significa que eu não levo pessoas nos meus cursos superiores se elas tiverem dívidas no cartão de crédito. Em qualquer programa em que haja candidaturas, recusarei mais pessoas do que aceitarei. Eu tendo a dar mais nos meus cursos do que as pessoas podem fazer de uma só vez, porque eu prefiro entregar em excesso do que reter.

Essa é a minha versão de ética — algumas pessoas iriam mais longe e pensariam que ela é orientada demais para o dinheiro. Outros pensariam que a minha ética é delicada demais e não é suficientemente orientada para o dinheiro. Tudo bem. Cada um de nós chega ao seu próprio equilíbrio com base nos nossos próprios valores.

Por isso, não vou lhe dizer como você deve se comportar. Mas peço-lhe que o considere você mesmo, que se esclareça sobre os seus valores e a sua referência, para que não seja abalado no último minuto, pensando: "Será que isto está bom? Posso dizer isso?"

A ética da liberdade que criei vem da premissa de que você só vende algo que acredita ser bom. Cada momento em que você se retrai é um momento em que alguém que precisa do seu produto, do seu serviço ou das suas ideias está sem acesso a isso.

Quando você vacila sobre vender, pergunte a si mesmo: "estou me segurando por questões éticas ou pelas minhas próprias inseguranças?"

Essa é a grande questão.

13

FIQUE À VONTADE COM A DEFINIÇÃO DO SEU SALÁRIO

Imagine que você tem de arranjar mais mil dólares para um pagamento essencial que precisa ser feito nas próximas três semanas. O mais importante é que isso está acima e além de qualquer coisa que você possa tirar do seu salário ou poupança.

O que você faria?

Quando você está em um emprego, sua única opção é colocá-lo no crédito: mas não é exatamente um hábito sustentável! Mas é a opção que a maioria dos assalariados toma. Na verdade, quando eu estava de volta à jaula da carreira, mergulhar no meu cheque especial era uma ocorrência regular no fim do mês (com o previsível esgotamento no dia de pagamento). Desde que me estabeleci como humana livre, não me meti em dívidas de cartão de crédito uma única vez. Também ouço histórias semelhantes de outros humanos livres.

Há algumas razões para isso. A primeira é que é simplesmente menos provável que você jogue dinheiro porque sabe como ele foi ganho.

A segunda é que você pode agir como o seu próprio banco.

Recentemente eu estava no táxi com outros dois humanos livres. Um deles tinha vindo de outro país e, por ter dado azar num alojamento ruim, estávamos acompanhando-o a um hotel diferente. Como ele já tinha pagado seu primeiro hotel durante a semana, teria de pagar o dobro no último minuto em uma das cidades mais caras do mundo. Não é divertido! Fizemos dele a nossa missão de que, no fim da viagem de táxi, encontraríamos uma maneira dele recuperar esse dinheiro fazendo algo extra dentro do seu negócio. Fizemos um brainstorming e encontramos três ideias excelentes, divertidas e fáceis que ele poderia executar na semana seguinte. Apenas sendo criativos, transformamos isso numa oportunidade de criar muito mais do que aquilo que ele perdeu.

Quando você está livre, se você tem que arranjar aqueles mil dólares extras, você pode criar esse dinheiro da sua cabeça. Se você precisa de uma quantia a mais, então você tem a liberdade de lançar um novo serviço, promover um produto existente, vender seu tempo para um projeto único ou oferecer-se para promover a oferta de outra pessoa.

Ao longo deste livro, temos procurado criar uma vida que você ama e que, às vezes, possa se sentir separada da questão do dinheiro. Para mim, porém, elas são uma coisa só. Eu não acredito nessa ideia de que existe algum tipo de nobreza em estar constantemente com falta de dinheiro (sem nenhuma maneira de consertá-lo). A vida apresenta situações à sua maneira; não sabemos o que vai acontecer conosco ou com nossos entes queridos, e dinheiro significa opções para cuidar da vida, não importa o que aconteça.

No entanto, a conversa sobre dinheiro é nova para a maioria de nós. Não somos encorajados a pensar nele no mundo do trabalho: o seu chefe define o seu salário, o dinheiro bate na sua conta bancária todos os meses e você não tem muito controle sobre quanto você recebe. Se você quer mais, tem de pedi-lo, negociando um salário mais elevado. Mesmo assim, não se controla o que se recebe. No mundo livre, você tem o controle e é importante ficar confortável com a ideia de que você pode ganhar dinheiro e estabelecer seu nível de renda.

Para fazer isso, ajuda conhecendo o seu motivador de dinheiro. Para mim, não se trata realmente de ter bons sapatos ou frequentar ótimos restaurantes (apesar de serem importantes na minha vida). Em última análise, o dinheiro é sobre a capacidade de cuidar de mim e das pessoas que amo, no presente e no futuro.

Para outro humano livre, o seu motivador é tomar conta do filho e da filha. Ela diz: "Meus filhos foram meu principal catalisador para fazer a mudança para uma vida livre e eles são o principal motivador para garantir que eu cobro o que valho." Ao acordar uma taxa, cada cem dólares que eu garanto são cem dólares que podem ser gastos com as minhas crianças. Mostre-me um pai que deixe um estranho tirar dinheiro dos seus filhos!

Conhecer o seu motivador é crucial para superar essa voz irritante na sua cabeça que diz: "Posso cobrar mais do que o mínimo necessário?" Ou "Se algo parece divertido, não devia fazê-lo de graça?" Sim, você pode, e não deve, e o seu encorajador de dinheiro vai lhe mostrar o porquê.

Para encontrar o seu motivador, tome consciência dos seus valores pessoais; pode não fazer questão de coisas caras brilhantes, mas pode focar na segurança futura, numa boa casa ou em outra coisa qualquer. O que quer que o pressione, identifique-o e lembre-se desse encorajador cada vez que tomar uma decisão sobre quanto cobrar e o que colocar lá fora.

Miniestudo de caso

Lembro-me do dia em que contratei a assistente do meu primeiro fotógrafo — em meio período, apenas um dia por semana. Estava entusiasmado e nervoso por fazê-lo, pois ainda era muito novo. Pensei: "Agora tenho de arranjar o dinheiro para lhe pagar!" O meu amigo sugeriu: "Aumente os seus preços."

Por isso, dei um aumento a mim mesmo. Aumentei minhas taxas horárias em 25 por cento e ninguém titubeou ao me contratar. Tive uma proposta no dia seguinte: uma companhia teatral que queria fotografias promocionais de rostos. — eu lhes contei as minhas taxas mais altas e eles responderam, "perfeito". Quão fantástico é isso? Agora, eu podia pagar facilmente a minha assistente.

Phillip Van Nostrand

O que fazer e o que não fazer quanto à precificação

Faça: ter consciência de que a maioria das pessoas cobra menos do que deveria (principalmente, em relação a serviços).
Faça: cobrar em um nível que o permita fazer isto 1) pelo número de vendas que você provavelmente conseguirá; 2) pelo entusiasmo sobre entregar o job (ao invés de sentir que você está fazendo muito trabalho por pouco dinheiro).
Faça: perceber que não há preço intrínseco para um determinado produto, serviço ou período de tempo. Uma sessão de uma hora de treinamento pode variar entre vinte, duzentos e dois mil dólares, e eu já ouvi falar de um treinador que cobra um número muito maior. Tudo para uma sessão de uma hora.
Não faça: definir os preços olhando para a concorrência e tentando subcotá-los. Competir no preço nunca é uma estratégia inteligente se você for uma banda de uma só pessoa. Você rivaliza pelas pessoas que não querem pagar (ou seja, os clientes mais duros e demorados). E você pode ser subcotado a qualquer momento. Competir apenas no preço é um caminho rápido para o fracasso de um empresário.
Faça: ser criativo. O que mais você poderia acrescentar à sua oferta que não lhe custa mais tempo, mas aumenta o valor para o seu cliente?
Faça: estipular valor. Todas as vezes. Em caso de dúvida, pergunte a si mesmo se o cliente que obtém os resultados que procura desse produto/serviço pensa que foi um negócio valioso? É para isso que você está trabalhando.
Não faça: assumir que as pessoas vão sempre procurar o preço mais barato. Há estudos que mostram que o vinho mais barato de um restaurante não é, normalmente, o mais popular. Eu, inclusive, já recusei fornecedores e produtos por serem muito baratos. Inconscientemente, relacionei preço baixo à qualidade baixa, e pensei: "Deve haver algo de errado com ele." Confie em mim: os seus clientes vão pensar da mesma maneira.

14

SUPERANDO O EXCESSO DE INFORMAÇÃO

(DOIS FILTROS LIVRES PARA CORTAR O RUÍDO)

Ao chegar às últimas partes do livro, vamos falar sobre o que acontece quando você o coloca de lado e liga a sua tela.

Se você já foi procurar algo rapidamente, e, horas depois, encontrava-se em uma toca de coelho na internet pensando: "Então foi assim que os cortadores de pizza foram inventados!", você já percebeu que as possibilidades virtuais de informação são infinitas.

Isso é especialmente verdade quando se trata de começar e desenvolver a sua própria ideia — todos, desde a sua tia-avó Maude até aquele cara que grita nos vídeos, têm uma opinião sobre o que se deve fazer (e isso mesmo antes do *Top Dog* começar a pesar sobre o que os seus concorrentes estão fazendo).

Então, como lidar com a sobrecarga de informação e peneirar através do ruído para saber o que guardar e o que deixar para trás?

É para isso que este capítulo está aqui. Conheça dois filtros que os humanos livres inteligentes guardam no bolso de trás para lidar com qualquer informação que lhes chegue.

Filtro 1. Isto é certo para mim?

Você viu as melhores dicas de todos os empresários do mundo. Especialistas estão aparecendo no seu Facebook com a fórmula para o sucesso que todos devem seguir. Não há como você consumir toda essa informação, muito menos, agir sobre ela. Mas talvez uma peça seja brilhante e tentadora, e você esteja prestes a clicar nela.

Antes de desaparecer para outra toca de coelho, considere se o conselho é uma boa ideia para eles... ou uma boa ideia para você?

Você já começou a pensar no seu estilo livre (capítulo 7 da Parte 4) e na sua personalidade (Capítulo 5 da Parte 2) e a sua foto também inclui o que você aprendeu sobre si mesmo por meio do seu caso de vantagens e das ações que você tomou com este livro. Você pode usar isso para filtrar a informação que encontrar.

Depois de construir meu primeiro site, eu poderia ter me perdido por meses em relatórios com informações sobre como fazer SEO.

Eis um segredo: eu nunca toquei ou pensei seriamente em SEO! Nos meus primeiros dias — e mesmo agora —, cresci por meio do que aprendi que faço melhor, como escrever, organizar eventos e falar em vídeo (para construir relacionamentos com pessoas que estavam me encontrando) e colaborar com pessoas que também têm acesso ao tipo de pessoas que eu posso ajudar e que podem contar comigo.

A ideia de me envolver numa questão técnica de tecnologia não era um mau conselho. Mas não estava certo para aproveitar ao máximo quem eu sou. O uso desse filtro criou espaço para descobrir e fazer as coisas que funcionavam muito melhor para mim.

A minha amiga Catherine tem uma história semelhante.

Desenvolvi um negócio valioso em doze meses (e lá se vão sete anos) sem me concentrar nas redes sociais.

Postar nas redes sociais não está no meu radar, por isso, em vez de ficar emaranhada todos os dias transmitindo, eu me concentrei nas coisas em que eu era boa e gostava.

> No meu caso, foram parcerias com pessoas que tinham acesso aos meus clientes ideais. Eles gostaram do meu trabalho, promoveram-no em sua lista de e-mails ou entre os seus seguidores. Para cada envio da mensagem, centenas de pessoas se inscreveriam na minha comunidade ou na minha própria lista de e-mails.
> Meu tempo foi melhor gasto criando aqueles amigos e conteúdos relevantes (webinars, textos e vídeos) para os leitores que vieram como resultado, em vez de me preocupar com publicações sociais para o meu negócio!
>
> Catherine Watkin
> Selling from the Heart

Algumas pessoas constroem negócios inteiros nas redes sociais! Mas, vendo que não era o seu estilo, Catherine foi capaz de não ficar à margem de cada anúncio que apareceu para dominar as mídias virtuais durante três meses, e escolheu o que funcionava melhor para ela.

A maneira de descobrir sua solução a "Isto é certo para mim?" é dupla: uma, por meio do que você tem aprendido aqui (começando com estilos e personalidade), e outra, refinando o processo com as evidências que você constrói a partir dos projetos que você elabora. Use-os como ponto de partida e fique curioso, construindo o resto do seu filtro à medida que avança.

Pergunte sempre "Isto é uma ideia boa para mim?" em vez de "Isto é uma ideia boa em geral?", — e ponha de lado o que não funciona com você.

Depois, passe para o próximo filtro livre.

Filtro 2. Isto é certo para onde eu estou?

Um conselho ou informação pode ser ótimo para você como pessoa, mas será correto neste momento? Essa é a segunda pergunta.

No início, eu não sabia nada sobre sistemas web — eu só tinha certeza de que precisava de clientes. E renda. As minhas primeiras encomendas de cursos on-line foram feitas por pessoas que me enviaram um e-mail diretamente. O pagamento era feito por transferência bancária, e depois eu enviava o material do curso também por e-mail para um grupo usando cópia oculta do meu endereço. (Eu sei — tão básico. Sem um livro como este ao meu lado, eu nem sabia como era fácil criar algo como o PayPal!)

Mas a questão é: manter as coisas simples me manteve com os pés no chão, interagindo com pessoas reais. Em vez de me perder em sistemas e processos, passei esse tempo interagindo com potenciais clientes (mesmo que por e-mail!) e tomando medidas no mundo real, o que me gerou informações importantes para afinar as minhas ofertas e a forma como as comunico. Essas coisas reais importam mais naquela fase do que ajustar infinitamente um processo de bastidores.

Então, como o seu serviço de clube de livro inovador irá manter a demanda, enviando uma obra por mês para mil sócios em todo o mundo? Bem, essa pergunta é correta para onde você está? Você não precisa se preocupar em enviar mil livros ainda. Você precisa de dois membros pagantes, depois vinte, depois cem.

Como regra geral, quando se está no início de um projeto, a energia certa para o momento é normalmente a mais prática. Isso significa interagir com pessoas reais. Aqui está uma dica dos bastidores:

A maioria das pessoas que você vê atualmente vendendo on-line sem problemas, não fizeram suas primeiras negociações da maneira que você vê, mas sim, por meio de conversas (ou, no mínimo, mensagens!) com seus primeiros clientes.

Nessas interações, eles ouviram onde o cliente desistira durante o processo de compra e conseguiram esclarecer algo que achavam óbvio. Foi isso, principalmente, que fez com que as suas ofertas funcionassem depois.

Lembra-se da Amy, que vende on-line produtos como capas à prova d'água para celulares enquanto viaja pelo mundo? Bem, ela não se limitou a criar um site, ficar sobrecarregada durante meses desenvolvendo funis e sistemas, e, depois, perguntar-se onde estavam os clientes. Não, o seu primeiro passo foi entrar nas lojas e receber pedidos dos seus donos.

Isso é a vida real, e minha experiência com humanos livres bem-sucedidos é que o toque humano nas fases iniciais significa que sua nova ideia está recebendo um bom fundamento. Em contraste, a maioria das pessoas fica atolada no planejamento de sistemas web complexos que não precisam, para uma festa que ainda nem sequer começou.

Por isso, quando estiver em dúvida, coloque as mãos na massa primeiro, e, assim que tiver alguma tração, desligue as mãos e comece a pensar em coisas como automatizar ou "fazer as coisas funcionarem como um relógio", se isso estiver na sua mente.

Quem sou eu. Onde estou. Utilize-os para filtrar a informação. Você estará muito mais livre, respirará mais facilmente e aproveitará ao máximo as informações que deixar entrar.

Nota para os perfeccionistas:

Este capítulo está aqui para ajudá-lo quando você tem informação demais. Se você tem o problema oposto, então volte ao Jogo da Escada (capítulo 7 da Parte 4) e comece com a melhor coisa que você pode ver!

Lembre-se: os humanos livres agem "aproveitando ao máximo os recursos do livro", "obtendo a contribuição das pessoas que os respondem" e "executando esse projeto e revisando o que aprendeu". O que importa é que você entre em movimento e use isso para aperfeiçoar as coisas à medida que você avança.

É assim que as carreiras livres são criadas.

15

O QUE FAZER QUANDO VOCÊ FICA PRESO (QUANDO DESISTIR E QUANDO CEDER)

Este livro é, principalmente, sobre começar, e vamos combinar: começar é animador. Mas o que acontece quando se bate numa parede?

O que acontecerá, você sabe. Chegará um ponto — mais ou menos na metade do seu projeto — em que você se sentirá tentado a desistir. Você vai dizer a si mesmo que fez a escolha errada e que, talvez, não consiga fazer isso agora. Isso não é uma coisa ruim. Às vezes, resistência é feedback; talvez você esteja tentando fazer algo contra sua personalidade e precise mudar seu jogo para que o plano se encaixe.

A resistência ocorre porque é isso que acontece a todos no meio do caminho da linha de chegada. Quando você sente esse bloqueio, você precisa saber duas coisas: quando desistir e quando ceder.

Quando desistir

- Quando não parece tão natural e você não suporta fazer isso — desista;

- Quando você sente que sua alma está se contorcendo em uma jaula — desista;
- Quando a ideia de realmente fazer essa coisa o enche de pavor — ou tédio — e você prefere dormir — desista.

Ok, então essa ideia não foi a certa. Mude-a; transforme-a em algo que o(a) entusiasme.

Entretanto, quando você simplesmente perde o foco e sonha mais do que realiza — desista... por um tempo. Dê uma volta, atue com outra coisa, durma. Volte amanhã. Mas, o que quer que você faça, não desista da sua missão. Encontre outro caminho para trazê-la à existência.

- Se você não pode escrever hoje, então pegue seu telefone e grave esta parte;
- Se não encontra as palavras, faça um desenho;
- Se isso não estiver acontecendo, mude o maldito tópico e crie algo que pareça certo.

Descubra uma maneira que funcione para você e a coloque em prática. Agora.

Quando ceder

Há uma diferença entre a escolha errada e o medo. Não confunda os dois. Com uma escolha errada, aplique os conselhos acima: mude o jogo e tente outra estratégia. Com o medo (que, muitas vezes, se esconde sob a máscara da escolha errada), não desista — em vez disso, ceda.

Este sentimento acontece, com bastante frequência, no momento de tensão. Quando você entra no seu fluxo, no qual parece que está perdendo o controle, você vai pensar: "Espere, volte. Isso não faz parte do plano. E se correr mal? E se não for a melhor opção? E se eles rirem de mim? Isto é permitido?"

Quando se sente assim, NÃO PARE — mergulhe na perda de controle, mergulhe no medo.

Não confira no Facebook. Mergulhe. Ataque. Passando pela zona de conforto...

De repente, olha quem apareceu... o fluxo.

Você sabe que acerta o ritmo porque o tempo voa, o momento se reconstrói e o controle está normalizado. Quando este sentimento bater novamente, siga em frente. Fique acordado até mais tarde, trabalhe muito mais intensamente, faça mais e seja mais e não deixe que ninguém lhe diga que não está bem. Desfrute da emoção de ser você em sua essência, que brilha tão intensamente quando está atuando com a sua ideia.

Todo criador, toda pessoa com uma missão, todo aquele que está fazendo algo tão bem conhece a sensação do fluxo perfeito.

Este é aquele momento em que algo (que não é seu cérebro esquerdo) toma conta da caneta e escreve para você.

Fluxo é onde você resolve, em dez minutos, um problema com o qual outros têm lutado durante dias. E depois você pergunta: como é que eu sabia fazer isso?

Isso é fluxo. Sexy, sedutor. E eu estou viciada nisso como um crack criativo.

Aprenda como marcar o seu fluxo:

1. **Criar**. Esforce-se. Muito. Não espere pelo fluxo; ele vem para aqueles que já começaram. Quer escrever? Escreva todos os malditos dias. Quer encontrar algo que goste de fazer todos os dias? Saia dessa casa e faça algo que o agrade. Qualquer coisa. Não importa o quê. O que vale é que você achou o seu caminho.
2. **Ouvir**. O que está e o que não está funcionando. Ouça bem e dance com as mudanças. Aprenda a identificar os momentos de fluxo — eles serão aqueles em que você quer parar porque parece um pouco demais — são os momentos para se aprofundar.
3. **Responder**. Ao que não está funcionando. Mude isso. Pare de escrever e comece a falar. Pare de falar e comece a fazer.

Pare de pensar nas Razões do não e comece a listá-las. Pare de pensar por si mesmo e encontre outra perspectiva. Como se costuma dizer: se você fizer o que sempre fez, vai ter o que sempre teve.

4. **Alimentar sua alma**. O melhor momento chega quando você está prestes a adormecer, depois de horas no emaranhado da sua criação, com papéis por toda parte. Você pensou que tinha atingido o seu limite e que precisava descansar. Em minutos, a sua mente fica quieta e a resposta chega. Pow. O fluxo ataca.
5. **Flutuar no oceano, caminhar no parque, dormir.** Faça aquelas coisas que alimentam a sua alma. Então, volte ao primeiro passo e crie o seu coração.

Passei anos lutando contra o fluxo; derramei lágrimas de frustração batendo na minha caixa autofabricada e rotulada como "A pessoa que eu acho que deveria ser". Minha cabeça parecia tomada pelo inferno.

Antes de conhecer o fluxo, eu pensava que a palavra "ceder" era para pessoas fracas. Descobri que estava errada. Ceder não é desistir. É simplesmente largar o corrimão e seguir pelo caminho certo... o que, para minha surpresa, é um caminho com o rótulo: "Saia do seu próprio caminho".

Dica

Leve a sua criatividade a sério (você tira o que você coloca)

John Maynard Keynes disse que não há nada mais desastroso do que uma política racional em um mundo irracional. Ele estava falando de economia, mas o princípio aplica-se também à criatividade. Claro, você deve ser capaz de apresentar grandes ideias e as melhores soluções sentado em uma sala de parede branca, olhando para uma tela. Mas, na verdade, se isso não está funcionando, então não é racional continuar fingindo que é uma boa ideia.

Leve a sua criatividade a sério e ponha-se na melhor posição para pensar fora da caixa. Por exemplo, nos primeiros dias do meu negócio, fiquei presa durante semanas sem saber como seguir em frente. Eu não me tinha deixado tirar uma folga até aquele ponto. Num dia, no entanto, fui tomar chá no Piccadilly e, no Hyde Park, dei uma caminhada longa e terminei junto às lagoas, vendo uma mãe pata e os seus filhotes livres. Voltei com mais ideias e inspiração do que em um mês.

Ainda hoje adoto esta abordagem: um post pode nascer enquanto estou deitada no sofá, e depois acabar quando estou sentada lá fora. Quando eu crio um produto, me pergunto: "Onde preciso estar para fazer justiça?" E vou me mudar, digamos, para um café ou onde quer que eu saiba que vou conseguir os melhores resultados naquele momento. Você pode começar essa prática mesmo antes de deixar o seu emprego. Segmente a sua casa em regiões. Uma para pesquisa, uma para criatividade, uma para "fazer o trabalho" e o resto para o que você escolher. Se você tiver apenas uma única sala, não há problema: decida que um canto é para criar e outro para planejar.

A seguir, veja os seus estímulos. Você está rodeado de pessoas inspiradoras que o fazem sentir que o seu sonho é possível? É quase impossível fazer uma mudança se você só ouvir as palavras daquelas que não acham que é viável! Mesmo que você não conheça algum humano livre neste momento, você pode ter certeza que está lendo os livros certos, navegando em sites amigáveis livres, mergulhando na perspectiva daqueles que pensam assim.

Quanto mais você se rodeia das palavras e pensamentos dos indivíduos que estão fazendo o que você quer fazer, mais você vai começar a acreditar que isso é simples, que todos fazem isso e que não é um salto tão grande, afinal. Nós humanos tendemos a acreditar no que está diante dos nossos olhos, e isso significa que, se você passar um tempo com um certo tipo de pessoa, você começa a acreditar que o modo de vida dela é a norma, e suas ações refletem isso. Assim, avalie o rendimento das seis pessoas com quem você passa mais tempo e obterá um valor próximo do seu próprio rendimento. Faça uma média da autoconfiança dos indivíduos ao seu redor, e você começará a entender por que a sua própria está onde está.

16

VIVER E TRABALHAR EM QUALQUER LUGAR

(OU: CRIAR O SEU PRÓPRIO ESTILO DE VIDA)

"Em vez de se perguntar quando serão suas próximas férias, talvez você devesse preparar uma vida da qual não precise fugir."

SETH GODIN

Este livro começou com uma história de viagem. E eu sei que, embora nem todos estejam interessados na globalização, para muitas pessoas livres é fundamental viajar mais ou, simplesmente, viver e trabalhar em qualquer lugar que você escolher. Na verdade, isso fazia parte do meu sonho quando eu estava de volta a um emprego.

Naquela época, eu não conhecia ninguém que vivesse o tipo de estilo de vida que eu imaginava, e eu não tinha ideia de como fazer isso acontecer. No entanto, a vida é muito mais acessível do que eu pensava. Vamos analisar.

Olá direto da Tailândia!

Ao terminar de escrever a primeira edição deste livro, eu estava em Phuket... ao sol em um esconderijo pequeno com cachoeira e palmeiras.

Esta não foi uma pausa breve antes de voltar à realidade. Isso era eu gerindo a minha vida normal, apenas num lugar diferente.

Sabe qual é a melhor coisa? A menos que eu lhe tivesse dito que estava numa rede, você nunca saberia. Se você fosse um cliente, ainda teria meus cursos e respostas, e eu ainda estaria construindo e ampliando meu negócio como se estivesse sentada duas ruas de onde quer que você esteja lendo isto agora mesmo. Não há diferença para o meu negócio (a experiência do cliente ou o resultado final) se eu estiver em Londres, Los Angeles ou Luang Prabang.

É realista gerir um negócio do outro lado do mundo? Os opositores adoram dizer que é um sonho louco que simplesmente não pode acontecer. Então, vamos falar sobre a realidade por um momento:

- a realidade é que, desde que eu tenha uma boa conexão de internet e meu laptop, posso administrar meu negócio de onde eu escolher (e você também);
- a realidade é que, enquanto eu estava no Sudeste Asiático com a minha mochila, o meu negócio ganhou tanto quanto (e um pouco mais do que) se eu estivesse de volta em casa;
- a realidade é que viajar em tempo integral não tem que ser caro. Na verdade, será mais barato do que a vida que você está vivendo hoje. É natural assumir que os custos de viagem serão tão elevados como as férias anuais do escritório. Mas, quando você está em um lugar por um tempo, você pode conseguir grandes ofertas de acomodação, pode comprar comida onde os locais fazem e pode acabar gastando menos do que se você tivesse ficado em casa.

Já soa mais realista? Espero que sim, porque você não está sozinho. A realidade é que cada vez mais os fugitivos de cubículos estão escolhendo este estilo de vida. O mundo está cheio de pessoas de todos os estilos de vida:

Nicole Est (que deixou "o emprego que você não deixa", no capítulo 4 da Parte 2) vive em destinos de surfe, assim como mantém uma casa na sua Alemanha natal, que ela aluga quando está fora.

Nora Dunn, autora do blog *Professional Hobo*, explica que, em sua vida anterior, "estava de terno e era uma planejadora financeira de sucesso que aparecia na TV. Seis meses depois, eu estava convivendo com galinhas e ordenhando cabras no Havaí. Adorei". Nora viaja pelo mundo de uma forma sustentável há mais de dez anos, e não tem planos de parar.

A família Sundance é um casal com seis filhos. Eu os conheci em Lisboa, mas eles vivem... em todo o planeta. Da última vez que verifiquei, estavam na Costa Rica.

Quanto a mim, viajei tanto quando solteira como em casal, com amigos e sozinha, dirigindo meus negócios do Reino Unido, da Colômbia, da França, de Hong Kong, do Camboja, do Laos, da Malásia e de muitos outros lugares, incluindo do local onde cresci, na costa leste da Austrália, para ver amigos e familiares.

Na última década, fui de estar presa em um local para ser independente em tempo integral. Hoje, vario entre me fixar em um lugar por um tempo maior e viajar. Comprei a minha própria casa em Londres e passei mais de um ano renovando-a de forma criativa. Recentemente, mudei-me para o outro lado do oceano, para a costa oeste dos Estados Unidos, onde estou entusiasmada com o potencial do lugar que estou chamando de lar em Los Angeles. Com viagens para outros lugares no meio, é claro.

Isso é apenas um gostinho. Há muitos outros vivendo suas aventuras, à sua maneira. Quer se juntar a nós?

Escolha a sua própria aventura

Este é o aspecto desse tipo de vida: escolha a sua maneira. Alguns mantêm uma casa no seu país natal e alugam-na enquanto estão na estrada. Outros não têm residência fixa. Uns gostam de saltar de destino para destino. Outros permanecem por seis ou mais meses, e conhecem intimamente as pessoas e os lugares.

O seu estilo livre é exatamente o que você faz dele.

Três maneiras de tornar qualquer negócio funcionando em qualquer localização

Você não precisa ensinar inglês no exterior, investir e administrar uma pousada ou ganhar na loteria para ter a liberdade de viver e trabalhar em qualquer lugar. Aqui estão três maneiras simples de se tornar independente:

Escolha um negócio naturalmente portátil

Você administra on-line e é, muitas vezes, uma mistura de serviços de venda (consultoria, coaching, web design etc.) ou produtos virtuais. A principal diferença é que a forma como você presta serviços é remota e não presencial.

Mude um negócio dependente de local

Se o seu negócio é do tipo que está convencionalmente ligado a um local, basta perguntar: "Como posso pegar esta ideia e fazê-la funcionar virtualmente?"

Quando decidi tornar o meu negócio independente, as pessoas disseram que não era possível para o tipo de trabalho que eu fazia. Havia algumas linhas dos meus negócios que estavam indo bem, mas que me mantinham presa a um lugar. Além disso, a maioria dos meus clientes insistia em consultoria cara a cara. Disseram-me que eu simplesmente não conseguiria fazer isso funcionar virtualmente.

Claro que, como humano livre, fiz de qualquer jeito. Eu considerei o que era mais importante para mim e fiz as mudanças para poder viajar. Descartei as partes do meu negócio que me amarravam (dizendo não a alguns rendimentos muito bons) e consolidei o resto do trabalho em grupos geridos inteiramente ao telefone e on-line, usando os recursos delineados no pacote inicial da S100 no capítulo 5 da Parte 3.

Eu promovi os benefícios de poder me juntar aos meus grupos de qualquer parte do mundo. O resultado foi que acabei com um grupo de clientes novo e maravilhoso de todo o mundo, que nunca me teria encontrado se eu permanecesse num local único de trabalho. Desde então, as coisas só têm crescido.

Criar uma renda flexível no tempo (não uma renda remota)

Essa é uma abordagem que poucas pessoas consideram, mas é a realidade para muitas que estão fazendo isso. É perfeito se você quiser estar em meio período em um lugar e passar parte do ano em outro lugar.

Um exemplo são Karen e Paul, que viajaram durante anos com uma base em Londres. Ela dá treinamento em empresas e, quando estão na cidade, Karen está fazendo isso – mas eles passam o resto do ano viajando (e expandindo seu blog de viagens Global Help Swap, que tem sido publicado no The Guardian e em outros lugares). O que eu adoro nisso é que eles não esperaram para ter um negócio on-line para fazer as coisas funcionarem; eles trabalharam com o que tinham e criaram uma vida cheia de aventuras e um lar.

Finalmente, se você está realmente com medo de que seu público o coloque de lado por você estar longe, experimente por um mês sem contar a ninguém. Você pode ser um nutricionista baseado em Chicago oferecendo consultas por telefone. E se você estiver na América do Sul no momento de uma ligação? Desde que você esteja entregando o que prometeu, com a qualidade que combinou, então ninguém precisa ser notificado, a menos que você queira.

Espere, e as crianças?

Nas minhas viagens, conheci muitas famílias com crianças de todas as idades. Fiquei impressionada com o quão inteligentes e avançadas as crianças livres tendem a ser, e como dar aos seus filhos essa experiência (muitas vezes, incluindo aprender outras línguas no caminho!) é uma grande motivação para o estilo de vida de todos os envolvidos.

Jennie Harland-Khan foi morar com sua família nos Alpes Franceses e, depois de três anos lá, em Bali. "Nós nos mudamos para Bali, não apesar das crianças, mas por causa delas. Lá existe uma escola para onde queríamos que fossem, onde iriam conhecer pessoas de todo o mundo."

Cada vez mais pessoas estão fazendo isso, por isso agora há mais recursos do que nunca, desde apoio em casa até escolas em todo o mundo que acolhem crianças como essa.

Onde devo ir primeiro?

Depende totalmente de você! Certifique-se de que há uma internet de qualidade e acesso a todas as instalações que você precisa. Escolha um lugar para ficar por um mês no mínimo, pois é o tempo que leva para começar a se familiarizar com a nova casa.

Alguns destinos populares para isso incluem Tailândia, Argentina (Buenos Aires), México, Portugal, sul da Europa (Itália, Espanha, França) e Bali.

Miniestudo de caso

No início, o meu sonho livre era abandonar o trajeto longo e o cubículo, mudar-me para a minha cidade litorânea preferida da Inglaterra, viver numa casa simples numa colina e andar de bicicleta entre cafés, trabalhando no meu próprio horário — e eu fiz isso acontecer! Comecei a minha própria ideia, fiz a mudança e durante anos pensei: "Não acredito que estou vivendo isto a sério!"

Mas, ao longo da década, as coisas mudaram. Eu mudei, minha vida pessoal mudou, meu negócio mudou, até meu nome mudou — então, fiz os exercícios novamente para que meu dia a dia estivesse de acordo com quem eu me tornara. Depois, arrumei minha vida em uma mala, e hoje vivo entre Espanha e Itália no inverno e Europa Oriental e Reino Unido no verão, dirigindo meu negócio direto do meu laptop.

Pensar com liberdade não é algo que se faz apenas uma vez — é um kit de ferramentas para abordar problemas e mudanças na sua vida de uma forma inteligente e fresca, não importa o que aconteça. O que você cria cresce com você.

Onde vou estar daqui a dez anos? O que eu sei é que ainda vou estar realizando tudo nos meus termos, mas não sei exatamente que forma a minha vida terá. Eu poderia continuar a cultivar as coisas como elas são ou poderia mudá-las — mas eu é que decido.

Hoje estou no lugar do condutor em vez de a carreira me dizer o que fazer.

Jenn Hume

Criando uma vida

Embora viajar seja uma parte visível da criação de uma vida livre, não é tudo o que existe. Para alguns, "viver nos seus termos" não tem nada a ver com viagens. O que quer que isso signifique para cada um, o importante é saber o que você tem de uma maneira que nunca foi ensinada na escola (ou em um escritório ou na maioria dos ambientes de negócios tradicionais!). Seja estudando possibilidades que outros perderam ou pensando de forma diferente sobre como você usa seu tempo, o que importa é criar algo que realmente se encaixe na sua essência — não construindo outra caixa para você mesmo.

Miniestudo de caso

Eu estava no caminho certo para me tornar vice-presidente de uma empresa de sucesso.

O único problema era que eu estava infeliz com isso. Todas as manhãs, levantava-me e saía da minha casa em Camden, na cidade de Londres, e tudo parecia cinzento. O meu trabalho não prestava e eu não suportava a política interna, mas não tinha ideia do que fazer quanto a isso.

Ao participar de um curso livre, eu tive um desafio de seis semanas para mudar algo na minha vida. Então, eu entrei de cabeça: tirei umas férias, consegui um voo para a Austrália e fiz contatos para encontrar algo no país. Ao fim da competição, eu tinha pedido demissão, e, em alguns meses, todos os meus bens estavam a caminho de Sydney.

É onde eu vivo hoje, e, todos os dias, admiro feliz as águas azuis da cidade. Fiz o meu primeiro triatlo, criei um estilo de vida profissional que adoro e, pela primeira vez, sei que posso fazer qualquer coisa acontecer. Ah, eu conheci Richard Branson naquele primeiro voo para a Austrália, mas isso é outra história. Esse é o tipo de coisa que acontece quando você enfrenta desafios livres!

Dave Brown, Austrália[10]

17

COMO DEIXAR O SEU EMPREGO

(Dez passos para a liberdade)

"A capacidade de inventar um futuro desejado depende diretamente da vontade de romper com o passado."

ROBERT J. KRIEGEL

(Já está fazendo seu trabalho? Pule este capítulo.)

Quando você pensa em deixar seu emprego (ou mudar de um negócio antigo), as pessoas podem perguntar: "Como pode jogar fora tudo aquilo pelo qual você trabalhou?"

Eu tenho uma pergunta diferente para elas: "Como você pode jogar sua vida fora?" Que você investiu tempo e dinheiro em uma direção que já não lhe convém não é motivo para persistir ainda mais no erro. Esta é sua única vida. Não a desperdice.

Eu sei que você leu até aqui por uma razão. Alguma coisa mexeu com você. Está começando a ver possibilidades, sonhar grande. A pior coisa que você pode fazer é colocar o livro de volta na prateleira e pensar que foi um sonho... talvez um dia.

É agora, querido. Esta é a sua oportunidade para algo mais. Você não tem que saltar amanhã, mas precisa se comprometer a fazer uma mudança. Para ajudá-lo com isso, aqui estão dez passos para pegar as ideias deste livro e criar sua liberdade... a partir deste momento:

1. A partir de hoje, seja livre

Pense em si mesmo como um humano livre com um cliente: o seu empregador. De agora em diante, você trabalha com esse "ele" porque faz parte dos seus próprios planos, uma fonte de financiamento para chegar onde você quer ir.

Então, procure agir como um humano livre enquanto estiver no seu trabalho. No capítulo 4 da Parte 2, eu lhe proponho uma ação livre para criar um gosto por essa vida nova dos seus sonhos no seu dia normal de trabalho. No meu trabalho, convenci o meu chefe a me deixar ir a um café por algumas horas para trabalhar em projetos; outra pessoa ficou com o gosto pela liberdade simplesmente por variar o seu caminho para a empresa. Você fez esse exercício? Se não, faça-o.

Outra versão é revisar como você permite que seu trabalho atual se alimente de sua carreira real (seus planos livres). Você já deixou o trabalho entrar na sua vida para nunca sair do escritório a tempo? O seu emprego tem deixado você sobrecarregado, mesmo depois de chegar em casa à noite? Se for assim, eis o seu desafio: esta semana, diga não a um pedido que é um passo longe demais. Diga não educadamente, mas com firmeza. Não fique chateado ou na defensiva, apenas mantenha sua posição e articule que, por exemplo, sua carga de trabalho atual não permite que você assuma essa tarefa extra e ainda assim ofereça qualidade. Se as pessoas estiverem habituadas a quem diz sim, provavelmente, tentarão convencê-lo a fazê-lo de qualquer forma. Por isso, talvez tenha de repetir esse "não" algumas vezes até que ele funcione.

Uma das minhas amigas tentou isso. Por ser normalmente uma mulher simpática, seu chefe ficou espantado na primeira vez que disse não, mas, a partir desse momento, até o dia em que partiu, foi tratada com mais respeito. Sempre que você fizer uma dessas ações, estará construindo seu músculo de liberdade e se lembrando que, apesar de ainda estar nesse emprego, já não é uma vítima da jaula da carreira.

Essas são algumas ideias para começar. Agora, é a sua vez. Nesta semana, o que você pode fazer para agir como um humano livre e rodear-se de inspiração enquanto ainda está no seu trabalho atual? Escreva aqui:

____

____

____

Nota: Use o seu discernimento. Se você tem um ambiente profissional sensível e sabe que essas ações colocarão seu trabalho em risco muito cedo, adapte-as para que elas funcionem para você.

2. Esclareça o que você precisa

Certifique-se de que a cada dia que você permanece na empresa é um dia que contribui para a sua saída, seja em termos de finanças melhoradas, ideias mais claras ou o seu negócio livre construído de lado antes de você desistir. Para garantir que você esteja lá pelas razões certas, esclareça seus critérios de desistência:

Onde você quer estar com seu negócio quando deixar seu trabalho? *(Por exemplo, eu desistirei assim que tiver três clientes fixos)*

____

Como você pode garantir que isso aconteça? *(Como você encontrará tempo para aplicar as estratégias deste livro ou aprender mais?)*

____

Há algo em que precise de ajuda antes de seguir em frente? Onde vai encontrá-lo?

____

Quantos meses de reserva financeira você precisaria para se sentir confortável para deixar seu emprego? (Três?) Escreva o número exato que você quer no banco antes de desistir:

Quanto tempo vai demorar até chegar nessa quantidade? Você precisará fazer algo diferente para atingi-la? (Ou, você já tem a quantia que precisa?)

Se você precisar economizar mais para chegar a esse número, certifique-se de que isso aconteça: entre na sua conta bancária e configure-a para transferir automaticamente um montante definido para uma conta separada a cada dia de pagamento. Essa conta separada é o seu fundo de humano livre.

Nota: é essencial configurar isso como uma transferência automática em vez de fazer manualmente. Você ficará surpreendido com a rapidez com que o seu fundo vai se acumular quando não tiver a oportunidade de gastar o dinheiro antes!

Identifique o que você mais precisa resolver antes de partir (os leitores com sede nos Estados Unidos incluiriam seguro de saúde nesta lista, enquanto outros, hipoteca):

Ao completar cada um desses marcos, volte aqui e marque-os. Você está a caminho!

3. *Dê a si mesmo uma cláusula de fuga*

Os planos mais bem feitos correm mal. No meu último emprego, eu estava construindo meu negócio do lado de um trabalho exigente em tempo integral. Criei um plano de fuga perfeito (bem, perfeito no papel). Tinha gerido meus projetos livres (entre semanas de trabalho de sessenta horas), tinha uma marca e um nicho e, melhor ainda, havia finalmente convencido o meu patrão a me deixar trabalhar em meio período! O seguimento perfeito para a vida livre.

Mas isso nunca aconteceu. Na semana anterior à minha partida em meio período, o trabalho finalmente foi demais e eu entreguei a minha demissão. Antes de eu estar totalmente pronta. E no meio de uma recessão.

No meu aviso prévio, construí aquele site de que falava há tanto tempo, comecei os passos da reputação instantânea e fiz ligações *faststart* para que, quando chegasse no primeiro dia, eu já estivesse lá fora.

Finalmente livre, percorri a rota de carreira de portfólio e adicionei a vertente de consultoria na minha antiga área. Conseguir esses jobs de consultoria foi um bom começo para os primeiros meses — e foi uma ótima prática! Chegar lá em tempo integral significava que eu construí o negócio muito mais rápido.

Conclusão: se você sabe que pode querer sair o mais rápido possível, considere o que mais pode fazer para ganhar dinheiro antes que o seu negócio dos sonhos esteja pronto. Escreva aqui a sua resposta:

---

4. *Defina uma data*

Olhando para o que foi exposto acima, quanto tempo você acha que vai demorar para atingir seus objetivos de largada? Está disposto a esperar por essa data? Se for muito tempo, volte e reveja o que acha que precisa (normalmente, é mais do que possível começar com menos).

Comprometa-se. Marque a sua data de saída no seu calendário e escreva-a aqui:

---

5. *Faça*

Quando essa data chegar, aja.

Danielle La Porte coloca isso muito bem: "[se você quer pular] você tem que marcar uma data para honrar quando chegar lá, não importa o que aconteça. Porque, se passar essa data e não a tiver agarrado, começará a morrer. Você irá trair a si mesmo, e esse é o pior tipo de traição."

6. Prepare-se para uma descida de cabeça

Você está finalmente livre!

Não subestime a pressa que vem quando você está fora da jaula da carreira, longe de pessoas que não o(a) agrada e do deslocamento diário. A libertação é maravilhosa. Você pode fazer qualquer coisa, estar em qualquer lugar! Você acorda mais tarde... não precisa sair às pressas pela porta. Você caminha para o parque local às duas da tarde e toma um café com aquele amigo que trabalha em horários estranhos. Durante todo o tempo ninguém o(a) está vigiando. Isto é permitido?

Você sai do seu computador e trabalha durante a noite porque está muito animado. Não há lugar obrigatório para estar no dia seguinte, então faça o que quiser! Isso é maravilhoso! Você não entende por que não o fez antes.

E depois... o medo ataca. Pow.

Bem-vindo à queda. Todos os humanos livres passam por isso. Não tem nada a ver com quanto dinheiro você economizou ou com a qualidade do trabalho — tem a ver com a percepção de que, pela primeira vez, você está no comando da sua vida. Assim, começa a pensar se é louco por imaginar que consegue fazer isso. Pelo menos uma vez você vai navegar pelos anúncios de emprego. Algumas pessoas chamam isso de razão para desistir. Eu chamo de o seu primeiro mês.

Você será tentado, ao menos uma vez, a aceitar uma oferta de emprego que o tiraria do caminho que lhe parece certo. Pode até demorar um pouco, e tudo bem. Mas não tenha o hábito de dizer "sim" por medo. Todo humano livre tem uma história do momento em que disse não à opção fácil — e, muitas vezes, esse foi o seu ponto de virada.

Se você quer uma vida incrível, tem de desistir do "bom o suficiente" para conseguir o máximo. É aí que as coisas realmente se transformam.

7. Reúna a sua equipe de apoio

Ao começar, é provável que não conheça muitos humanos livres. Quando me demiti, eu tinha dois amigos que não trabalhavam em horários regulares (e nenhum deles tinha o seu próprio negócio). Hoje é diferente e muitos dos meus colegas podem ser encontrados livres de cubículos e da rotina.

Vá lá fora e conecte-se às pessoas. Use as ideias deste livro para ir a eventos, contatar indivíduos, construir relacionamentos. Acima de tudo, perceba que você é humano, e que se beneficiará de ter pessoas ao seu lado. Então, prepare a equipe de apoio.

8. Aprenda

"Provavelmente, não é coincidência que a maioria dos chefes de família bem-sucedidos também são apaixonados por aprender ao longo da vida. Eles sabem que aprender é um investimento, não uma despesa."

BARBARA WINTER

Quando comecei, conheci outras pessoas que se lançavam no mesmo campo ao mesmo tempo. Os empreendimentos deles nunca decolaram, mas o meu, sim. Não acho por um segundo que tenha sido melhor do que eles. Contudo, lembro-me de algumas vezes em que eu fazia a escolha de assistir àquele seminário, participar daquele curso, ler aquele blog e lapidar as técnicas e aprendizagens que surgiam no meu caminho. Em cada curso, eu tinha, pelo menos, um insight que me iluminava; e depois ia para casa e aplicava-o imediatamente.

Os outros nunca vieram comigo. Eles disseram que queriam esperar até estarem "mais estabelecidos" para investir em si mesmos. Suspeito que é por isso que nunca se estabeleceram. Quando você se torna livre, você é o seu negócio. O investimento em si próprio e na sua educação é a única coisa que irá colher recompensas inúmeras vezes.

9. Faça

Aprender sem ação não leva você a lugar algum. Quando você conhecer algo novo, não diga "Ótima ideia, eu realmente deveria escrever isso", mas "Estou anotando para colocar em prática o mais rápido possível".

Todos os dias, pergunte-se: "Quais são as próximas três coisas que eu preciso saber antes de dar o próximo passo?" Aprenda-as *e depois vá colocá-las em prática.*

10. Tome as rédeas

Agora é você quem manda. O que você quer fazer? É importante que tenha o hábito de ouvir a si mesmo, e parar para perceber aqueles momentos "ah sim!". Então, você pode escolher o passo 10.

Que três coisas neste livro tiveram o maior impacto em você? Como você vai usar esses insights em sua vida a partir de agora?

Tabela 17.1 Ações livres

O que se destacou para mim	O que farei sobre isso

Notas

1. Fried, J. e Hansson, D. *ReWork*. Nova York: Crown Business, 2009.
2. What Happened to That Fail: 8 jun. 2010, NY Tech Meetup
3. Malik, N. Failed in your fitness goals already? There's a simple fix for that, *Bloomberg*, 1 fev. 2019. Disponível em: https://www.bloomberg.com/news/features/2019-02-01/how-to-reach-your-fitness-goals-choose-gym-class-with-community
4. Seth Godin. *Can't Top This*. Disponível em: http://sethgodin.typepad.com/seths_blog/ 2009/11/cant-top-this.html
5. Não se deixe adiar por sentir que tem de se aproximar dos maiores blogueiros como nesses exemplos. Benny tinha se levantado do chão antes de fazer essas ligações com essas pessoas, e o fez convidando para *blogs* mais acessíveis — você também pode fazer isso.
6. Gottman, J. *What predicts divorce: the relationship between marital processes and marital outcomes*. Nova York: Lawrence Erlbaum, 1994.
7. MacLeod, H. *Evil Plans: Escape the rat race and start doingsomething you love*. Cingapura: Marshall Cavendish International, 2011.
8. Pallotta, D. Não entendo mais o que alguém está dizendo, *Harvard Business Review* (Blog Network) 5 dez. 2011. Disponível em: http://blogs.hbr.org/pallotta/2011/12/i-dont-understand-what-anyone.html.
9. Orwell, G. *Essays*, Penguin Classics, nova edição, 2000.
10. Dave, desde que conheceu a sua parceira, Sara Moss, por meio de eventos livres — que é exatamente o tipo de reviravolta inesperada que esses caminhos tomam! Sara escreve mais sobre sua jornada pessoal (e seu encontro) em seu livro Go 2018: *uma memória da luxúria e ansiedade*.

EPÍLOGO:

VOCÊ NÃO ESTÁ CONSTRUINDO UM NEGÓCIO, VOCÊ ESTÁ CRIANDO UMA VIDA

"Não há paixão a ser encontrada brincando pequeno — em se contentar com uma vida que é menos do que aquela que você é capaz de viver."

NELSON MANDELA

No início deste livro, contei que, algumas semanas depois de ter deixado a minha adolescência, a minha mãe morreu em decorrência do câncer.

Aqui está a parte que não lhe contei: se você leu pelo menos uma página deste livro, então já ouviu minha mãe em algum lugar. Ela é a verdadeira "mãe livre", a potência secreta por trás desse movimento.

Hoje, estou retirando as camadas e provocando uma reviravolta completa de mãezices, com as cinco lições que ela me ensinou e que formam a base da abordagem livre. Eu gostaria de deixar com você para quando começar a sua jornada.

1. Seja maravilhoso(a)

Minha mãe era aquela que todos queriam ter. Ela adorava todo mundo. Uma vez que você entrasse na nossa casa, ela não deixava que o inglês com sotaque de Maurício a impedisse de deixar você saber o quão especial você era.

A minha amiga de escola Claire chamava-a de Smiley, porque ela era:

Claire: Ah, Smiley... Tenho saudades dela. Ela ficaria tão orgulhosa de você, eu sei.
Sinto falta dos crepes, do pão de gengibre e da forma como ela pronunciava "pirulito" e como me alimentava constantemente e me fazia sentir como se eu fosse um tesouro.

Mamãe expressou amor por meio de abraços e escuta — escuta profunda, não apenas pensando no que diria a seguir. Isso é raro.

Ela também se preocupava com a comida. Os meus amigos vinham para cá depois das aulas, e ela fazia os crepes mais finos servidos com Nutella ou limão e açúcar. O fundo ligeiramente acastanhado, o amarelo médio e mastigável enrolado à direita. Com ou sem fome, entre na casa dela e saia bem alimentado. Havia sempre alguém à mesa da cozinha compartilhando chá numa das suas xícaras com flores.

Ela assumiu que o mundo era um bom lugar, acreditava que as pessoas eram lindas de coração, e fez a sua parte para tornar isso realidade.

Aula livre: cuidados. Cuidados genuínos. Não presuma que o mundo está fora do seu alcance — não está, você sabe. Conter-se não ajuda ninguém: seja maravilhoso.

2. Aprender é melhor do que receber

Mamãe adorava crianças e era apaixonada por educação — quando era mais nova, iniciou a primeira pré-escola para crianças desfavorecidas em Maurício, que cresceu para cinco escolas em todo o país.

Quando eu tinha três anos, mamãe tomou a minha educação com suas próprias mãos e me ensinou a ler. Aos três anos e meio, eu lia fluentemente (há uma fita em algum lugar para provar isso!). Aos cinco, eu era uma leitora rápida com uma idade de leitura de dez anos — graças à mamãe. Tenho estado com a cara enfiada em um livro desde então.

Mas ouça isto: ela nunca leu um livro em voz alta para mim. Minha mãe sabia que o dom não estava em ouvir as histórias, mas em mostrar-me como lê-las e escrevê-las eu mesma.

Aula livre: aprenda a fazer por si mesmo — essa é a liberdade máxima. A educação é o melhor investimento. Ponto final.

3. Seja o seu próprio patrão

Mamãe nunca me disse para fazer meu dever de casa.

Não me interpretem mal: ela deixou claro que eu me sairia bem na escola; o fracasso nunca foi sequer uma opção. Mas ela não me disse para fazer os meus trabalhos de casa e certamente nunca os fez por mim. Acontece que foi uma jogada muito inteligente. Nunca tendo associado o dever de casa a uma obrigação, não apresentei a resistência habitual dos miúdos em realizá-lo, afinal de contas, contra quem eu me rebelaria? Isso significa que eu cresci como uma nerd total (obrigada, mãe!).

Um dia, ela achou que devia ser mais como os outros pais, por isso me disse para fazer o dever assim que chegasse em casa. Eu fiquei incomodada, e essa foi a primeira vez que não o fiz. Ela nunca mais repetiu isso.

Nessa altura, devia ter ficado claro que eu seria uma péssima funcionária.

Hoje, é extremamente óbvio que, sem saber, mamãe me ensinou a ser uma empreendedora (faça bem porque você quer). Mas o sistema escolar disse-me para ser uma funcionária (faça coisas porque a mandam, não se meta em encrenca, porque nós estamos de olho).

Aula livre: seja o seu próprio chefe. Não basta perder o seu chefe; é preciso aprender a assumir esse papel a partir de agora.

4. Habite as suas peculiaridades

Mamãe cresceu falando francês — era de uma família colonial mauriciana de nove filhos. Apesar de ter casado com o meu pai, inglês monoglota convicto, e viver a maior parte da sua vida em países anglicanos, ela nunca foi dominante do idioma inglês.

Com sotaque acentuado e pedacinhos de francês no meio, era difícil para uma criança que só queria se encaixar na Austrália! Por sorte, minha mãe nunca prestou atenção ao meu desejo infantil de ser mais normal. Ela criou a própria maneira de falar, o que fazia parte do seu charme. Não se pode ter medo de alguém que diz *loolipoop*.

Aula livre: abrace os seus caprichos. Tentar ser outra pessoa só o fará infeliz. E se você acreditasse que as características que o exército bege (ou uma criança de oito anos) diz serem muito estranhas são as mesmas que merecem ser valorizadas?

5. Você vai ganhar! Claro que vai (agora é hora de você acreditar nisso)

Quando eu era jovem, nós duas brincávamos juntas com jogos de tabuleiro.

Quando eu era ainda mais jovem, ela me deixava ganhar sempre, então eu cresci com a suposição de que eu nunca poderia perder. Mamãe contava que, quando eu cresci, ela parou de me deixar ganhar e começou a jogar de verdade.

O que aconteceu é que, por eu nunca ter tido a experiência de perder, o meu cérebro de oito anos não entendia como alguém podia ser melhor do que eu. Por isso não deixei que fosse esse o caso.

Isso vai parecer estranho, mas quero dizer a verdade: até hoje não entendo por que você não se acha suficientemente bom.

- Por que diabos alguém deveria ser melhor do que você?
- Por que alguém — não tão diferente de você — deveria ser capaz de criar o que você não pode?

- Diga-me novamente: você tem uma boa razão para que alguém tenha mais direito a isso do que você?

A última pergunta é tão confusa para mim que minha mente explode ao pensar (eu disse que era estranho). Alguém me disse uma vez que eu tinha um senso de justiça apurado — e eu não acho que foi um elogio. Mas tomei-o como um (claro que o fiz, com um enorme senso de justiça e tudo).

Você quer saber por que isto é um elogio?

Sem um senso de justiça, você não consegue ter ideia do que você merece. Na verdade, você não acha que merece nada mais do que aquilo que já tem. E há poucas chances de você ir atrás de algo que não acredita que merece. Você pode brincar com a ideia, mas, se você não acredita que você merece isso, então nada do que alguém disser vai ser levado em consideração.

Minha mãe me deu confiança e crença para criar a melhor versão de mim. Enquanto escrevo este livro em liberdade, é isso que estou tentando oferecer a você também.

Eu passo muito tempo brincando e escrevendo mensagens incisivas, mas hoje só quero dividir algo com você: eu despejo o meu coração e alma neste trabalho. Às vezes, as mensagens saem em dez minutos, em outras vezes, passo um dia criando e produzindo dez rascunhos diferentes antes de um chegar à sua caixa de entrada. Muitas vezes, recebo e-mails dizendo "aquela parte da sua mensagem me fez chorar". Não faz mal; provavelmente eu também estava com os olhos cheios d'água naquela linha. Apesar disso, sei que mamãe teria feito um trabalho melhor nisto, e acho que só estou fazendo o meu melhor para realizar o que ela teria feito por você, se pudesse.

Enquanto lhe escrevo, não sou só eu. É também o carinho e o amor que recebi da minha mãe espalhando-se por todo mundo.

Gostaria que ela estivesse aqui para lhe dizer que você pode criar sua própria vida. Gostaria que ela pudesse lhe mostrar que você é tão especial como eu sei que é. No meio desse processo, você ainda teria ganhado crepes perfeitos e deliciosos.

Enquanto os opositores fazem fila para apontar as falhas dos seus sonhos, eu sei que você consegue ter sucesso na sua vida. Eu acredito em você. E mamãe também acreditaria.

Agora, vá lá e nos deixe orgulhosas.

Seja um humano livre e comprometa-se a encontrar outra forma de fazer as coisas.

Seja a pessoa que o faz de forma diferente; seja o exemplo que você está procurando.

Então, daqui a cerca de um ano, quando as pessoas olharem para o que você tem, vão perguntar: "Como é que ele(a) fez isso? Quem me dera ter tanta sorte assim." Mas você saberá que não foi sorte.

Você não está construindo um negócio; você está criando uma vida, e isso requer coragem.

Vá com tudo!

AGRADECIMENTOS

Rebecca Bush. Sem você, esta segunda edição não existiria. Obrigada também à equipe por acreditar neste livro (e pela sua integridade em me trazer de volta ao mundo editorial de uma forma tão atenciosa).

Selina Barker. A outra metade da minha mente livre, minha colaboradora mais antiga e um dos melhores seres humanos que eu conheço. Como sempre, *Seja livre* tem o seu toque por todo o lado.

Nicole Est e Jeanne Patti. Não sei como agradecer-lhes pelo seu tempo e pela sua contribuição ao longo desta revisão. Ver vocês utilizarem seus superpoderes me deixou muito feliz. Ansiosa pelas nossas aventuras!

Marianne Power, por ler as atualizações e oferecer suas sábias edições e apoio; **Barbara Winter**, por estar do outro lado da linha quando necessário; **Monica Srivastava**, por ter paciência com os *e-mails* e muito mais, enquanto eu desaparecia na minha caverna de criação. Obrigada pelo tempo e pela gentileza.

Amigos que me apoiaram tanto (mesmo quando eu "só falei do livro" durante meses), incluindo aqueles que me ajudaram com todas as minhas "perguntas internacionais" (olhando para vocês, Helen, Catherine, Jess, Kim, Lisa, Dave, Osmaan, Sarah, Steve, Michael C, Emily, Andrew, James... a lista é muito longa para caber aqui, mas eu estou grata por cada um!)

Ao meu pai, por ter passado de uma incerteza total sobre o que a sua filha faz na vida (ou por que ela jogou fora várias "carreiras promissoras"), para um dos meus maiores incentivadores. Ver você levar uma vida livre ao longo dos anos tem me feito mais feliz do que quase qualquer outra coisa.

Ao Michael, também conhecido como "o outro M". Seu amor feroz e apoio à linha de chegada e além significou tudo.

Para leitores livres de teste. Desde ser cobaia nos exercícios até dar o *feedback*, vocês fundamentaram este livro e certificaram-se de que cada página funcionava de verdade.

Para o grupo livre (leitores e on-line). Por ler e responder as mensagens, participar de eventos e cursos, até divulgar as minhas ideias à sua maneira — tudo o que aconteceu com este livro é por causa de vocês. Espero que esta edição os ajude ainda mais!

E, acima de tudo, para você, que pegou este livro. Obrigada.

Isto é para você.